国家社科基金
GUOJIA SHEKE JIJIN HOUQI ZIZHU XIANGMU
后期资助项目

道教炼丹术与中外文化交流

Daoist Waidan and Sino-foreign Cultural Exchanges

韩吉绍 著

中華書局
ZHONGHUA BOOK COMPANY

图书在版编目(CIP)数据

道教炼丹术与中外文化交流/韩吉绍著. —北京：中华书局，2015.5（2024.4重印）
（国家社科基金后期资助项目）
ISBN 978-7-101-10891-0

Ⅰ.道… Ⅱ.韩… Ⅲ.①炼丹-研究②文化交流-中外关系-研究 Ⅳ.①B95②G125

中国版本图书馆 CIP 数据核字(2015)第 065055 号

书　　名　道教炼丹术与中外文化交流
著　　者　韩吉绍
丛 书 名　国家社科基金后期资助项目
责任编辑　朱立峰
责任印制　陈丽娜
出版发行　中华书局
（北京市丰台区太平桥西里 38 号　100073）
http://www.zhbc.com.cn
E-mail:zhbc@zhbc.com.cn
印　　刷　三河市中晟雅豪印务有限公司
版　　次　2015 年 5 月第 1 版
2024 年 4 月第 2 次印刷
规　　格　开本/710×1000 毫米　1/16
印张 16½　插页 2　字数 260 千字
国际书号　ISBN 978-7-101-10891-0
定　　价　48.00 元

国家社科基金后期资助项目
出 版 说 明

后期资助项目是国家社科基金设立的一类重要项目，旨在鼓励广大研究者潜心治学，支持基础研究多出优秀成果。它是经过严格评审，从接近完成的科研成果中遴选立项的。为扩大后期资助项目的影响，更好地推动学术发展，促进成果转化，全国哲学社会科学规划办公室按照“统一设计、统一标识、统一版式、形成系列”的总体要求，组织出版国家社科基金后期资助项目成果。

全国哲学社会科学规划办公室

目　录

导言:探寻被遗忘的中外文化交流纽带

唐贞观十五年(641 年),刚刚统一五天竺没多久的中天竺国王尸罗逸多(即著名的戒日王)遣使来唐,终于恢复了印度与中国中断多年的正式交往。对此,唐太宗非常高兴,先是立即派使回访,紧接着又遣右卫率府长史(太子东宫六支护卫军之一的高级参谋)王玄策再赴天竺。令所有人都没想到的是,这第二次正常出使造就了一位绝世英雄,并最终葬送了唐太宗的性命。

话说王玄策受命出发后不久,还没有踏上中天竺国土之时,不料碰上尸罗逸多王突然去世,继之国中大乱,大臣那伏帝阿罗那顺趁机篡得帝位。不知出于何种考虑,这位新国王立即将对大唐的外交政策改弦更张,竟然发兵拦截唐使,王玄策及随从三十人悉数被伏,原本准备送给诸国的贡物也被劫掠一空。王玄策虽为长史,但毕竟出身军方,机智谋略均有过人之处,竟寻得机会趁夜色逃走。不过他实在不甘心受如此耻辱,于是返回与大唐刚刚结盟的友邦吐蕃,在那里借到一支一千二百人的精锐部队,然后又到泥婆罗国(今尼泊尔)借了七千余骑,遂与副使率此二国兵进至中天竺国城下。就是这样一支特殊的国际联合部队,连战三日,竟然大破城池,斩首三千余级,赴水溺死者近万人,可怜的篡帝阿罗那顺也被擒获,整个天竺震惧。善后工作安排妥当后,王玄策带着阿罗那顺及其妃、子,其他男女俘虏一万二千人、牛马三万余头匹等,浩浩荡荡地胜利而归,于贞观二十二年(648 年)五月回到长安。王玄策受到朝廷重赏略去不提,但说他带回的俘虏中有一个名叫那罗迩娑婆寐的普通印度人,无任何官职,但其重要性却远甚于他那位倒霉的皇帝,因为唐朝国史不吝笔墨详细记载了这位印度人在唐的事迹,却丝毫未提及阿罗那顺的境况。原来,此人是一位印度炼丹方士,自称寿二百岁,有长生之术——他是王玄策特意献给太宗的礼物。太宗对这位异域术士深加礼敬,在到达当月即将其安顿在金飚门内造长生药,并派兵部尚书亲自监视并负责后勤工作,发使天下,不惜远至印度诸国,采取奇药异石,不可称数,供那罗迩娑婆寐使用。不久长生药炼成,太宗立即服之。然而,此药并没有起到预想的神奇疗效,太宗的身体情况反而逐渐恶化,竟很快于贞观二十三年(649 年)五月驾崩!当时朝内名医众多,但对此情况均束手无策,大家眼睁睁地看着太宗离去。当时有议者认为那罗迩娑婆寐对此负有不可推卸的责任,主张将其处死示众。不过,朝廷考虑再三,终究因为害怕此事宣扬出去,有损太宗英名及大唐声誉,为夷狄取笑,遂大事直接化了,将那罗迩娑婆寐遣返回国,毫发无损。

唐太宗英明一世,为何要服食印度丹药?原来,他晚年时身体有恙,一改早年时对神仙思想的不屑态度,频频访诸医道。在那罗迩娑婆寐到来之前,太宗其实已经服食过中土金石药,可见当时他对金石祛病延年的思想已经持相当肯定的态度,这正是他礼敬印度方士并令其炼制长生药的直接原因。至于更大的背景,则是唐代炼丹术兴盛,金丹成仙或长生的观念形成浓厚氛围,太宗身处其中,最终未能做到不为所动。这件事情其实只是中外炼丹术和长生术交流过程中的大量案例之一,关于其更详细的经过和内情我们将在书中第二章讨论,这里作为本书的一个引子提出来,意在揭示一个问题,即古代时围绕炼丹术发生的中外文化交流是一个很重要的现象,唐太宗事件只是诸多交流浪潮中的一个小波澜。炼丹术虽然早已不复存在,但在人类文明史上,它是一个曾经长期存在的重要文化现象,很多文明区域如中国、印度、阿拉伯、欧洲等均曾出现过,并对各自地区的化学、冶金学、药物学等多种科学技术,以及政治、文化、社会等领域产生过相当大的影响。当然,不同文明区域中的炼丹术并非完全一致,其特征有所差异。

中国炼丹术源起于战国后期出现的寻求不死药的活动,正式产生于西汉前期,至东汉道教运动兴起以后,逐渐与道教合流,自此以后二者相生相伴,几无分离,道教成为中国炼丹术名副其实的渊薮,所以,通常我们说,中国炼丹术基本上就指道教炼丹术,两者近乎等同,当然,严格上讲,后者的范畴小于前者。概而言之,中国炼丹术包含金丹术和黄白术两种传统,金丹术主要是用金石矿物炼制长生不死药,黄白术则主要是用普通金属制作伪金银,其中前者为主,后者为辅,而皆以神仙思想为纲。唐宋之际,内丹术异军突出,其后金丹黄白常被称为外丹,以示与内丹区别。我们今天所谓的炼丹术,若无特别说明均指外丹。在长期发展过程中,中国炼丹术的内涵并非一成不变。在金丹与黄白的关系方面,最初两者完全融合在一起,其后很快分流,黄白术后来与神仙思想又渐行渐远。在功能方面,早期时金丹大药仅用于成仙不死,或者延年长生,后来出现医药化倾向,功能趋于多样化,并与中医方剂学建立起密切关系。黄白术因为和神仙思想密切相关,因此不可将其与民间的一般造伪金活动相混淆,尽管它们在技术上有密切联系,但后者与长生观念没有任何关系。实际上,黄白术的范畴即便仅在技术上也绝不仅限于制造伪金银,还包含很多与炼丹有关的金属技术和一些实用冶金工艺,它在很多方面与世俗冶金行业息息相通。黄白术很早就出现世俗化倾向,历史上冀望用其发财致富的野心家屡见不鲜,很多民间的造伪金银活动都源出于此。无论金丹术还是黄白术,其用药均以金石为主,但也使用草木药、动物药等。笼统而言,唐以前草木药的使用较少,且主要起辅助作用,唐以后增多,用途和地位都有很大变化。总之,中国炼丹术是一个非常庞杂宏大的文化体系,融宗教、化学、药物学、冶金学、矿物学、植物学等多门学问于一身。

印度炼丹术由医学长生术和炼金术融合发展而成。印度传统医学阿输吠陀(Āyurveda)由八支组成,其中第七支为 Rasāyana,意思是长生不老学,一般译作“长年方”。长年方形成时间很早,但在中古以前,它主要使用草木药,金石药很少见。简而言之,长年方主要指回春术,或者应用能治疗一切疾病(甚至通常难以治愈的)的药物,以及防止衰老和延长寿命的方法。[①] 印度早期也有制作伪金银的活动,但它们与神仙或长生观念没有关系。中古以后,由于受到密教甚至道教等因素的影响和推动,长年方不断吸收炼金术的内容,大量使用金石药物,并将中古以前几乎从未使用过的水银作为最关键的药物,逐渐发展成一门类似于中国炼丹术的学问。这一时期出现许多相关著作,其中主要是梵语的 Rasa śāstra 文献。Rasa śāstra 的意思是水银之学,也包括各种金属和矿物的知识,它主要包括两方面的内容:第一是使金属成就(lauha siddhi),即用水银将贱金属变成贵金属金或银;第二是

① S. K. Ramachandra Rao ed., *Encyclopaedia of Indian Medicine*, Vol. 2, Basic Concept, Mumbai: Ramdas Bhatkal for Popular Prakashan Pvt. Led., Second Reprint, 2005, p. 176.

使身体成就(deha siddhi),即用水银制剂使人的身体获得完全健康。① 由此可见,中古以后的印度长年方实际上也是金丹术与黄白术的综合,也即包含炼制金丹药和制造伪金银两方面的内容。

欧洲中古时期自阿拉伯地区传来一门学问 Alchemy(拉丁语为 alchimia),中文通常将其译为“炼金术”。在梳理这门学问的历史时,西方学者一般将其源头追溯到希腊化时期的埃及。在那里,古希腊哲学、埃及工艺技术以及东方神秘主义相互融合,最终发展出一种炼金技艺,它主要通过黑化、白化、黄化等步骤试图将一些普通金属嬗变成贵金属。后来,这门学问又进一步出现哲人石的概念。但是,在 12 世纪伊斯兰文化大规模传入欧洲之前,欧洲本土的炼金术没有任何长生不死的观念,更没有炼制不死药的内容。伊斯兰文明兴起以后,阿拉伯人继承了希腊化时期产生的炼金术遗产,并把它发扬光大。经过阿拉伯人之手,炼金术的内涵出现重要变化,突破了此前制作伪金银的范畴,增加了炼制长生不老药的内容,并与医药学建立起密切关系。阿拉伯帝国衰落后,欧洲人翻译了阿拉伯的炼金术著作,然后又将这门学问继续发展下去,并作出很多新的贡献,直至后来出现医药化学运动以及近代化学。被认为由罗杰·培根(Roger Bacon)作于 13 世纪的《小炼金术宝典》(*Speculum Alkimie Minus*)这样定义炼金术:“炼丹术是一门科学,它教人加工和制造一种叫做长生不老药的药品,当这种药品点化到金属或者不完美的物体上,顷刻就能使它们达到完美无缺。”用真正由罗杰·培根本人写于 1266 年的话来说是这样:“按照聪明人的看法,凡是能够从贱金属中去除全部杂质和腐物的药品,也将从人体中去除同样多的腐物,从而使人的寿命延长许多世纪。”②很显然,当时西方的炼金术继承了阿拉伯传统的精髓。当然,西方炼金术虽然有一条连绵不断的发展脉络,但这种连续性与中国炼丹术相比有很大差异,因为它伴随着一定程度上的文化断裂,由此在学术上产生一些严重争论。譬如说,希腊化时期的炼金术没有炼制金丹药的内容,但后来在阿拉伯文化中却突然出现,其思想源头在哪里? 再如“alchemy”这个词,可以确定由“化学”一词前面加上阿拉伯语的定冠词

---

① Vaidya Bhagwan Dash, *Alchemy and Metallic Medicines in Āyurveda*, New Delhi: Concept Publishing Company, 1986, pp. 5-7.

② 以上两段引文转引自李约瑟《中国科学技术史》第五卷第二分册,科学出版社、上海古籍出版社,2010 年,页 12—13。

“al”构成,但对其最早的词源则无有定论。阿拉伯炼金术“alkimiya”一词也非阿拉伯语的固有词,而对“kimiya”的词源也有很大争议。实际上,以上这些困惑是西方炼金术发展史上断层问题的反映。

通过以上介绍可以看出,无论是中古以后印度的 Rasāyana,还是阿拉伯的 Alkimiya,以及其后的欧洲 Alchemy,其实它们都是类似于中国炼丹术的学问。有鉴于此,本书此后行文一般使用“炼丹术”这一中国术语来称呼具有类似特征的文化知识体系,如印度炼丹术、阿拉伯炼丹术、欧洲炼丹术等,而中古以前的印度长年方和欧洲早期炼金术则不归为此概念范畴,仍分别称之为长年方和炼金术。与此相关的是,“炼金术”这一术语在本书中仅指那些纯粹的制作各种伪金银以及相关产品而不涉及长生思想的活动。

之所以强调用“炼丹术(liandanshu, or waidan)”而非“炼金术(alchemy)”来称呼所有的类文化知识体系,不仅因为中国炼丹术出现最早,内涵最丰富、完整和典型,还有一个重要原因,即印度和阿拉伯炼丹术的形成都曾受到中国炼丹术的重要影响。这里需要特别指出,作为一种普遍的历史现象,不同文明区域中的炼丹术相互之间有着长期而频繁的文化交流,即便中国炼丹术也不是一个孤立系统,譬如它的起源曾受惠于外来文化,发展过程中又大量使用来自南亚、中亚、西亚、东南亚以及欧洲等很多地区的药物作为原料。但是,与中国炼丹术所受外来文化的影响相比,印度和阿拉伯的炼丹术受到中国炼丹术的影响更为深刻,涉及其部分核心观念。例如,本以草木药为主的印度长年方之所以能够转变成水银之学,除了密教的推动因素以外,中国炼丹术的传入和影响起到重要作用,更何况密教本身就从道教那里获得丰富营养,亦间接滋养了印度炼丹术。阿拉伯炼丹术由于包含炼制长生不老药的内容,很多西方学者主张它应当是东西方文化接触和交融的结果,代表性意见如美国著名化学史家莱斯特(Henry M. Leicester)之言:“‘炼金药’这种东西,在希腊炼金术中从没有明确提到过。中国炼金术士则经常谈到它。金丹正是中国炼金术体系的主要组成部分。由此可见,东方炼金术和西方炼金术这两大流派,很可能在东西方之间的阿拉伯世界发生过接触和溶合。”[①]英国著名科学史家李约瑟更是认为:“我们将看到中国文化也许独一无二地提供了有关长生不老药的唯物观念,这种观念经由阿

① [美]亨利·M·莱斯特:《化学的历史背景》,商务印书馆,1982 年,页 69—70。

拉伯传至欧洲,导致了罗杰·培根(Goger Bacon)长寿的乐观主义和帕拉塞尔苏斯(Paracelsus)的医药化学革命。就近代科学的起源而论,其重要性不亚于伽利略(Galileo)和牛顿(Newton)。”①总而言之,中国、印度、阿拉伯以及欧洲的炼丹术之所以能够在各自的文明史上取得辉煌成就,与它们之间的这种密切的文化交流不无关系,正所谓“交相辉映”(交流、吸纳、融合、发展、相互辉映),其中以中国炼丹术所起的作用尤其重要。随着近代科学的出现及进步,炼丹术早已声名狼藉,但我们不能否认,在科学史和文化史上它曾是一个母系统,孕育滋养了多种学科知识,世界各地炼丹术概莫能外。对于这样的文化母体,我们不应过河拆桥,用今天的科学眼光去苛责或贬低它,更不应歧视它,而应当以客观的态度去看待和评价它在科学史和文化史上的地位和价值。若能认识到这一点,我们对中外炼丹术相互交流的重要历史意义,尤其是中国炼丹术的历史贡献,就能更加客观更加充分地去理解。

中外炼丹术的比较和交流这一论题,其实最早由西方学者提出,他们最先关注的是中欧炼丹术的交流和比较。20 世纪初,美国传教士丁韪良(W. A. P. Martin)在《汉学菁华》(*The Lore of Cathay*, New York, 1901)一书中用很多篇幅讨论了中国和欧洲的炼丹术,首次提出中国是这门学问的真正发源地。几乎同时,英国的翟理斯(Herbert A. Giles)在《中国与中国人》(*China and The Chinese*, New York, 1902)中则认为中国的炼丹术是从希腊经大夏传入的。随后美国加利福尼亚大学约翰逊(Obed Simon Johnson)于 1925 年完成其博士论文《中国炼丹术研究》(*A Study of Chinese Alchemy*, 1928 年上海商务印书馆出版,1937 年又出版中译本),这是关于中国炼丹术研究最早的一部专著,其最后一章专门讨论中西炼丹术的关系,认为中国炼丹术可能很早就传入欧洲。1949 年以后,国内化学史研究者开始重视这一问题,初期时出现几种成果,均强调中国炼丹术西传的贡献,如冯家昇《炼丹术的成长及其西传》(载《中国科学技术发明和科学技术人物论集》,三联书店 1955 年),曹元宇《中国金丹术西传问题》(《南京第一医学院学报》1959 年 12 月)、《中国化学史话》(江苏科学技术出版社 1979 年)的部分内容,张子高《中国化学史稿(古代之部)》(科学出版社 1964 年)的部分

① [英]李约瑟:《中国科学技术史》第五卷第二分册“作者的话”,2010 年。

内容等。1980 年代后,相关研究趋于增多,如孟乃昌《从硫汞论的演进看古代中外学术交流》(《大自然探索》1984 年第 1 期)、《周易参同契考辨》(上海古籍出版社 1993 年)的部分内容,朱诚身、杨吉湍《古代中西炼金术之比较》(《郑州大学学报(哲社版)》1990 年第 1 期),蒙绍荣与张兴强《历史上的炼丹术》(上海科技教育出版社 1995 年)的部分内容,蒙绍荣等《中西方金丹术比较——兼谈中国金丹术为何未能转变为近代化学》(《广西民族学院学报》1996 年第 1 期),何法信《中西古代金丹术的比较研究》(《自然科学史研究》1996 年第 3 期),李晓岑《中国金丹术为什么没有取得更大的化学成就——中国金丹术和阿拉伯炼金术的比较》(《自然辩证法通讯》1996 年第 5 期),冷东《中国古代炼丹术在西域的传播和演变》(《化学教学》1999 年第 10 期)等。总体上来看,以上研究取得了不少成绩,不过在深度和广度上还有所欠缺,而且多集中在中西炼丹术比较方面,对中国炼丹术传入西方的重要媒介阿拉伯炼丹术很少涉及。

英国学者李约瑟对中国炼丹术的西传和中西比较做了很多研究,尤其在中国和阿拉伯的比较方面取得一些突破,其前期相关成果大多被译成中文,如《中国古代金丹术的医药化学特征及其方术的西传》(《中华文史论丛》1979 年第 3 期),《东西方长生不老丹的概念与化学试剂》(《社会科学战线》1980 年第 3 期),《李约瑟文集》(辽宁科学技术出版社 1986 年)中的《中世纪早期中国炼丹家的实验设备》、《东西历史中所见之炼丹思想与化学药物》、《欧洲与中国的伪金》等数篇,以及《中国古代科学》(上海书店出版社 2001 年)中的《长寿之道的对比研究》等。后期成果要特别注意其《中国科学技术史》第五卷第四分册《炼丹术的发现和发明:仪器、理论和礼物》(*Science and Civilisation in China*, Vol. 5, Chemistry and Chemical Technology, Part Ⅳ: Spagyrical Discovery and Invention: Apparatus, Theories and Gifts, Cambridge University Press, 1980),这是李约瑟在这一论题上的综合之作。

关于中国和印度炼丹术的交流和比较,国内学术界此前未出现专门研究成果,仅在相关研究中有所旁及。如张晟等人在研究西藏炼丹术时曾从藏文资料中发现一些中国炼丹术传入印度的证据,撰有论文《藏文典籍中的一些炼丹史料》(《中国科技史料》1998 年第 3 期)、《邬坚巴·仁钦贝的伏玄珠法》(《青海民族学院学报(社会科学版)》1999 年第 1 期)、《狐刚子与邬坚巴·仁钦贝伏水银法的比较》(《中国药学杂志》1999 年第 12 期)等。此外,一些研究认为道教对印度密教的产生与发展起到重要作用,密教很多特征源于道教,其中即包括炼丹术。西方学者对这一问题的研究也很少,李约瑟偶有涉及(如内丹与印度的关系)。印度古代就流传有中国炼丹术传入的故事,印度现代学者对此问题颇为重视,虽然意见不一,但中印在这方面有过密切交往则是学界共识。Vijaya Jayant Deshpande 在这方面撰有多篇论文,如"Transmutation of Base-metals into Gold as Described in the Text *Rasārṇavakalpa* and Its Comparison with the Parallel Chinese Methods"(*Indian Journal of History of Science*, 19(2), 1984),"Medieval Transmission of Alchemical and Chemical Ideas between India and China"(*Indian Journal of History of Science*, 22(1), 1987),以及博士论文 *Alchemy in India and China* (Panjab University, Chandigarh, 1988)等。

通过以上简要的学术史回顾,我们可以看到,一百多年来学术界对炼丹术这条中外文化交流纽带重要作用的认识尽管已经取得很多进展,但同时不足之处还有很多,除了数量不多的初步或粗略讨论以外,深入系统的研究匮乏,导致今天我们对很多交流细节知之甚少,进而严重影响了我们客观评价这些交流对各国历史上的文化、科技、经济等方面产生的实际意义。当然,这种状况也与炼丹术基础研究的迟滞有直接关系。炼丹术研究在各国学术界均属冷僻领域,加上研究难度较大,致使很多重要文献都没有被整理或研究过,即便研究比较多的中国炼丹术也存在这种局面,更不必说印度和阿拉伯的炼丹术,其大部分文献仍以古老深奥的语言存在着。对古代诸种炼丹术之间的交流进行研究,不仅需要克服文化隔阂和语言障碍,寻找各自文献中的直接或相关的记载,而且还要进行更深层次的比较研究,这些工作如果没有各国学术界扎实的基础研究作铺垫,进行起来难免步履维艰。

中国炼丹术出现时间最早,持续时间最久,而且中间没有出现过断裂,它在历史上曾造作了大量文献,最终保存在明代《正统道藏》的只是其中一小部分,即便如此,也有一百余种,再加上道教以外历代典籍中的炼丹资料和相关活动记载,为研究炼丹术的中外交流提供了宝贵资源,遗憾的是,长期以来它们从未被从这一角度系统审视过。有鉴于此,本书立足于上述中国古文献资源,同时结合其他地区的古代炼丹著作和相关文献,采用纵向梳理和横向比较相结合的方法,将有关中外炼丹术交流的资料进行搜集、整理和研究,力图勾勒出主要基于中国文化视角下炼丹术和中外文化交流的一些重要图景。需要特别说明的是,本书的研究目的不仅仅在于揭示中外炼丹技术或思想本身的交流,而是试图通过炼丹术这条多少被遗忘的中外文化交流纽带,考察古代中国与印度、波斯、阿拉伯、东南亚、欧洲以及其他相关地区所发生的文化、科技、医学、经济等交往情况,进而探寻这些交往所引起的文化效应以及所做出的历史贡献。当然,这是一个需要长期辛勤耕耘才能达成的宏伟目标,学术殿堂的建立从来不会一蹴而就,需要从一砖一瓦开始。本书主要从以下四个方面展开论述:

第一章,中国炼丹术的起源与外来文化。第一节通过对早期文献记载和考古资料的重新审查后发现,西汉武帝时代炼丹术虽已出现,但并无还丹观念,当时炼丹是在炼金观念下进行。第二节讨论了西汉炼丹术的三个思想渊源:灶神信仰、丹砂和水银、黄金与不朽,发现最后一个现象在汉初的出现非常突兀,缺乏本土思想渊源,当与外来文化有关。第三节探讨了早期丹法传授仪中的黄金崇拜现象,亦缺乏本土思想渊源,而指向外来文化影响。最后一节讨论了印度古代的长生药苏摩和黄金思想,认为它们是中国炼丹术出现的催化剂,首次提出如下综合性论点,中国炼丹术的诞生既传承发扬了先秦丹砂不朽思想和灶神信仰,又吸收了外来黄金不朽观念,一定程度上可以说是中外文化交流与融合的产物,但以中国本土文化为主,外来文化起到催化剂的作用。

第二章,炼丹术与中印文化交流。第一节主要从早期长生术和炼金术、阿输吠陀长年方、炼丹术的形成和繁荣三个阶段对印度长生术与炼丹术的发展过程以及主要特点进行了概要介绍。第二节讨论了印度长年方在唐代的传播和影响,概括出三个特点:1、长年方由印度方士直接输入,没有经过任何中间文化过滤,所用药物也主要从印度采集;2、长年方的传播对象主要限于皇帝,没有在社会上广泛流行;3、长年方被视为类似于中土丹药的长生药,无论皇帝本人是否存在健康问题,他服用的目的主要是养生与延年。在金丹思想根深蒂固的唐代,长年方没有对中土神仙方术产生很大影响,主要是促进了一些长年方药物在中国的流传,并被用于中医药学,此外唐代道教中铁剂丹方的出现应与长年方的刺激有关。第三节讨论了唐前佛教与道教神仙方术的关系,指出唐代以前佛教一方面在思想层面与道教进行斗争与融合，另一方面又在方技层面与道教发生碰撞与交流，尤其是很多印度佛教徒在魏晋南北朝时期便已广泛吸收道教神仙方术，这些现象实际上是中印长生文化的接触和互动。第四节全面论证了印度炼丹术的出现与道教炼丹术传入的重要关系，指出：1、中印文献与传说资料表明，道教炼丹术通过药物交流、佛道传播等途径传入印度，佛道传播过程中，印度密教起到枢纽作用；2、唐译印度密教典籍中保存的资料表明，印度早期炼丹术受到道教炼丹术的影响；3、藏梵文献所见印度早期炼丹术的一些内容源于中国炼丹文献。最后一节介绍了唐宋炼丹术中存在的少量印度文化痕迹。

第三章，道教炼丹药物与外来文化。道教炼丹家为了制得最完美的金丹药，极力追求道地原料，为此不惜放眼四海，大量购置异域药物。经本章统计，各时代炼丹家使用过的外来金石药物一共多达四十余种，来源地涉及南亚、中亚、西亚、东南亚、东亚及欧洲等多个古代重要文明地区。除去金石药物外，在那些种类更加丰富庞杂的辅助炼丹药物中，还有很多外来草木药。这些药物长期为中外学术界忽视，其实它们有的属于各时代常见舶来品，有的则主要用于炼丹，道教之外很少使用，故其他载籍很少或根本没有记载。本章以现存炼丹著作为中心，广泛参考历代本草及其他相关文献，对外来炼丹药物的种类、来源地以及它们在炼丹术中的使用情况作了详细梳理和考证，并旁及一些中外交通史研究中的重要问题。

第四章，唐代炼丹服石与外来文化的遗存——西安何家村窖藏药物药具再探讨。药物药具是何家村窖藏珍宝中的重要内容，受到人们广泛关注，但是这一专题的研究尚存在一些基础性问题没有解决，譬如这批文物到底是炼丹遗物，还是医药遗物？具体哪些物品应当归属或服务于这一目的？本章突破以往孤立考察个别药物或药具的状况，将药物用途和药具功能两个问题结合起来整体审视，揭示出何家村遗宝中的药物和药具并非纯粹用于炼制金丹或医药，而是炼丹服石。此外，何家村遗宝中器物的外来文化因素大家关注较多，其实药物如珊瑚、虎魄、颇黎、玛瑙、宝石、玉等很多也是舶来品，它们既然被用于炼丹服石，所以确切地讲，何家村遗宝之药物药具实际上是唐代炼丹服石与外来文化结合的遗存，对于研究道教炼丹术与中外文化交流问题具有重要价值。

第一章　中国炼丹术的起源与外来文化

第一节　西汉炼丹术的本质

关于中国炼丹术正式出现的时间，学术界一般认为是在西汉初期，其渊源则可追溯到战国时期兴起的求仙药活动，正如陈国符先生所云："我国之金丹术与黄白术，可溯源至战国时代燕齐方士之神仙传说与求神仙仙药；盖战国时代先有神仙传说与求神仙奇药，及前汉始有金丹术与黄白术之发端也。"①战国时期，神仙思想兴起于濒海地域的燕、齐一带，当时出现多种神仙方术，如行气、导引、房中、尸解、服食等，不死药即服食药物中最重要的一种，关于其传闻见诸多种文献记载。如《战国策·楚四》云"有献不死之药于荆王者"②，《山海经·海内西经》云："开明东有巫彭、巫抵、巫阳、巫履、巫凡、巫相，夹窫窳之尸，皆操不死之药以距之。"③《史记·封禅书》更是说："自威、宣、燕昭使人入海求蓬莱、方丈、瀛洲。此三神山者，其传在勃海中，去人不远；患且至，则船风引而去。盖尝有至者，诸仙人及不死之药皆在焉。"④从这些记载来看，最初的不死药基本都存在于神仙之境，凡人要想得到，只能向神仙求取，当时尚未出现人工炼制不死药的观念。一般认为，炼丹术的出现正是不死药观念进一步发展的结果，不死药由"求"到"炼"，这个转变的完成便是炼丹术正式出现之时。例如孟乃昌云："秦统一中国后，

---

① 陈国符：《道藏源流考》，中华书局，1963 年，页 371。

② 《战国策》，上海古籍出版社，1978 年，中册页 564—565。

③ 袁珂：《山海经校注》，巴蜀书社，1993 年，页 352。

④ ［西汉］司马迁撰：《史记》，中华书局，1982 年，页 1369—1370。

一方面继续寻仙求药活动……另一方面是开始'炼'制长生药物。"[①]赵匡华云:"中国炼丹术活动的正式出现,据比较可靠的记载,大约是在西汉初期,秦代时则可能已有萌芽,但应该知道……即在中国炼丹术正式出现前曾有一个相当长的酝酿时期,也就是先从求神,然后才发展到人工炼丹。"[②]"遍地采来的'不死药'均无神效,同时,远入东海神山求仙求药也屡屡失败,失望之余,方士们……开始尝试用水煮的办法来人工制造仙药,亦即水法炼丹,企望'化'出长生不死药;而更多的人则是被墨家学派精于冶金制造业的百工之士们的高超冶炼技术所吸引。"[③]

战国时期的不死药既然不是一种人工制品,那么它是如何演变成以金石为主要原料并需人工合成的金丹呢?这个过程是寻求不死药活动自身演进的结果,还是有其他因素的介入?中国本土文化以及化学和冶金技术在转变过程中究竟起着什么样的作用?这些重要问题至今仍然缺乏深入探讨。究其原因,一方面与史料缺乏和记载模糊有直接关系,另一方面则与我们对早期炼丹术的本质认识不够有关。事实上,最初的炼丹术具有明显不同于后来炼丹术的特点,这些早期特点才是探寻中国炼丹术如何发端的最重要的线索。然而,由于早期炼丹活动史料记载的混杂,致使这些特点长期以来没有引起学界足够重视。因此,在分析初期炼丹术的特点之前,我们必须首先对早期炼丹史料进行重新梳理,确定究竟哪一部分比较忠实地记录了当时的历史,哪一些混杂了后出观念。以第一批金丹著作出世的东汉中期前后(也即还丹理论的出现时间)为分界线,我们可以把这些文献分成两类:第一类大致可视为由同时代人所记的历史文献,如西汉司马迁的《史记》,东汉初班固的《汉书》等;而另一类则为非同时代人所记的追述性质的晚出文献,如晋代葛洪的《神仙传》、王嘉的《拾遗记》等。以下的分析将表明,长期以来人们对初期炼丹术的一些错误看法,以及对炼丹术正式出现时间的争论等,都与没有区别开这两类文献的混乱记载有关。

一　早期文献所记西汉炼丹术

此类文献表明,炼丹活动正式出现于西汉武帝时期,分为南北两系,一

① 孟乃昌:《道教与中国炼丹术》,燕山出版社,1993年,页5。
② 赵匡华、周嘉华:《中国科学技术史·化学卷》,科学出版社,1998年,页225。
③ 姜生、汤伟侠主编:《中国道教科学技术史·汉魏两晋卷》,科学出版社,2002年,页281。

系以齐、燕为中心，一系在楚地。北方炼丹家的相关记载如下：

(1)李少君

《史记》卷十二《孝武本纪》：是时李少君亦以祠灶、谷道、却老方见上，上尊之。少君者，故深泽侯舍人，主方。匿其年及其生长，常自谓七十，能使物，却老……

少君言上曰："祠灶则致物，致物而丹沙可化为黄金，黄金成以为饮食器则益寿，益寿而海中蓬莱仙者乃可见，见之以封禅则不死，黄帝是也。臣尝游海上，见安期生，安期生食巨枣，大如瓜。安期生仙者，通蓬莱中，合则见人，不合则隐。"于是天子始亲祠灶，遣方士入海求蓬莱安期生之属，而事化丹沙诸药齐为黄金矣。

居久之，李少君病死。天子以为化去不死，而使黄锤史宽舒受其方。求蓬莱安期生莫能得，而海上燕齐怪迂之方士多更来言神事矣。①

(2)李少翁

《史记》卷十二《孝武本纪》：齐人少翁以鬼神方见上……乃拜少翁为文成将军，赏赐甚多，以客礼礼之。文成言曰："上即欲与神通，宫室被服非象神，神物不至。"乃作画云气车，及各以胜日驾车辟恶鬼。又作甘泉宫，中为台室，画天、地、太一诸鬼神，而置祭具以致天神。居岁余，其方益衰，神不至。乃为帛书以饭牛，详不知，言曰此牛腹中有奇。杀视得书，书言甚怪。天子识其手书，问其人，果是伪书，于是诛文成将军，隐之。②

(3)栾大

《史记》卷十二《孝武本纪》：栾大，胶东宫人，故尝与文成将军同师，已而为胶东王尚方……天子既诛文成，后悔其早死，惜其方不尽，及

① 《史记》，页1385—1386。
② 《史记》，页1387—1388。

见栾大,大说。大为人长美,言多方略,而敢为大言,处之不疑。大言曰:"臣尝往来海中,见安期、羡门之属。顾以臣为贱,不信臣。又以为康王诸侯耳,不足与方。臣数言康王,康王又不用臣。臣之师曰:'黄金可成,而河决可塞,不死之药可得,仙人可致也。'然臣恐效文成,则方士皆奄口,恶敢言方哉!"……

是时上方忧河决,而黄金不就,乃拜大为五利将军……其后装治行,东入海,求其师云。大见数月,佩六印,贵震天下,而海上燕齐之间,莫不扼捥而自言有禁方,能神仙矣。①

(4)其他

《汉书》卷二十五《郊祀志》:成帝末年颇好鬼神……谷永说上曰:"……及言世有仙人,服食不终之药,遥兴轻举,登遐倒景,览观县圃,浮游蓬莱,耕耘五德,朝种暮获,与山石无极,黄冶变化,坚冰淖溺,化色五仓之术者,皆奸人惑众,挟左道,怀诈伪,以欺罔世主。……秦始皇初并天下,甘心于神仙之道,遣徐福、韩终之属多赍童男童女入海求神采药,因逃不还,天下怨恨。汉兴,新垣平、齐人少翁、公孙卿、栾大等,皆以仙人黄冶祭祠事鬼使物入海求神采药贵幸,赏赐累千金……"②

上述方士中李少翁、栾大、公孙卿皆为武帝时齐人,但司马迁没有提及李少翁曾从事炼丹。结合栾大"尝与文成将军同师",兼以其师云"黄金可成,而河决可塞,不死之药可得,仙人可致也",可知李少翁也有深厚的炼丹背景,故谷永称少翁等人"皆以仙人黄冶祭祠事鬼使物入海求神采药贵幸"。新垣平为赵人,主要活动于文帝时,曾以望气见上,因诈被诛,炼丹之事不详。李少君从事炼丹一事证据确凿,但其籍贯司马迁没有提及,葛洪《神仙传》说他为齐国临淄人③,不知确否。李少君病死后,武帝使黄锤史宽舒受其方,而海上燕、齐怪迂之方士多相效,可见其术多有传人。从李少君进言"丹沙可化为黄金。黄金成以为饮食器则益寿"来看,其炼丹方法与栾大师之法类似,其

---

① 《史记》,页1389—1391。
② [东汉]班固:《汉书》,中华书局,1962年,页1260。
③ [晋]葛洪撰、胡守为校释:《神仙传校释》,中华书局,2010年,页206。

目的均为制作所谓的黄金，而原料很可能也都是丹砂诸药。

朱晟曾认为李少君等人的方法实际上是鎏金术，即将丹砂化为水银，再将水银与金制成金汞齐涂抹在饮食器表面。① 这种观点后来虽得到一些人赞同，但实际上李少君制作鎏金器的可能性不大。汉武帝听信李少君之言后亲自化丹砂诸药为黄金，结果进展并不顺利。后来栾大再次进言"黄金可成，而河决可塞，不死之药可得，仙人可致也"时，武帝正"忧河决，而黄金不就"，于是很快便赐栾大六种将军印，其焦虑之心昭然若揭。这个情况说明当时用丹砂等药制作黄金并非一件简单事情，否则武帝不可能将其与治理黄河决口这样的重大事情相提并论。然而根据汉代的技术水平，制作鎏金器不必费此周折。考古资料表明，最迟至战国中晚期时已经出现鎏金工艺，汉代时此技术已比较常见，考古出土文物中不乏大型鎏金器物即是明证。因此，综合各方面情况来看，李少君以丹砂化黄金并非制作普通的鎏金器，而是制作丹金——一种药金。用丹金制作饮食器的传统在汉代以后仍见存在，《抱朴子内篇·金丹》中的"以金液为威喜巨胜之法"或可给我们以启示："取金液及水银一味合煮之，三十日，出，以黄土瓯盛，以六一泥封，置猛火炊之，六十时，皆化为丹……取此丹一斤置火上扇之，化为赤金而流，名曰丹金……以此丹金为盘椀，饮食其中，令人长生。"②这种器物之所以能使人长生，唐初《黄帝九鼎神丹经诀》卷六有一段解释，云："以丹为金，以金为器，以器为贮，服食资身，渐渍肠胃，霑溉荣卫，籍至坚贞，以驻年寿。"③由上可见，以丹金制作饮食器的现象确在炼丹术中流传，李少君一派实为始作俑者。

汉武帝时除了齐、燕一带炼丹活动比较频繁外，刘安所在的楚地也是一个重要中心，关于刘安炼丹的早期记载摘略如下：

> 《汉书》卷四十四《淮南衡山济北王传》：淮南王安为人好书，鼓琴，不喜弋猎狗马驰骋，亦欲以行阴德拊循百姓，流名誉。招致宾客方术之士数千人，作为《内书》二十一篇，《外书》甚众，又有《中篇》八卷，言神

① 朱晟：《我国人民用水银的历史》，《化学通报》1957 年第 4 期。

② 王明：《抱朴子内篇校释》，中华书局，1985 年，页 83。

③ 《道藏》第 18 册，文物出版社、上海书店、天津古籍出版社，1988 年，页 812。

仙黄白之术,亦二十余万言。[1]

《汉书》卷三十六《楚元王传》:上复兴神仙方术之事,而淮南有《枕中鸿宝苑秘书》。书言神仙使鬼物为金之术,及邹衍重道延命方,世人莫见,而更生父德武帝时治淮南狱得其书。更生幼而读诵,以为奇,献之,言黄金可成。上令典尚方铸作事,费甚多,方不验。上乃下更生吏,吏劾更生铸伪黄金,系当死。更生兄阳城侯安民上书,入国户半,赎更生罪。[2]

《风俗通义》卷二《正失》:俗说:淮南王安,招致宾客方术之士数千人,作《鸿宝》、《苑秘》、枕中之书,铸成黄白,白日升天。[3]

以上所言刘安的炼丹术著作今已不存。此外,《隋书·经籍志》还著录其《淮南万毕经》与《淮南变化术》二书,今亦不存。尽管今天已无从得知刘安从事的炼丹活动的详细情况,但其目的是制作能使人白日升仙的"黄白",这一点与北方方士类似。那么刘安制作"黄白"使用的材料是什么呢?《淮南子·墬形训》有一段文字,说五种金属均以澒(汞)为中心变化而来,冯家昇据此推断刘安炼制黄白主要用汞。[4]《抱朴子内篇·黄白》引述桓谭(前40—32年)《新论》的一个故事印证了这种推测。桓谭说,汉黄门郎程伟好黄白术,据《枕中鸿宝》作金而不成,其妻乃往视之,见伟"方扇炭烧筩,筩中有水银。"[5]据此可知,《枕中鸿宝》的黄白术的确与水银有关。

以上关于西汉炼丹术的几则记载时代相近,现简要汇总如下:

表1 关于西汉炼丹术的记载

炼丹者	炼丹活动	文献来源
李少君	丹沙可化为黄金。黄金成,以为饮食器则益寿	《史记》
栾大及其师	黄金可成,而河决可塞,不死之药可得,仙人可致也	《史记》
新垣平、李少翁、公孙卿、栾大等	仙人黄冶祭祠事鬼使物入海求神采药	《汉书》

---

① 《汉书》,页2145。

② 《汉书》,页1928—1929。

③ 王利器校注:《风俗通义校注》,中华书局,2010年,页115。

④ 冯家昇:《炼丹术的成长及其西传》,载《中国科学技术发明和科学技术人物论集》,三联书店,1955年,页120—142。

⑤ 王明:《抱朴子内篇校释》,页285。

（续）

炼丹者	炼丹活动	文献来源
淮南王刘安	《中篇》八卷，言神仙黄白之术	《汉书》
	（《枕中鸿宝苑秘书》）言神仙使鬼物为金之术，及邹衍重道延命	《汉书》
	招致宾客方术之士数千人，作《鸿宝》、《苑秘》、枕中之书，铸成黄白，白日升天	《风俗通义》
另：《汉书·艺文志》神仙家中有《泰壹杂子黄冶》三十一卷。		

通过以上表格可以看出，这些早期的炼丹活动在当时均被视为黄金、黄冶、黄白等，它有两个明显特征。首先，其目的是制作能使人长生不死的“黄金”，而非烧炼金丹，这表明当时尚无“还丹”观念；其次，这些黄白术都与丹砂或水银有关，与后来那些用各种普通金属制作伪金银的黄白术有所区别。晋人晋灼注解《汉书·郊祀志》中“黄冶”一词曰：“黄者，铸黄金也。道家言冶丹沙令变化，可铸作黄金也。”①其解释符合汉时的情况。这两个特征反映出，西汉炼丹术是一种混合知识的产物，既推崇丹砂和水银，又与黄金不朽观念密切相关，后来的金丹术和黄白术在这里是融合在一起的，所以冯家昇曾这样说过：“丹家初无所谓炼丹和炼金之分，他们一致的目的都是在以药物制作金银。”（《炼丹术的成长及其西传》）陈国符也认为：“最初金丹黄白本无分别，其后始有专制黄白，不用以服食而以谋利者。”②之所以出现这种情况，与当时黄金不朽观念的影响有关。李少君等方士虽然认识到冶炼丹砂（而非服食天然丹砂）的重要性，但由于其观念仍未完全摆脱黄金不朽思想的影响，故而才会出现以丹砂诸药化黄金的现象。事实上，丹砂永远也冶炼不出真正的黄金，然而，也许正是很多次失败后，才导致了后来金丹与黄白的分野。

二　西汉造伪金活动非炼丹术

西汉初期，在经济领域内，有一种无论从范围还是规模上都远超过神仙黄白术的造伪金活动，对其作合理认识有助于更为深刻地理解当时炼丹术的本质。

---

① 《汉书》，页1261。
② 陈国符：《道藏源流考》，页370。

据《汉书》记载,西汉初期曾出现一股官民竞相猖獗盗铸钱的风气,如“今农事弃捐而采铜者日蕃,释其耒耨,冶熔炊炭,奸钱日多,五谷不为多”。“从建元以来,用少,县官往往即多铜山而铸钱,民亦盗铸,不可胜数”。“自造白金五铢钱后五岁,而赦吏民之坐盗铸金钱死者数十万人。其不发觉相杀者,不可胜计。赦自出者百余万人。然不能半自出,天下大氐无虑皆铸金钱矣。犯法者众,吏不能尽诛,于是遣博士褚大、徐偃等分行郡国,举并兼之徒守相为利者。”①从相关记载来看,这些盗铸钱行为多以铜锡为之,或者杂以铅铁等便宜金属,这些普通的造假币行为不必理会,我们需要注意的是其中杂着造伪黄金的现象。为了禁止这股盗铸钱之风,景帝特于中元六年(公元前144年)十二月“定铸钱伪黄金弃市律”。对于此法律涉及的造伪黄金现象,有两条早期注文。其一,东汉晚期应劭曰:“文帝五年,听民放铸,律尚未除。先时多作伪金,伪金终不可成,而徒损费,转相诳耀,穷则起为盗贼,故定其律也。”其二,三国人孟康认为:“民先时多作伪金,故其语曰‘金可作,世可度’。费损甚多而终不成。民亦稍知其意,犯者希,因此定律也。”②据应劭说,这些造伪金活动的目的似乎与一般盗铸钱者并无二致。然而孟康注提到炼丹家之言“金可作,世可度”,暗示这种活动或与神仙方术有关。我们知道,栾大曾对汉武帝进言称“黄金可成,而河决可塞,不死之药可得,仙人可致”。更直接简约的提法见于东汉出世的《黄帝九鼎神丹经》:“金若成,世可度,金不成,命难固。”③那么,西汉初期盗铸钱风气中的造伪金活动只是一些普通的冶金现象,还是与神仙长生有关的炼丹术呢?

鉴于造伪黄金活动早在文帝时即已兴盛,而作金与长生观念发生联系的确切记载却要晚至武帝时代,在缺少其他证据的情况下,我们有必要将《汉书》原文与其后出注文所反映的思想区别对待。从《汉书》“定铸钱伪黄金弃市律”这句话来看,铸伪黄金与铸钱被视为同等行为,而铸钱现象由于资料较为丰富,我们知道它仅仅是一种经济领域的行为,与神仙无关。此外,我们在阅读《汉书》关于王吉(即王阳)事迹的叙述中也丝毫体会不出神仙思想的痕迹。王吉及其子崇虽世名清廉,却皆好车马衣服,“其自奉养极为鲜明,而亡金银锦绣之物。及迁徙去处,所载不过囊衣,不畜积余财。去

① 《汉书》,页1155、1163、1168。

② 两条注文见《汉书》卷五《景帝本纪》,页148。

③ 《道藏》第18册,页796。

位家居，亦布衣疏食。天下服其廉而怪其奢，故俗传'王阳能作黄金'"。[①] 从整个故事来看，所谓俗传"王阳能作黄金"表达之意应与经济含义的造伪黄金有关。然而在稍后的《风俗通义》中，应劭将王阳的行为与早期求仙炼丹活动相提并论，并提到一句俗语"金不可作，世不可度"。[②] 至于时代更迟的孟康所言"金可作，世可度"一语，究竟是否与文帝时出现的作伪金活动出现在同一时代，着实可疑。

当然，西汉时将神仙思想与经济领域的造伪金行为联系在一起的现象的确发生过，那便是西汉末期刘向进行的炼金实践。根据前文引《汉书》的记载，包含神仙黄白内容的淮南王《枕中鸿宝苑秘书》被刘向得到。有意思的是，刘向将刘安原本用来追求神仙不死的技术视为发财的捷径，试图用它来制作真黄金，结果黄金没有炼成却浪费了大量国家财产，被判以铸伪黄金罪。这件事有两个疑点。其一，黄金为何炼不成？其二，皇帝既然接受了刘向提供的方法，并命尚方炼金，却又为何要治刘向铸伪黄金罪？综合考虑，窃以为神仙方士的黄白术与经济领域的造伪黄金活动应为两件不同的事情，前者使用丹砂、水银等方士们视为服食仙药的原料来制作长生药，而后者则使用冶金技术来制作类似黄金的合金。刘向天真地将根本不可能炼成黄金的神仙方士的技术用于经济领域，从而导致个人悲剧的发生。刘向大概是将神仙黄白术用于发财致富的始作俑者。

如果以上推测正确的话，孟康很可能无意中为《汉书》作了一个移时的注解，即用后来的观念来解释此前的历史，以致干扰了今人对文帝时的造伪黄金现象作出正确理解。不过，还是有少数学者对此有所认识，如张子高曾说："劳动人民本着金属冶炼和合金配合的丰富经验而制成了锌铜合金的伪金；丹家从脱离实际的'上有丹砂，下有黄金'的理论出发，企图炼出真金，而终未得到结果；他们的区别就在于此。"[③]李约瑟也认为："差不多由西元前二百年到西元前二世纪的前半段，原始的化学和冶金的试验（无论是造伪金或点金）都已被热烈地追求，并且也很强烈地显示作金要如此地广泛，则这种尝试必然至少在前一个世纪就已经开始了。这就要回溯到秦始皇（西元前三世纪）或邹衍（西元前四世纪）的时代。更进一步有两点结论

① 《汉书》卷七十二《王贡两龚鲍传》，页3068。
② 王利器：《风俗通义校注》卷二《正失》，页120。
③ 张子高：《中国化学史稿·古代之部》，科学出版社，1964年，页84。

出现:第一在那时有一群冶金家,他们有兴趣,于是为了经济的原因而不是要长生不老……”①

三 马王堆女尸生前未服食金丹

1972 年,长沙马王堆一号汉墓出土了一具女尸,经认定死者为西汉长沙国丞相轪侯利苍的妻子,入葬时间在汉文帝十二年(公元前 168 年)以后数年内。令人惊讶的是,该女尸体内有明显的铅汞中毒现象,研究人员认为这种中毒系死者生前曾大量服用炼制的仙丹所致。这个意见后来得到很多学者赞同。由于毒源的成分直接关系到西汉初是否已经出现炼丹术,因而这一论断是否属实便非常关键了。然而仔细阅读研究人员撰写的《马王堆一号汉墓古尸研究》(以下简称《古尸研究》)中的相关叙述,我们发现书中对女尸铅汞中毒原因的解释与检测结果不符。《古尸研究》对出土女尸各部位铅、汞中毒情况的叙述如下:

> 古尸组织的铅、汞含量高于现代正常人水平。其中尤以骨骼及大动脉壁的铅含量及肾、肝、大脑中的汞含量增高更为显著。同时,大肠、小肠及其内容物以及骨骼中含汞亦高。古尸各器官的铅、汞分布是极不均匀的,如骨铅为肾铅的 1700 多倍,肾汞为肌肉汞的 47 倍,除头发含汞较高之外,体表或浅层组织(如肌肉等)铅、汞含量均较深层器官(如骨骼、肾、肝、脑等)的含量为低。②

古尸组织内铅、汞来源不外乎两种,一是死者生前摄入物积蓄而成,二是死后由外界渗入。经过进一步分析,《古尸研究》基本排除了外界渗入途径的可能性,认为死者生前应当服用过一定量的铅汞化合物,这一结论令人信服。但问题是,研究人员径直将铅汞化合物认定为炼丹家炼制的“仙丹”:“死者生前口服‘仙丹’之类含汞、铅的药物,以及其他生活中的接触,可能是古尸摄入铅、汞的主要途径。”“死者生活在公元前一百多年的西汉时期,当时铅、汞化合物已广泛应用,特别是‘炼丹术’盛行,尸体小肠内又有大量

---

① [英]李约瑟著、陈立夫主译:《中国之科学与文明》第 15 册,台湾商务印书馆,1985 年,页 33。

② 湖南医学院主编:《长沙马王堆一号汉墓古尸研究》,文物出版社,1980 年,页 221。

含汞物质残留，因此，生前口服‘仙丹’之类的药物可能是古尸体内铅、汞的主要来源。”①后来有论者进一步认为：“这表明在汉代初期可能已经有人服食由铅汞炼制的仙丹，因当时人们已不会单独服食铅、汞，而若服食天热硫化汞，则因其在体内的残留量甚微，故不会在体内造成铅、汞含量大大超过正常水平的现象。所以这种仙丹很可能就是当时已广泛炼制成功的 Pb_3O_4 和 HgO。”②若以上判断属实，则证明西汉文帝时代已出现炼丹术。但是，经仔细审查检测报告，我们发现实情并非如此。由于《古尸研究》未对古尸铅中毒的原因作深入讨论，我们主要看它对汞中毒的分析。根据 X 射线衍射图，尸体各部分中毒情况如下：

> 古尸体内的汞化合物至少有三种：肠道冲洗物中的汞系辰砂（六方晶系 HgS），而肝、肾中的汞为氯化汞，头发中的汞则为黑辰砂（等轴晶系 HgS）。可见组织内的汞是一系列复杂变化过程的结果。氯化汞是自然界不存在的，西汉时代尚不能人工合成，棺液中未检出氯化汞，因此，认为氯化汞是死后由外界渗入的意见是难于成立的。头发内的硫化汞与棺液中的辰砂系两种不同的晶系，前者可能是古尸生前摄入的汞（与蛋白质结合或与含巯基的低分子化合物结合）在组织崩解过程中析出并与腐败产生的气体硫化氢结合而成，这种现象在活着的汞吸收者口腔粘膜上也能看到（汞与口腔中食物分解产生的硫化氢结合，在粘膜下形成硫化汞黑色沉着带——“汞线”）……至于肠道内辰砂（六方晶系 HgS）的来源，可能由外界渗入，大肠内容物含汞高于小肠内容物支持这种推测，但小肠组织含汞却高于大肠组织，似乎也不能排除临死前口服辰砂的可能性。③

根据上述介绍，古尸体内主要存在三种汞化合物：$HgCl_2$（肝、肾内）、六方晶系 HgS（肠道内）和等轴晶系 HgS（头发内）。另外，棺液中检测有六方晶系 HgS。关于这些汞化合物的来源，《古尸研究》认为：

（1）$HgCl_2$ 由于自然界及棺液中均不存在，而西汉又不能人工合成，故

① 湖南医学院主编：《长沙马王堆一号汉墓古尸研究》，页 224、225。

② 姜生、汤伟侠主编：《中国道教科学技术史·汉魏两晋卷》，页 282。

③ 湖南医学院主编：《长沙马王堆一号汉墓古尸研究》，页 224。

尸体内的 $HgCl_2$ 最可能系死者生前吸入的汞在体内的合成物；

(2)头发中的等轴晶系 HgS 由于与棺液中的辰砂系不同晶系，故不可能由外界渗入，最可能系死者生前摄入的汞在体内化合而来，而且实验也间接证实了这一点；

(3)肠道中六方晶系 HgS 的来源有两种可能，一为棺液成分渗入（大肠内容物含汞高于小肠内容物支持这种推测），二为死者临死前口服之辰砂（小肠组织含汞高于大肠组织支持这种推测）。

很明显，《古尸研究》将死者汞中毒的原因归结为死者生前曾服用过一定剂量的汞化合物。然而，炼丹家早期炼制的仙丹主要成分为铅与汞的氧化物，而人工合成硫化汞的时间一般认为在隋唐时期，至今尚无证据表明东汉时能人工合成硫化汞，更遑论西汉初期了。① 所以马王堆女尸生前服用的应当为其肠道中检测出的辰砂（六方晶系 HgS），即天然丹砂，$HgCl_2$ 与等轴晶系 HgS 中汞的来源也与此有关（原因见下文），《古尸研究》将死者生前服用的天然硫化汞径直视为炼丹家炼制的“仙丹”，这个判断无科学依据，至于说“这种仙丹很可能就是当时已广泛炼制成功的 Pb_3O_4 和 HgO”更不知秉自何据。

丹砂是一种极难溶于水的化合物，其溶解度为 1.4×10^{-24} g/L，因此有观点认为服用丹砂由于体内残留量甚微，因而一般不会引起中毒。事实果真如此吗？李约瑟曾引述过一个人体对硫化汞吸收情况的实验，内容如下：

> Ghosh 在一九三一年以灵敏的 Bardach's test 作一试验，他发现在体外以 0.05—0.2% 的盐酸溶液来模拟胃液，在 37℃连续搅动，二小时后，约 0.02% 的硫化汞可进入溶液中。另外在试验狗的肝脏中，也有硫化汞的反应，但未于其他器官中发现。所以结论是，除非习惯性地大量服食，否则单单食用辰砂，由于其低溶解度，无论是为了消毒或抗霉毒或防止化脓而增加肠、脏及体液内的汞含量，是一相当安全的方法。

① 早期化学史研究者多认为东汉《周易参同契》已能合成硫化汞，现在这种观点一般不被认同。赵匡华认为中国最早合成硫化汞的是孙思邈《太清丹经要诀》中的“造小还丹法”与“炼紫精丹法”（赵匡华、周嘉华：《中国科学技术史·化学卷》，页425）。容志毅认为南北朝或晋代甚至汉代已经能够人工合成硫化汞，但所举几条早期证据似过牵强，有待于进一步论证（容志毅：《中国始炼硫化汞时间新证》，《山东大学学报》2006 年第 2 期）。

故古代及中古时代的医生使用它是不错的。①

实验表明,两小时内有 0.02% 的 HgS 进入溶液。由于医用丹砂剂量很小,而且一般不会长期服用,因而李约瑟认为若非习惯性大量服食而是根据治疗需要来单服丹砂是相当安全的,古代及中古时代的医生使用它是不错的。尽管医方中丹砂的剂量一般很小,而且病愈即止,不会长期服用,然而大量医学实验表明,丹砂对人体的危害绝不可忽视。

丹砂虽然难溶于水,但仍有部分可溶性汞存在,同时还含有游离汞。据研究称,研磨朱砂游离汞含量为 30—68μg/g,可溶性汞含量为 18—38μg/g;水飞朱砂游离汞含量为 27—35μg/g,可溶性汞含量为 8—17μg/g,水飞次数越多,朱砂中可溶性汞含量越低。② 但无论产地、加工方法等有何不同,其可溶性汞和游离汞含量仍然很高,甚至可能超出我国饮用水标准 300 多万倍。③ 马王堆女尸肝、肾部位检测出的 $HgCl_2$ 其汞的来源当与此有关。

进一步的研究表明,丹砂在厌氧有硫的条件下,pH7、温度 37℃的暗环境中与带甲基的物质相遇均能产生甲基汞,而人体肠道正具备这一条件,要知道人体对无机汞的吸收率为 5%,而对甲基汞的吸收率可达 100%。动物实验表明,口服朱砂的吸收半衰期为 0.2h,血液中含汞量达到峰值时间为 11h,而汞在人体内的半衰期为 65—70d,可见人体对丹砂的吸收并不缓慢,体内停留时间长,很容易形成蓄积性中毒。④ 正因为如此,《中国药典》对朱砂剂量的规定越来越严格,如 1963 年版为 1.3g,1977、1985、1990 版为 0.3—1.5g,1995 年版为 0.3—0.5g,2000 年版为 0.1—1.5g,2005 版又改为 0.1—0.5g。多项医学试验表明,朱砂对人体各器官的毒害以肝、肾最甚。如小鼠服朱砂后从第一天起各脏器及血液中汞含量就明显高于空白组;朱砂会造成生育能力下降,并可通过胎盘屏障影响仔鼠;朱砂中的汞会在体内各脏器蓄积,服用三个月时肾汞含量高出空白组 644 倍,并使肾脏系数减少,血液生化指标异常,肾脏组织发生病理性改变,它在神经系统方面具有

---

① [英]李约瑟著、陈立夫主译:《中国之科学与文明》第 15 册,页 52 注一。

② 张保国:《矿物药》,中国医药科技出版社,2005 年,页 156。

③ 田南卉等:《朱砂毒性成分的研究与评估》,《北京中医》1996 年第 5 期。

④ 于从兰:《朱砂的药用价值、毒性及合理应用》,《中国中医药信息杂志》2002 年第 10 期。

相似的药理作用。[1] 朱砂的急性毒性试验表明，小鼠静脉注射朱砂煎剂 LD_{50} 为 12g/kg，动物中毒表现为少动、反应迟钝、肾缺血、肝脏肿大。亚急性实验结果显示，小鼠经口给朱砂 9.5g/kg 连续给药 10—30d，经病理组织学检查发现心、肝、肾等脏器均出现不同程度的病理学改变，心脏组织出现轻度浊肿，给药时间较长者，肝脏出现明显浊肿，严重者出现局部坏死。随着给药时间的延长，肾组织损害从轻度浊肿到肾小管的广泛浊肿，肾小管上皮细胞核消失呈区域性坏死。[2] 很明显，丹砂对人体器官的毒理学研究符合《古尸研究》对古尸中毒情况的分析。至于女尸体内铅含量较高也应当与丹砂有关，因为丹砂无论天然还是人工合成的都不纯净，尤其含 Pb 量常可高达 0.1%。[3] 总之，丹砂（天然硫化汞）的成分及毒理学研究均与《古尸研究》对女尸体内中毒情况的描述相符。

丹砂很早就被用于墓葬，秦汉时受神仙服食的影响，又开始流行口服丹砂。当时神仙服食方士认为，服金者寿如金，服玉者寿如玉，长期服食某些药物可以长生不死，这些药物中最重要的一种即丹砂，它被视为仙药之最上品，其功效甚至强于黄金。正因为如此，《神农本草经》将丹砂列为玉石部上品、全书 365 种药物之首，云其"久服通神明，不老"，这其实是神仙服食家的理论。西汉时很多方士大量服食天然丹砂。例如《列仙传》载有多人：任光，"上蔡人也。善饵丹，卖于都市里间，积八十九年，乃知是故时任光也……晋人常服其丹也"。[4] 主柱，"不知何所人也。与道士俱上宕山，言此有丹沙，可得数万斤。宕山长吏知而上山封之。沙流出，飞如火，乃听柱取为邑令。章君明饵沙，三年得神沙飞雪服之，五年能飞行，遂与柱俱去云"。[5] 由于需求量大，丹砂在秦汉时甚为贵重，成为紧俏商品。秦始皇时一巴商世家专营丹砂，获利无数。《史记·货殖列传》记载："巴寡妇清，其先得丹穴，而擅其利数世，家亦不訾。清，寡妇也，能守其业，用财自卫，不见侵犯。秦皇帝以为贞妇而客之，为筑女怀清台。"[6]炼丹术兴起以后，尽管丹砂仍被用于直接服饵，但炼丹家最推崇的不再是天然丹砂，而是炼制的神丹，由于它

---

① 田南卉等：《朱砂毒性成分的研究与评估》，《北京中医》1996 年第 5 期。
② 管英英：《朱砂的药理、毒理与临床应用》，《中国药业》2002 年第 4 期。
③ 李鸿超统编：《中国矿物药》，地质出版社，1988 年，页 101。
④ 王叔岷：《列仙传校笺》，中华书局，2007 年，页 79。
⑤ 王叔岷：《列仙传校笺》，页 114。
⑥ 《史记》卷一百二十九《货殖列传》，页 3260。

也是红色，最初炼丹家误认为是丹砂，故称其为“还丹”，即所谓的“丹砂烧之成水银，积变又还成丹砂”。还丹观念出现以后，炼丹家对天然丹砂的态度逐渐发生转变，认为只有最上品的丹砂才堪不经伏炼而直接服食，其他由于杂质较多，兼含毒性，必须煮炼方可入药。此是后话，不再赘言。

四　还丹理论的出现

据上所论，炼丹技术在汉武帝时代已经出现，齐人李少翁、栾大等有明确派别，淮南王刘安也网罗了一大批方士从事神仙黄白术，这些迹象反映出当时这种活动有一定的普遍性。不过，无论李少君等人的丹砂诸药→黄金→神仙，还是淮南王的水银诸药→黄白→神仙，都表明当时虽然有炼丹技术，但还丹观念还没有出现，金丹和黄白尚未分流。从概念上来讲，方士们最初炼制的是“金”而不是“丹”。李少君、刘安等人的画像固然是《史记》、《汉书》等正史描绘出来的，仅凭其言恐有一叶障目的危险。但是，当我们的目光偏离正史而瞥向疾虚妄的王充，再透过数十米的封土堆再现两千年前的历史真相之后，我们有理由相信由“金”而仙才是西汉人的观念。其时，“丹”在一般人看来仍然意味着一种天然石头，正如《说文解字》所言：“丹，巴越之赤石也。”就在一些方士们醉心于用丹砂等来炼制黄金的实践中，更多的人则在默默地吞食着大自然赐予人类的这种红色圣石。当然，当李少君的继承者们在无数次失败后终于发现了还丹的秘密时，“丹”的含义开始发生重要变化，完全意义上的炼丹术最终出现。

东汉前期前后，最早的一批金丹著作逐渐出世，《黄帝九鼎神丹经》是流传至今最重要的一种，通过这部丹经，我们可以隐约看到丹道理论的发展轨迹。该经开篇即由玄女告诫黄帝云：“凡欲长生，而不得神丹金液，徒自苦耳。虽呼吸导引，吐故纳新，及服草木之药，可得延年，不免于死也。服神丹令人神仙度世，与天地相毕，与日月同光，坐见万里，役使鬼神，举家升虚，无翼而飞，乘云驾龙，上下太清，漏刻之间，周游八极，不拘江河，不畏百毒。”[①]这段话重新审视了当时流行的各种神仙方术，认为只有神丹金液才能真正使人神仙度世，尽管这里将金液与神丹相提并论，但书通篇都是在介绍九鼎神丹，所以事实上金丹才是最重要的神仙大药。与李少君等人的理

① 《道藏》第18册，页795。

论相比，这里出现了关键转变。李少君等人的目的在于炼制“黄金”，无论其所用药物为何，其观念中炼成的黄金才是神仙不死的大药。然而在《黄帝九鼎神丹经》中，先前的黄金观念却被神丹代替。用丹砂永远也烧炼不成黄金，然而金丹与黄白的分野却与这种失败有关。正是经历了很多次失败后，方士们发现丹砂虽然炼不成黄金，但却可以还炼成“丹砂”，正所谓“丹砂烧之成水银，积变又还成丹砂”，这种烧炼成的还丹已不再是天然丹砂，而是更为灵妙的神丹。这种转变在《黄帝九鼎神丹经》中仍可看到一些痕迹，如金的至高地位尽管被神丹取代，但并未被彻底抛弃，炼金成为检验神丹是否炼成的必要方法：“作丹华成当试以作金，金成者药成也，金不成者药不成。……金若成，世可度；金不成，命难固。”[①]此即西汉武帝时代“化丹沙诸药齐为黄金”的遗存。

对古代神仙方术而言，这是一次非常重要的观念裂变。秦汉时期的神仙方术有许多流派，如行气、导引、服食（食金饮玉及草木药）、房中、尸解等。这些神仙流派在当时并无高下之别，求仙者往往兼而修之，方士亦不蔽于一曲，如李少君以祠灶、谷道、却老方见上，李少翁以鬼神方见上，《神仙传》所描绘的淮南八公也是各怀绝技。然而在还丹理论出现以后，这些方术被炼丹家重新审视与排列，金丹被视为成仙不死最重要的方法，呼吸导引、吐故纳新及草木之药因只能延年而被视为次等的辅助技术。在这种情况下，以往各种神仙方术的功能统统叠加到神丹上，使其功能更为神奇。此时的炼丹术已经名副其实，其观念已经脱离早期由“金”而仙的思路，转变为由“丹”而仙。

当然，还丹理论出现后的很长一段时期内，由“丹”而仙的思想仍然只是少数炼丹家的观念，它还没有上升为一种较为普遍的社会意识，故而炼丹活动极少出现在早期文献记载中。《后汉书·方术列传》记载东汉时期神仙方士十余人，其方技包括房中、服食以及起死回生、御鬼、隐形等，却没有提及炼丹术。特别是左慈，据葛洪记载，他是汉末最重要的金丹术传人，然而在葛洪之前，几乎无人提及左慈的炼丹家身份，甚至晚出的《后汉书》也仅提到他的数种神道，未提及炼丹之事。《后汉书》为南朝范晔（398—445）所撰，他没有采用葛洪之说，盖其据以裁剪为史的汉代资料中原本就没有炼

---

① 《道藏》第18册，页796。

丹内容,这是葛洪以前的一般认识。之所以如此,与炼丹术的传授形式有很大关系。据《黄帝九鼎神丹经》记载,传授丹经颇为神秘与隆重,“此道至重,必以授贤者。苟非其人,虽积金如山,地方万里,亦勿以此道泄之也”。① 具体过程相当繁琐,最后还要歃血为盟。葛洪的经历表明,《黄帝九鼎神丹经》绝非言过其实。郑隐虽弟子五十余人,然而仅葛洪一人“见受金丹之经及《三皇内文》《枕中五行记》,其余人乃有不得一观此书之首题者矣”。② 不仅如此,葛洪于马迹山受《太清丹经》、《九鼎丹经》及《金液丹经》时,乃立坛盟受之。③ 这样的传授方式使得炼丹术长期在少数人中流传,即使大多数道士对其也相当陌生。葛洪称,他“周旋徐豫荆襄江广数州之间,阅见流移俗道士数百人矣。……余问诸道士以神丹金液之事,及《三皇内文》召天神地祇之法,了无一人知之者,……或有颇闻金丹,而不谓今世复有得之者,皆言唯上古已度仙人,乃当晓之。或有得方外说,不得其真经。或得杂碎丹方,便谓丹法尽于此也。”④

自葛洪公开倡导金丹以后,炼丹术逐渐为世人所识,金丹理论对神仙方术带来的观念变革逐渐发生广泛影响。不过,另外一个重要问题被长期忽视,即这种观念变革也相当程度上改变了后人关于此前炼丹术历史的认识。

五　晚出文献所记早期炼丹术

如果说炼丹术在汉代人眼里尚朦朦胧胧,到了南北朝时期,早期炼丹的历史突然明朗起来,一些原本比较模糊的炼丹事迹均有了清晰而连贯的记载。如李少君,在《史记》中他本以祠灶、谷道、却老方见上,并以丹砂作黄金法见宠于汉武帝,这其中丝毫看不出还丹思想。但李少君在《神仙传》中再次登场时,他已是名副其实的炼丹家:

李少君,字云翼,齐国临淄人也。少好道……遇安期先生经过,见少君……因授神丹炉火飞雪之方……逮汉武帝之时,闻帝招募方士,特敬道术,而先贫不办合大药,喟然长叹,语弟子曰:“老将至矣,死将近

① 《道藏》第18册,页795。
② 王明:《抱朴子内篇校释》卷十九《遐览》,页333。
③ 王明:《抱朴子内篇校释》卷四《金丹》,页71。
④ 王明:《抱朴子内篇校释》卷四《金丹》,页70、71。

矣,而财不足用,躬耕力作,商估求钱,必不致办合药。又吾亦羸,拙于斯事也,闻天子好道,请欲见之,求为合丹,可得恣意……”乃以方上武帝,言:“臣能凝汞成白银,飞丹砂成黄金,金成服之,白日升天,神仙无穷……”……少君称疾,上表云:“陛下思心玄妙……然丹方禁重,宜绝臭腥,法养物仁克仙蠢动,而陛下不能绝奢侈,遣声色,杀伐不止,喜怒不除,万里有不归之魂,市朝有流血之刑,神丹大道未可得成……先师安期先生,昔所赐金丹之方,信而有征,若按节度,奉法戒,尔乃可备用之焉……”①

类似情况亦发生在淮南王刘安身上,这位在《汉书》中精于神仙黄白术的贵族在《神仙传》中也具有了道地炼丹家的身份:

汉淮南王刘安者,汉高帝之孙也。……作《内书》二十二篇。又《中篇》八章,言神仙黄白之事,名为《鸿宝万毕》,三章论变化之道,凡十万言。……(八公)一人能煎泥成金,凝铅为银,水炼八石,飞腾琉珠,乘云驾龙,浮于太清之上,在王所欲。安乃日夕朝拜,供进酒脯,各试其向所言,千变万化,种种异术,无有不效,遂受王丹经三十六卷。②

很显然,早期方士的作金、黄白、黄冶等行为在《神仙传》中被明确赋予炼丹的涵义。如果说魏伯阳、张道陵、左慈、葛玄等东汉人物从事炼丹易于理解,但说西汉早期时已经出现金丹理论则缺乏根据。尽管李少君等人的行为从技术角度而言与真正的炼丹术也许差别不大,但其内涵却不同。更令人惊讶的是,一些更早期的人物也被认为从事炼丹活动,如晋人王嘉《拾遗记》有赵高受韩终丹法的故事(《抱朴子内篇》记载有“韩终丹法”。):

子婴问狱吏曰:“高其神乎?”狱吏曰:“初囚高之时,见高怀有一青丸,大如雀卵。”时方士说云:“赵高先世受韩终丹法,冬月坐于坚冰,夏

① [晋]葛洪撰、胡守为校释:《神仙传校释》,页206—209。

② [晋]葛洪撰:《神仙传》,中华书局《丛书集成初编》本,1991年,页25—26。

日卧于炉上，不觉寒热。”及高死，子婴弃高尸于九达之路。泣送者千家，或见一青雀从高尸中出，直飞入云。九转之验，信于是乎！①

类似情况在《神仙传》中比比皆是，相关人物及事迹摘略如下：

彭祖者……帝颛顼之玄孙。至殷末世，年七百六十岁而不衰老……彭祖曰：“欲举形登天，上补仙官者，当用金丹，此元君太一所服，白日升天也……”

白石生者，中黄丈人弟子也。至彭祖之时，已年二千岁余矣……其所据行者，正以交接之道为主，而金液之药为上也。

玉子者，姓张震，南郡人也。少学众经，周幽王征之不起……后入崆峒山合丹，丹成，白日升天也。

刘根，字君安，长安人也。少时明五经，以汉孝成皇帝绥和二年举孝廉，除郎中。后弃世道，遁入嵩高山石室中……药之上者，唯有九转还丹，及太乙金液，服之皆立便登天，不积日月矣……②

孔安国者，鲁人也。常行气服铅丹，年二百岁，色如童子……遂不能得神丹八石登天之法，唯受地仙之方，适可以不死。③

以上记载与第一类文献相比何以如此不同？④ 长期以来，由于《神仙传》、《拾遗记》等此类文献在历史叙述问题上的复杂性，结果给史学家一方面带来很大困惑，炼丹术最初究竟出现于何时？是否可以追溯到西汉以前？另一方面则诱导了他们的怀疑视线，从而忽视了两类文献在早期炼丹术历史叙述上的关键差别，也就掩盖了西汉炼丹术的本质。

由于还丹观念目前只能追溯到东汉，所以第二类文献对早期炼丹人物

① ［晋］王嘉撰、齐治平校注：《拾遗记》，中华书局，1981年，页105。

② 以上几条内容分别见胡宋为《神仙传校释》，页15—16、34、140、298—300。

③ ［晋］葛洪：《神仙传》，中华书局《丛书集成初编》本，页68。

④ 有一个问题需要补充说明。《神仙传》现存版本主要有《四库全书》本和《广汉魏丛书》本，二者在内容上差异很大。李剑国经详细比对后认为，《四库》本来源较古，大约是宋本的一个残本，而《汉魏》本是辑自诸书而真伪混杂的杂凑之本。（李剑国：《唐前志怪小说史》，人民文学出版社，2011年，页401—402。）但是关于金丹的记载，诸种《神仙传》版本之间基本上比较一致，特别是《四库》本的内容大多见于《汉魏》本。本书引述《神仙传》以《四库》本为主，辅之以《汉魏》本。

及其活动的叙述中,其还丹观念的真实性首当其冲应当受到质疑。晚出文献何以能超越早期文献对炼丹术的历史有更清楚的记载?又何以偷梁换柱地将黄白行为称为炼"丹"呢?究其根源,盖因两汉之际还丹理论出现后,观念的更替影响了后人历史地看待此前的历史,于是才有早期炼金行为被晚出文献追认为真正的炼丹术。由于西汉方士们的黄白术确实为炼丹术的早期发展阶段,从而使得这种追认似乎颇为合理。这种篡改历史的行为或许是一种观念无意识,故增强了其隐蔽性,以致躲过了许多史学家的探究。早期炼丹史的诸多疑点实际上均根源出于此。

结论:从服食、黄冶到炼丹

以中国第一批金丹著作出现的东汉中期前后为分界线,关于西汉炼丹活动的记载可以分为两类。从多个角度比较后可以肯定地说,第一类文献对西汉炼丹术的描述较为真实,第二类文献由于还丹理论的出现,影响了它们对先前历史作出实事求是的描述。

根据第一类文献,虽然西汉武帝时已出现诸多以矿物药来炼制长生药的活动,但无论燕齐方士还是淮南王刘安,其黄白、黄冶等行为均为由"金"而仙观念的实践,李少君"祠灶则致物,致物而丹沙可化为黄金,黄金成以为饮食器则益寿"以及栾大之师"黄金可成,而河决可塞,不死之药可得,仙人可致也"之语是这种活动最恰当的注释。尽管此类炼药活动用到丹砂或水银,其技术与真正的炼丹术相似,但当时尚无还丹观念,炼丹术的理论体系更未构建,其实质乃普通服食(黄金)传统的延展。至于西汉文帝时经济领域的造伪金,实与方士们的神仙方术完全不同,前者是一种纯粹经济现象,使用的是普通冶金技术,而后者则主要用丹砂或水银等神仙服食的上品药为原料来炼制丹金。

丹金自然无法炼成,然而在这个过程中,方士们最终发现了还丹的秘密,于是第一批真正意义上的金丹著作逐渐撰作出世。尽管丹金思想在后来的炼丹术中并未彻底销声匿迹,但相对西汉方士们大规模的实践而言,它毕竟走向了破灭,但催生了金丹与黄白两个更大的泡沫。从此以后,金丹术基本是围绕用各种药物炼制金丹药来展开,而黄白术则主要是冶炼伪金银。

第二节　西汉炼丹术的渊源

由于炼丹术在东汉时曾发生过一次重要的思想变革，因此要探索这门学问究竟由哪些思想因素激发产生，变革之前那些最早的炼丹活动无疑是最重要的线索。毫无疑问，炼丹术的出现首先需要培育其滋长的土壤，其中最关键的是神仙思想和不死药传说。不过，本节要讨论的不是这些宏观的思想背景，而是构成为炼丹术的直接渊源，以期从中探寻是否存在外来文化的影响。根据前面对西汉炼丹活动的讨论，我们可以将当时的炼丹术归纳出三个重要特征，第一是炼药前必须祭祀灶神，第二是使用的原料药物以丹砂、水银为主，第三是制药的关键是炼“金”，也即黄金不朽观念具有特殊意义。以下分别论之。

一　灶神信仰

祭祀灶神是初期炼丹术的重要环节，炼丹方士多精于此道。例如李少君以祠灶等方术见宠于汉武帝，并明确将它与炼丹融合在一起，强调“祠灶则致物，致物而丹沙可化为黄金”。这里的“物”，日本学者早先认为“与‘物气’、‘物怪’同，指鬼神”。[①] 这个看法基本符合事实。李少翁同样擅长祠灶。如武帝宠幸的王夫人死后，“少翁以方盖夜致王夫人及灶鬼之貌云，天子自帷中望见焉。”[②]此处灶神称为“灶鬼”。至于刘安，《汉书》云“淮南有《枕中鸿宝苑秘书》。书言神仙使鬼物为金之术……”，这里的“鬼物”或许就是灶神。汉魏时期，人们常以鬼、鬼物、妖、精等称呼灶神，后两个称呼见于《三国志·魏书·管辂传》。管辂说王基家中当有一贱妇人生一男孩儿，“堕地便走入灶中死”。管辂解释说：“儿生便走，非能自走，直宋无忌之妖将其入灶也。”[③]唐司马贞《史记索隐》曰：“《白泽图》云‘火之精曰宋无忌’。盖其人火仙也。”[④]

---

① ［日］福井康顺等监修、朱越利译：《道教》第一卷，上海古籍出版社，1990年，页285。
② 《史记》卷二十八《封禅书》，页1387。
③ ［晋］陈寿撰：《三国志》卷二十九《魏书·方技传》，中华书局，1982年，页813—814。
④ 《史记》卷二十八《封禅书》，页1369。

灶神信仰最初与火崇拜有关,盖上古时期就已出现。有学者指出,“中国古代威名赫赫的火神炎帝和祝融也在远古火崇拜信仰中产生,他们后来成为中国古籍中所记最早的灶神”。[①] 相关例证如《吕氏春秋·季夏纪》云:“季夏之月……其帝炎帝。其神祝融……其祀灶。祭先肺。”[②]又如《淮南子·氾论训》云:“炎帝于火,死而为灶。”高诱注曰:“炎帝,神农,以火德王天下。死,托祀于灶神。”[③]灶神既与炎帝等火神有关,初时其地位应当较高。但至迟到春秋战国时期,灶神的地位已下降。《论语·八佾》云:“王孙贾问曰:‘与其媚于奥,宁媚于灶,何谓也?’子曰:‘不然。获罪于天,无所祷也。’”[④]于此可见灶神的地位不如奥神。《战国策·赵三》记载的一个故事也间接反映了这一状况,说卫灵公“近雍疸、弥子瑕。二人者,专君之势以蔽左右。复涂侦谓君曰:‘昔日臣梦见君。’君曰:‘子何梦?’曰:‘梦见灶君。’君忿然作色曰:‘吾闻梦见人君者,梦见日。今子曰梦见灶君而言君也,有说则可,无说则死。’”[⑤]

根据《礼记·祭法》的记载,“王为群姓立七祀:曰司命,曰中霤,曰国门,曰国行,曰泰厉,曰户,曰灶,王自为立七祀。诸侯为国立五祀:曰司命,曰中霤,曰国门,曰国行,曰公厉,诸侯自为立五祀。大夫立三祀:曰族厉,曰门,曰行。适士立二祀:曰门,曰行。庶士庶人立一祀,或立户,或立灶”。[⑥]由此可见,先秦时期民间祭祀灶神的现象应当很普遍。汉代仍然沿袭先秦祭灶的风俗,民间盛行祠灶,这从李少君、李少翁等例可以看出,但天子不祠,汉武帝是第一位亲自祠灶神的皇帝。古人为什么要祭祀灶神呢?郑玄在解释“王为群姓立七祀”时曾这样说过:“此非大神所祈报大事者也,小神居人之间,司察小过,作遣告者尔。”[⑦]这表明灶神在当时亦有司察之职,此后这一功能很快被确定并流行开来。如《太平御览》卷一八六引《淮南万毕术》云:“灶神晦日归天,白人罪。”[⑧]葛洪《抱朴子内篇·微旨》云:“又月晦

① 杨福泉:《灶与灶神》,学苑出版社,1994年,页29。
② 陈奇猷:《吕氏春秋校释》,学林出版社,1984年,页311。
③ 刘文典:《淮南鸿烈集解》,中华书局,1989年,页460。
④ 《十三经注疏》,中华书局,1980年,页2467。
⑤ 《战国策》,中册页717。
⑥ 《十三经注疏》,页1590。
⑦ 《十三经注疏》,页1590。
⑧ [宋]李昉等撰:《太平御览》,中华书局影印,1960年,页903。

之夜，灶神亦上天白人罪状。大者夺纪。纪者，三百日也。小者夺算。算者，三日也。"①不过需要指出，灶神原本并无司察职责，它与司命是两个完全不同的神，杨堃认为二者的融合即发生在汉代，并说："盖汉时民间所祀之灶，实与儒家所倡的五祀之灶，大有不同。五祀之灶，在主饮食。而民间所祀之灶，除主饮食以之外，尚可祈求富寿，并可兼行黑巫术之职，以祝诅人。"②祠灶以祈求富贵者在汉时确有其事。如《后汉书·阴识传》记载："宣帝时，阴子方者，至孝有仁恩，腊日晨炊而灶神形见，子方再拜受庆。家有黄羊，因以祀之。自是已后，暴至巨富，田有七百余倾，舆马仆隶，比于邦君。子方常言'我子孙必将强大'，至识三世而遂繁昌，故后常以腊日祀灶，而荐黄羊焉。"③

西汉初时，灶神除了司察以外，其更重要的功能其实是主饮食，甚至有学者认为，灶神"乃五祀之一，其最初之功能即仅在主饮食一项"。④ 类似观点古人有记载。如《礼记·祭法》郑玄注云："灶主饮食之事。"⑤又《礼记·礼器》云："孔子曰：'臧文仲安知礼！夏父弗綦逆祀而弗止也。燔柴于奥。夫奥者，老妇之祭也。盛于盆，尊于瓶。'"郑玄注曰："奥，当为爨字之误也，或作灶。""老妇，先炊者也。盆、缾，炊器也。明此祭先炊，非祭火神，燔柴似失之。"孔颖达疏曰："奥音爨，爨以爨煮为义也。礼，祭至尸食竟而祭爨神，言其有功于人，人得饮食，故祭报之。而夏父弗綦为礼官，谓爨神是火神，而遂燔柴祭之，此是失礼。"⑥当然，灶神究竟是先炊还是火神，历史上一直有争论。郑玄主张灶神是先炊，但前引《吕氏春秋·季夏纪》、《淮南子·氾论训》的记载均认为灶神是火神。事实上，这个问题并不复杂。很多研究表明，灶神崇拜的出现的确与火神信仰有关，但是自灶神从火神中分化出来以后，二者再没有混合为一体，火神及火神庙一直单独存在。因此，严格来讲灶神最初就是饮食神。饮食与人的寿命有关，以此而言，后来传言灶神上天白人罪减寿其实并没有脱离灶神的这一根本职能。

辨别灶神的职能对理解初期炼丹术中祠灶仪式的性质非常关键。由于

---

① 王明：《抱朴子内篇校释》，页125。

② 杨堃：《灶神考》，载《杨堃民族研究论文集》，民族出版社，1991年，页162—209。

③ ［宋］范晔撰：《后汉书》，中华书局，1965年，页1133。

④ 杨堃：《灶神考》，载《杨堃民族研究论文集》，页162—209。

⑤ 《十三经注疏》，页1590。

⑥ 《十三经注疏》，页1435。

李少君祠灶致物是为了保证丹砂可化为"黄金",进而以"黄金"制成饮食器,以之延长寿命,这说明祭祀灶神的目的在于服食益寿,这正是灶神主饮食职能的反映。此外,炼丹方士们重视饮食神,也从侧面反映出炼丹术主要是从神仙服食活动而非冶金行业演变而来这一事实。

汉代以后,祭灶传统在一些丹经中仍然可以看到。例如《抱朴子内篇·金丹》云:"为神丹既成,不但长生,又可以作黄金。金成,取百斤先设大祭……礼天二十斤,日月五斤,北斗八斤,太乙八斤,井五斤,灶五斤,河伯十二斤,社五斤,门户闾鬼神清君各五斤,凡八十八斤。"①又如《太清金液神丹经》云:"还丹不先祭作不成,当斋三日,以清酒五斗、白脯一十斤祠灶神矣。"②不过从总体上看,灶神在后来的炼丹术中地位已大不如初期,失去了特殊性。正因为如此,若没有认识到初期炼丹术中曾发生过的重要思想变革,很容易忽视灶神信仰对探寻炼丹术起源的重要意义。

二 丹砂与水银

秦汉时期,丹砂是神仙服食的重要药物。《神农本草经》将丹砂列于众药之首,谓其能杀精魅邪恶鬼,久服通神明,不老。考古资料表明,古人对丹砂的认识和利用有非常久远的历史,其红色最初可能被认为与不朽、永恒等观念有关。据称早在距今近两万年的山顶洞人时代,红色的赤铁矿粉末便被用来作饰品涂料,或者撒在死人尸体旁边。③ 其后一些史前遗址中发现有丹砂存在,但一般量很少,且主要作为染料使用。到了夏商周时代,丹砂开始大量用于墓葬,相关考古例证很多。例如河南二里头文化墓葬群中,1967 年河南偃师县翟镇公社圪垱头大队在距二里头早商宫殿基址附近发现了一批玉器,出土时全部裹在丹砂里。据说当地解放前就曾多次发现玉器,有刀、戈、圭、琮、镶嵌绿松石的铜容器等,出土时均裹在丹砂里。考古人员进一步发掘时发现这一现象很普遍。如三区的两座长方坑底部均保存有大量丹砂,其南面一座丹砂层长 2.4 米、宽 1.5 米、厚 1.5—5 厘米,里面裹有盗墓者残留下的玉柄饰 1 件,圆陶片 2 个。而且丹砂层下面有席纹,说明

---

① 王明:《抱朴子内篇校释》,页 76。
② 《道藏》第 18 册,页 754。
③ 夏湘蓉等:《中国古代矿业开发史》,地质出版社,1980 年,页 10。

丹砂是铺在席子上面的。墓葬中出土的一些器物出土时甚至沾有丹砂。[①] 1975 年考古人员又在二里头早商宫殿基址附近发掘、清理了另外三座墓葬，其坑底全部有丹砂层，其中一个长 1.7 米、宽 0.74 米的小坑内竟然铺着厚达 5—6 厘米的丹砂。[②] 1980 年二里头发掘的多座墓葬中，一座墓底丹砂层最厚处 6 厘米，范围南北约 2.1 米、东西 0.9 米，当为棺内范围；一座墓葬的腰坑长 1.02 米、宽 0.47 米、深 0.45—0.5 米，坑东及北壁布满丹砂；还有两座墓，其底部分别铺有 1—2 厘米和 2—3 厘米厚的丹砂，其他墓中也多有丹砂残留。[③] 1981 年二里头发掘的墓葬中有三座墓底有丹砂，其中一座最厚处达 8 厘米。[④] 该地区后来发掘的墓葬中也多次发现有丹砂。安阳殷墟 1969 至 1977 年发掘的墓葬中也发现有丹砂存在，有置于棺内的，也有铺在墓底的。[⑤] 如此大量的丹砂被用于墓葬，表明当时古人对丹砂矿的探测与开采已达到相当高的水准。同时，丹砂染料技术也达到一定水平。如 1975 年陕西发掘了两座西周前期墓葬，其刺绣上残存的红色物质即为朱砂，研究人员指出，"从残存颜色的鲜艳程度看，当时制作这两种颜料，尤其是朱砂，技术已经比较成熟。在传统的利用辰砂制作朱砂的过程中，一般会同时出现三层颜色：最上一层色彩发黄，最下一层色彩发暗，惟有中间一层色彩最好，叫做朱红。印痕上的红色恰为朱红，这就说明当时成功地掌握了朱砂颜料的制作"。[⑥]

先秦时期，丹砂开始见诸各种文献记载。如晋太康中于汲郡战国魏安厘王墓冢出土的《汲冢周书》中有"方人以孔鸟，卜人以丹砂"的记载，说明卜人(西南民族)以丹砂向周天子(成王)进贡。《诗经·终南》中有"颜如渥丹，其君也哉"之语。《范子计然》卷二十九记载："范子曰：'尧舜禹汤皆

---

① 中国社会科学院考古研究所二里头工作队：《河南偃师二里头遗址三、八区发掘简报》，《考古》1975 年第 5 期。

② 中国社会科学院考古研究所二里头工作队：《偃师二里头遗址新发现的铜器和玉器》，《考古》1976 年第 4 期。

③ 中国社会科学院考古研究所二里头工作队：《1980 年秋河南偃师二里头遗址发掘简报》，《考古》1983 年第 3 期。

④ 中国社会科学院考古研究所二里头工作队：《1981 年河南偃师二里头墓葬发掘简报》，《考古》1984 年第 1 期。

⑤ 中国社会科学院考古研究所安阳工作队：《1969—1977 年殷墟西区墓葬发掘报告》，《考古学报》1979 年第 1 期。

⑥ 北京市丝绸厂、李也贞等：《有关西周丝织和刺绣的重要发现》，《文物》1976 年第 4 期。

有预见之明，虽有凶年而民不穷。’王曰：‘善。’以丹书帛，置之枕中，以为国宝。”这是用丹砂书写文字。[1]《山海经》提到丹砂的地方很多，称其为“丹”、“丹臒”或“丹粟”等。《说文解字》解释说，“丹，巴越之赤石也”，“臒，善丹也”。丹粟据郭璞注指“细丹沙如粟也”。巴蜀地区盛产丹砂，盖先秦时已广为人知。司马迁提到的秦始皇时人寡妇清，便是巴地世代经营丹砂的家族，获利无数。《史记·货殖列传》云：“巴寡妇清，其先得丹穴，而擅其利数世，家亦不訾。清，寡妇也，能守其业，用财自卫，不见侵犯。秦皇帝以为贞妇而客之，为筑女怀清台。”[2]

随着古人对丹砂利用水平的提高，水银也开始大量出现，主要用于墓葬及制作鎏金器。用于墓葬的记载如唐代李泰《括地志》云：“齐桓公墓在临淄县南二十一里牛山上，亦名鼎足山，一名牛首岗，一所二坟。晋永嘉末，人发之，初得版，次得水银池。”[3]再如《艺文类聚》卷八山部下虎丘山条引东汉赵晔《吴越春秋》云：“阖庐死，葬于国西北，名虎丘。穿土为川，积壤为丘，发五都之士十万人，共治千里，使象摙土。冢池四周，水深丈余，椁三重，倾水银为池，池广六十步。”[4]从这些记载来看，秦始皇在其陵墓中“以水银为百川江河大海”并非始作俑者，只是集大成者。《史记·秦始皇本纪》云：“始皇初即位，穿治郦山，及并天下，天下徒送诣七十余万人，穿三泉，下铜而致椁，宫观百官奇器珍怪徙臧满之。令匠作机弩矢，有所穿近者辄射之。以水银为百川江河大海，机相灌输，上具天文，下具地理。”[5]水银除了用于墓葬以外，还可以制作鎏金器。鎏金器最迟在战国中晚期已经出现。通过现代科技手段，研究人员发现古代鎏金工艺使用水银作为溶剂。[6]

由上可见，对丹砂和水银的重视在汉代之前行之已久，李少君等炼丹方士只是这一传统的继承者。但是前文指出，秦汉时期民间服食丹砂的现象很常见，李少君等方士为何不直接服食丹砂，却要用丹砂、水银来制作“黄金”呢？先秦时古人对各种金属矿物之间的共生关系（尤其是丹砂与黄金）

---

① 以上引自赵匡华《我国古代“抽砂炼汞”的演进及其化学成就》一文，《自然科学史研究》1984 年第 1 期。

② 《史记》，页 3260。

③ ［清］王谟辑：《汉唐地理书钞》，中华书局，1961 年，页 248。

④ ［唐］欧阳询撰：《艺文类聚》，中华书局，1965 年，第一册页 141。

⑤ 《史记》，页 265。

⑥ 北京钢铁学院冶金史组：《鎏金》，《中国科技史杂志》1981 年第 1 期。

已有一定认识。如《管子·地数》记载说:“上有丹沙者,下有黄金。上有慈石者,下有铜金。上有陵石者,下有铅锡赤铜。上有赭者,下有铁。此山之见荣者也。”[①]《山海经》也说:“又东五百里,曰鸡山,其上多金,其下多丹雘”、“又西北一百里,曰堇理之山……其阴多丹雘,多金”等。[②] 至汉初,这种矿物共生观念进一步演变,产生出直接的化生理论,对此《淮南子·墬形训》中有一段概括:

> 正土之气也御乎埃天,埃天五百岁生缺,缺五百岁生黄埃,黄埃五百岁生黄澒,黄澒五百岁生黄金……偏土之气御乎清天,清天八百岁生青曾,青曾八百岁生青澒,青澒八百岁生青金……壮士之气御于赤天,赤天七百岁生赤丹,赤丹七百岁生赤澒,赤澒七百岁生赤金……弱土之气御于白天,白天九百岁生白礜,白礜九百岁生白澒,白澒九百岁生白金……牝土之气御于玄天,玄天六百岁生玄砥,玄砥六百岁生玄澒,玄澒六百岁生玄金……[③]

文中“澒”即汞。有学者认为,以上便是早期炼丹家炼制丹金的理论依据:“这是五方配五色、五石、五金之说,但无论哪一个演生系列,都要经过汞这一环节。五汞生五金,只是丹砂生金的延伸。”[④]张子高早先也曾认为:“丹家从脱离实际的‘上有丹砂,下有黄金’的理论出发,企图炼出真金,而终未得到结果。”[⑤]葛洪的话似乎为这种观点提供了依据,《抱朴子内篇·黄白》云:“仙经云,丹精生金。此是以丹作金之说也。故山中有丹砂,其下多有

① 黎翔凤:《管子校注》,中华书局,2004年,页1355。

② 袁珂:《山海经校注》,页21、203。实际上丹砂与黄金矿床之间并没有共生关系,但砂矿的确有这种情况。研究者指出:“按辰砂(丹沙)和自然金在汞或金的原生矿脉中,除少数外,一般不存在共生关系。根据中国南方湘、鄂、赣、粤、桂五省区五十二个脉金矿床共生矿物关系的统计,其中仅有三个脉金矿床的共生矿物中有辰砂。可见‘上有丹砂者,下有黄金’这条‘规律’,对于原生脉金矿床来说,是没有什么实际意义的。汞和金一般赋存于时代不同的地层中……应当指出在先秦时代,无论开采汞矿或金矿,都是以砂矿为主……在川湘黔汞矿的矿化地区内,河床或两岸的冲积砂砾层中,重砂里面含辰砂和自然金常很丰富……因此,在汞和金共生的砂矿床中,‘上有丹砂者,下有黄金’这条‘规律’,是确切地反映了实际情况。”见夏湘蓉等:《中国古代矿业开发史》,页330—331。

③ 刘文典:《淮南鸿烈集解》,页156—158。

④ 容志毅:《中国炼丹术考略》,上海三联书店,1998年,页97。

⑤ 张子高:《中国化学史稿·古代之部》,页84。

金。”[①]由此可见，李少君等人企图以丹砂制作“黄金”的逻辑并非凭空产生。不过即便确实如此，仍然存在一个疑问，假如黄金没有高于或类似于丹砂的神圣地位，与不朽没有关系，方士们何以要千方百计地将本已是仙药的丹砂制成“黄金”，再制成饮食器以图长生呢？可见，当时黄金与神仙思想之间必定有某种密切关系。

三　黄金与不朽

与埃及、美索不达米亚、印度等古代文明相比，古代中国对黄金的认识和利用要晚得多。现今考古发现中国最早的金制品大约出现在夏代晚期，而且数量很少。商代时，古人对黄金的性能已经比较熟悉，黄金制品在全国很多地区都有出土。从各地考古发现来看，商代黄金主要用作其他材质物品上的附属装饰，“出土于椁室底部的，或许是棺椁上粘附的装饰。见于车马坑和马坑的，为车马的饰品。至于同绿松石一起出土的，就是当时人们特制的饰物。而漆器所饰的金箔，也只是为了衬映漆器的华美而已”。[②] 在商的统治范围内此特点十分明显。不过，在同期的巴蜀地区，黄金制品无论在技术还是品种上都远超过中原地区，表现出诸多迥异于中原的特征。例如20世纪80年代，四川广汉三星堆商代遗址一号祭祀坑中出土了一批精美的复杂金器，有大型金仗、纯金面罩及虎形饰物等。[③] 在成都金沙村遗址中，金器出土数量更多，达三十余件，其上图案风格等与三星堆金器颇多一致性，而与中原地区不同。[④] 考古研究发现，西周时期金器的制作技术有所提高，不过仍然主要用作装饰物。而且西周与商的金器相比，二者大体处在同一发展阶段，只是西周金器在器形种类和数量上要超越商代。[⑤] 此外，商代甲骨文和周代金文中都有“金”字，但其义不专指黄金，更多情况下指铜，二者的区别在春秋时始明确。[⑥] 这一情况从侧面反映出商周时期人们对黄

---

① 王明：《抱朴子内篇校释》，页286。

② 张静、齐东方：《古代金银器》，文物出版社，2008年，页12。

③ 四川省文物管理委员会等：《广汉三星堆遗址一号祭祀坑发掘简报》，《文物》1987年第10期。

④ 成都市文物考古研究所等：《金沙淘珍—成都市金沙村遗址出土文物》，文物出版社，2002年。

⑤ 安志敏、安家瑗：《中国早期黄金制品的考古学研究》，《考古学报》2008年第3期。

⑥ 齐东方：《中国早期金银器研究》，《华夏考古》1999年第4期。

金的认识和利用程度和水平都不是太高。

春秋战国时期，人们对黄金的认识和利用有了很大突破。首先在认识方面，关于黄金的知识开始出现在文献中。如《管子》认为丹砂与黄金有共生关系："上有丹沙者，下有黄金。"①《山海经》中记载产金之山多达数十处，且地域分布广泛，还提到个别产金的河流。《韩非子·内储说上》记载："荆南之地，丽水之中生金，人多窃采金。采金之禁，得而辄辜磔于市，甚众，壅离其水也；而人窃金不止。"②丽水指今云南金沙江，至清代时仍然是重要金矿。以上记载涉及水中砂金和山中砂金矿床两类金矿，足见当时金矿开采之盛。1984年，河北兴隆县发现两处战国金矿遗址，这是目前发现中国最早的金矿，③印证了上述文献记载的可靠性。黄金产量的增多，促进了春秋战国黄金制品种类的发展，除各类装饰品以外，开始出现容器、货币及车马器等。黄金容器如湖北随州曾侯乙墓出土的盏、盏盖、杯、勺等，其形体较大而制作精美。黄金货币目前出土较多，主要以楚地为主，如安徽、江苏、湖北等地区。据《战国策·楚三》记载，楚国盛产黄金："张子见楚王，楚王不说。张子曰：'王无所用臣，臣请北见晋君。'楚王曰：'诺。'张子曰：'王无求于晋国乎？'王曰：'黄金珠玑犀象出于楚，寡人无求于晋国。'"④由于金币的使用，当时已经出现黄金与其他货币的比值。《管子·乘马篇》记载："方六里，一乘之地也。方一里，九夫之田也。黄金一镒，百乘一宿之尽也。无金则用其绢，季绢三十三，制当一镒。无绢则用其布，经暴布百两当一镒。"⑤由于对黄金的重视，当时黄金制品的工艺水平自然有很大提高，像金银错、包金、鎏金等技术都很流行。研究人员甚至还发现当时存在融合西方黄金器制作技术的黄金器物。⑥

以上是秦汉以前中国早期黄金器纵向发展的基本情况。由于先秦不同地区的文化差异很大，很多学者注意到中国早期黄金器可以分成几个不同的文化区域，有主张分成中原和南方地区、西北和北方草原地区两大系

① 黎翔凤：《管子校注》卷二十三《地数》，中华书局，2004年，页1355。
② ［清］王先慎撰：《韩非子集解》，中华书局，1998年，页225。
③ 王峰：《河北兴隆县发现战国金矿遗址》，《考古》，1995年第7期。
④ 《战国策》，中册页540。
⑤ 黎翔凤：《管子校注》，中华书局，2004年，页90。
⑥ 黄维等：《张家川马家塬墓地出土金管饰的研究》，《文物》2009年第10期。

统，[①]有主张分成南方地区、以商周王朝统治中心地区及北方各诸侯国所在的中原地区、以长城内外各族部所在的北方边远地区三大系统，[②]有主张商代分成中原和北方地区、南方地区（四川）两大系统，[③]有主张商代分成北方地区或北方与西北地区、中原地区和西南蜀地三大系统，[④]等等。以上分类尽管不尽相同，但都注意到不同地区的黄金器有其自身特征。总体而言，从商代到春秋战国时期，黄金器在中原地区及其周边文化范围内一直比较独立地发展，与北方游牧文化地区相比，它有着比较明显的自身特征。如有学者指出："在中原和南方地区定居的农业居民，金银器在商周时期多为铜、木、漆、玉石器及建筑上的装饰。西周以后，独立出现的器件增多。西北和北方地区的游牧民族，黄金白银主要用来制作人体装饰，最常见的是耳环、臂钏、项圈、发笄和各种牌饰。极少有其它用途的器物。"[⑤]此特征得到学界广泛认同，类似观点如，"在中原地区尽管至迟在商代起黄金就被认识和应用，但一直到黄金已成为财富价值体现的汉代，首饰的制作仍以美玉为主要的材料，黄金这种在今天看来最适于制作首饰的材料，一直到汉代的结束也基本没有出现在人体装饰的领域。在北方地区尽管玉石的加工曾经也有过一度的辉煌，但随着经济形态的改变，人们的审美观念似乎也发生了很大的变化。黄金成为比美玉更为重要的人体装饰材料，而以玉为礼、为德的理念却始终没有影响到他们"。[⑥] 再如，"整体而言，商代大墓中墓主的礼制和社经地位主要仍是透过青铜器与玉器的数量及精致度反映，而黄金则只是这些礼制用品上偶尔出现的点缀……金器尚未被赋予堪与铜、玉比美的独立地位，一如张光直所说的商人并未赋予黄金特殊的价值观"。[⑦]

考古证据表明，中国北方游牧民族对黄金的重视与当时欧亚游牧文化比较一致。如学者指出，"从文化传统来看，大量使用金银器，尤其是装饰

---

① 齐东方：《中国早期金银器研究》，《华夏考古》1999 年第 4 期。

② 陈振中：《先秦金器生产制作工艺的初步形成》，《中国经济史研究》2007 年第 1 期。

③ 段渝：《商代黄金制品的南北系统》，《考古与文物》2004 年第 2 期。

④ 如王辉：《张家川马家塬墓地相关问题初探》，《文物》2009 年第 10 期；黄翠梅、李建纬：《商代蜀地的青铜与金玉艺术——视觉分析的考量途径》，《四川文物》2007 年第 2 期。

⑤ 齐东方：《中国早期金银器研究》，《华夏考古》1999 年第 4 期。

⑥ 乔梁：《美玉与黄金——中国古代农耕与畜牧集团在首饰材料选取中的差异》，《考古与文物》2007 年第 5 期。

⑦ 李建纬：《商代黄金制品研究——从身体与物之空间现象分析》，《美术考古与文化资产：以台湾地区学者的论述为中心》，上海大学出版社，2008 年，页 203。

多用金银器的传统是这一时期欧亚草原地带的斯基泰、巴泽雷克等文化和中国北方青铜文化的特征之一，和中国中原传统文化中主要以玉为装饰的传统不同”。[①] 如果将中国中原地区直接与印度及地中海周边文明区进行比较，中外两大文化系统的黄金观念差别更为明显。在古代印度、波斯、美索不达米亚、埃及等地区，人们不仅对黄金的认识早于世界其他地区，而且赋予黄金无比崇高的地位，黄金除代表财富外，更重要的是与生命、不朽、永恒、神圣等观念密切相关。[②] 当然，中国商代时曾有一个比较特殊的例子，就是以广汉三星堆遗址和成都金沙村遗址为代表的古蜀文化，其出土的黄金器与中原商代文化迥然有别，带有明显的黄金信仰。如有学者指出，“在三星堆文化这个神权政体中，金杖是国家权力的象征物，代表着实际的政治权力，是集神权（意识形态权力）、王权（政治权力）和财权（经济垄断权力）为一体的最高权力的象征。而在商文化中，象征国家最高权力的是用青铜制成的‘九鼎’。在三星堆文化中，即使是用青铜制成的各级统治者即所谓‘群巫’的头像，也要在面孔上覆以金面罩来显示其高贵和尊崇。而在商文化中，黄金只配充作木器一类的附属饰件。由此不难看出两者之间重要的系统差异。十分明显，商文化和三星堆文化对于青铜与黄金的不同价值取向，恰恰是两个不同文化系统的不同价值观念的不同反映”。[③] 但是，古蜀文化在当时并非商文化的组成部分，特别是它的黄金观念可能源于外部文化的影响。遗憾的是，随着古蜀国的湮灭，其崇尚黄金的观念也一并葬入坟墓，未对中原文化产生影响。

综上所述，中国古代对黄金的认识与利用不晚于夏代，至春秋战国时期，金器已经比较普遍，甚至成为贵重器物或货币。此外，北方游牧民族一直有尚金的传统，古蜀文化也曾一度辉煌。但总体而言，在秦汉以前黄金一直没有进入中国主体文化的信仰体系中，其地位无法与玉及青铜器比肩。玉很早就与不朽观念密切联系在一起，但黄金最初却没有不朽或不死的功能，战国时期出现的不死药也都与黄金无关。尽管也有像曾侯乙墓中出土的金盏、金杯、金勺等黄金饮食器皿出现，但与同墓中大批青铜器相比，黄金

① 王辉：《张家川马家塬墓地相关问题初探》，《文物》2009 年第 10 期。

② G. 埃利奥特 · 史密斯著、李申等译：《人类史》，中国社会科学出版社，2009 年，页 215—224。

③ 段渝：《商代黄金制品的南北系统》，《考古与文物》2004 年第 2 期。

的地位明显比较低。

然而,汉初时黄金的文化地位突然发生转向,驱使这种转向的正是早期炼丹方士。李少君等人将"上有丹沙者,下有黄金"的矿物知识作浪漫发挥,令人惊讶地提出"丹沙可化为黄金,黄金成以为饮食器则益寿"的思想,一下子将黄金置于无比神圣的地位。由于此前中国文化中缺乏黄金崇拜思想,特别是将黄金与不朽、神仙等联系在一起的思想基础,这一转变显得十分突兀。炼丹方士的尚金思想经汉武帝身体力行后,在社会上产生广泛影响,一时模仿者趋之若鹜,实用黄金器皿大量出现,由此带动了汉代黄金业的大发展。考古人员指出,"由于汉代人有'金银为食器可得不死'的观念,帝王及贵族搜求、占有金银器达到了前所未有的境地","延年益寿的意愿,使金银直接参与到丧葬中。《后汉书·礼仪志》提到殓服时规定:天子用金缕玉衣,诸侯王、列侯、始封贵人、公主用银缕玉衣,其他大贵人、长公主用铜缕玉衣。在这里,金银在保护尸体的同时还表示享用者身份等级的高低"。[①] 此外,产生于春秋战国之际的鎏金技术在汉代也大放异彩,这一状况也与炼丹思想有直接关系。有研究者明确指出,"鎏金与长生有关系……汉代炼丹术士向帝王宣传的'黄金或鎏金饮食器可延年益寿'观点,必然对汉代鎏金术的鼎盛起到积极的作用。考古发掘的汉代帝王与贵族墓葬中都有大量鎏金器物,应与炼丹术士宣扬的观点有关"。[②] 考古材料的分析结果支持这一观点。经统计,春秋战国至西汉前期的鎏金器出土数量很少,但自汉武帝时期开始,鎏金器尤其是大件器皿的种类和数量剧增,其中相当一部分可能是死者生前用过的实用器。[③]

总之,无论文献证据还是考古资料都表明,从汉初开始,黄金与不朽、不死等神仙观念建立起紧密联系,黄金的文化地位变得逐渐与玉不相上下,由此深刻影响了汉代以后黄金文化及其技术的发展。然而我们不禁要问,汉初炼丹方士提出的黄金益寿甚至成仙的思想是如何出现的?是此前中国文化发生突变,还是受到外来文化影响的结果?由于灶神信仰与丹砂崇拜在汉代以前均有思想基础,这就更凸显出早期炼丹方士崇尚黄金现象的独特

---

① 张静、齐东方:《古代金银器》,页43、44。

② 韩汝玢、柯俊主编:《中国科学技术史·矿冶卷》,科学出版社,2007年,页743。

③ 李宁:《金与不朽——两汉以前中国的鎏金铜器与长生不死观念》,山东大学2007年硕士学位论文。

性，或许这是探索中国炼丹术发端与外来文化关系的突破点。然而，还丹观念出现以后，由于炼丹术分成金丹与黄白两条支流，而黄白术与世俗社会中的造伪金活动又具有密切关系，故而很大程度上转移了研究者的视线，导致对这个问题的重要性认识不足。实际上，即使金丹黄白分流以后，在最初的丹法传授仪式中仍然存在一些比较奇怪的黄金崇拜现象，值得引起我们的注意。

第三节　早期丹法传授仪中的黄金崇拜

作为一种秘传神仙方术，丹法的传授历来非常慎重与神秘，按《黄帝九鼎神丹经》的话说，就是"此道至重，必以授贤者。苟非其人，虽积金如山，地方万里，亦勿以此道泄之也"。[①] 为了保证传授的严密性，为师者不仅在选择徒弟时非常慎重，而且传授方法也有讲究，将丹诀分成两部分，"一者文诀，可以文传者，纸墨能传。口诀者，非口不宣"。[②] 应该说，这些传授规则在很长一段时期内较好地控制了丹法的流传范围。传授丹法时必须经过一套严肃规范的仪式，直至最后师徒双方歃血盟誓。这不仅是正式加入炼丹团体的第一步，而且在炼丹方士看来，仪式的每一细节都可能关系到后来神丹是否能够炼成，因而它在炼丹过程中的重要性丝毫不亚于烧炼技术。我们今天当然清楚，传授仪式事实上与金丹能否炼成没有直接关系，它们是信仰而非技术因素。或许正因为如此，这些仪式长期不被研究者注意。然而，我们忽视的恰恰是炼丹方士们重视的内容。早期丹法传授仪绝非无关紧要的形式，它既是早期道教仪式研究的重要组成部分，也是探索炼丹术思想起源的重要线索之一。由于中国最早的一批金丹著作出现于东汉，而炼丹活动在汉初便已初具规模，至于寻求不死药的尝试更是在战国时便已出现，因此早期丹法的传授仪式必定是此前相关文化长期积淀、演变的结果，其中可能隐含炼丹术如何发端的重要线索，这一点应予以充分重视。

① 《道藏》第18册，页795。
② 《道藏》第18册，页803。

一　传授仪的种类

在最早出世的一批丹经中,《黄帝九鼎神丹经》是非常重要的一种。现存《黄帝九鼎神丹经诀》卷一主体即《黄帝九鼎神丹经》,不过要注意它在唐初时经过编订,其中参杂有少量晚出文字。[①]《抱朴子内篇·金丹》对其内容有引述。葛洪引述了三种代表性丹经,除《黄帝九鼎神丹经》一卷外,还有《太清丹经》三卷及《金液丹经》一卷,均由汉末左慈传出,左慈传葛玄,葛玄传郑隐,郑隐传葛洪,至于更早的传授者不得而知。《黄帝九鼎神丹经》云,九鼎丹法由玄女传黄帝,黄帝传玄子。经中对九鼎丹法的传授与合丹祭祀仪式均有记载。传授仪式如下:

> 传受之法,具以金人一枚,重九两,金鱼一枚,重三两,投东流水为誓。金人及鱼皆出于受道者也。先斋沐浴,设一玄女座于水上无人之地,烧香上白:欲以长生之道用传某甲,及以丹经着案上,置座在此,今欲夹道。向北伏,一时之中若天晴无风,可受之。受之共饮白鸡血为盟,并传口诀合丹之要,及投金人金鱼于水。[②]

葛洪《抱朴子内篇·金丹》对九鼎丹法传授仪式的引述与此基本相同,只是文字较为简略:

> 受之者以金人金鱼投于东流水中以为约,唼血为盟。[③]

唼,同“歃”,饮。由上可知,该传授仪的基本过程为:①斋戒沐浴;②设玄女座于水上无人之地。《黄帝九鼎神丹经》开篇云:“黄帝受还丹至道于玄女。玄女者,天女也。”由此可知,九鼎丹最初出于玄女神;③告神,神为玄女;④饮白鸡血为盟;⑤传授丹法;⑥投信物金人(九两)、金鱼(三两)各一枚于东流水中。

太清丹法的始创者不明,葛洪云:“复有太清神丹,其法出于元君。元

---

① 关于这一问题详见拙著《黄帝九鼎神丹经诀校释·前言》,中华书局,2015 年。

② 《道藏》第 18 册,页 795。

③ 王明:《抱朴子内篇校释》,页 74。

君者,老子之师也。《太清观天经》有九篇,云其上三篇不可教授,其中三篇世无足传,常沈之三泉之下,下三篇者,正是丹经上中下,凡三卷也。元君者,大神仙之人也,能调和阴阳,役使鬼神风雨,骖驾九龙十二白虎,天下众仙皆隶焉。"[①]传授该书的历史人物最早可以追溯到齐国临淄方士马鸣生,他于东汉后期受自某道士,后又授予新野阴长生。[②] 原本《太清丹经》可能已经佚失,或散入其他道经,《抱朴子内篇》对其引述也不多,且无传授仪式内容。《太清经天师口诀》记载了太清丹法的一种传授仪:

> 欲求神仙,千方万术,而不得此诀者,终不能成也,神秘至重,万金不传。若有所传,当本经一一口授,不得顿以文也。依科盟书,用黄金八两、黄布四十尺、白银八两、白绢四十尺为信,限一百年内得传一人,歃丹为盟,不宣之约。[③]

《黄帝九鼎神丹经诀》卷三引述"太清诸丹等张天师诀文",即《太清经天师口诀》,其文相近,云:

> 长生神仙之药,千方万术,所不得此诀,终不能成也,神秘至重,万金不传。若有传者,依本经一二口授,不得顿以(文也)。传之法,依于盟经,用黄金八两、黄布四十尺、白银八两、白绢四十尺为信,限百年内得传一人,歃血为盟。[④]

这两段文字虽然没有介绍太清丹传授仪式的详细过程,但提到两个关键环节:一是歃血为盟,此与九鼎丹法同;二是使用信物,不过类型与九鼎丹法不同,为黄金、黄布、白银、白绢。用黄、白布绢,显然源于黄白(金银)信仰。

《金液丹经》原本今已不存,葛洪云:"余考览养性之书,鸠集久视之方,曾所披涉篇卷,以千计矣,莫不皆以还丹金液为大要者焉。"[⑤]可见金液丹最

---

① 王明:《抱朴子内篇校释》,页 76。
② [晋]葛洪撰、胡守为校释:《神仙传校释》,页 167、171。
③ 《道藏》第 18 册,页 787。
④ 《道藏》第 18 册,页 803。
⑤ 王明:《抱朴子内篇校释》,页 70。

初具有重要地位。据葛洪言，金液乃太乙所服而仙者，功能不逊于九鼎丹，由老子受之于元君。该丹法传授仪式据葛洪引《金液经》云：

> 投金人八两于东流水中，饮血为誓，乃告口诀。不如本法，盗其方而作之，终不成也。①

涉及的步骤包括：①投金人八两于东流水中；②饮血为誓；③传授口诀。很明显，金液法的传授仪与九鼎丹法相似，但顺序不同，且信物只有金人（八两）而无金鱼。

与以上三种早期大丹法相比，另一位时代较早的著名炼丹家狐刚子，其题名丹经所载丹法传授仪式有所不同，如《五金粉图诀》（很可能撰于南北朝或隋②）的传授仪式为：

> 授法不得轻告。传法日取王相日，结斋立坛，师与弟子并在坛前，日夜恒烧宝香，奏帝祈请所愿长生药录名目，称：某少好长生上道，万劫以来，常蒙道福。今得奉思圣允，蒙师慈念，许受诀文，某今不敢许纳，一一奏请皇君。师言：弟子某求道，日夜无怠，某今欲授某诀文，不敢自许，一一奏请皇君。如此谨心满七日夜，然香登坛，饮血为盟，分金镮投于东流水中，请师传授诸神金丹及口诀图箓。③

该仪主要步骤有：①斋戒；②立坛；③告神，神为皇君；④饮血为盟；⑤投信物金镮于东流水中；⑥传授丹法。另一种著作《万金诀》（很可能成书于南北朝）的传授仪为：

> ……今故授汝《万金诀》等，及修仙法，汝依而用之。汝若传之，自非决志山岩、不规俗利者，歃血分镮，立坛为誓，终不得妄传。④

---

① 王明：《抱朴子内篇校释》，页 83。
② 韩吉绍：《狐刚子及其著作时代考疑》，《自然科学史研究》2013 年第 4 期。
③ 《道藏》第 18 册，页 803—804。
④ 《道藏》第 18 册，页 804。

从“歃血分镮，立坛为誓”来看，这种传授仪应与《五金粉图诀》相同。

汉代的丹法虽然很多，但完整流传下来并能确切区分原始内容的却很少，因此我们仅能根据以上介绍的内容对当时的丹法传授仪作初步概括。可以看出，不同丹法的传授仪不尽相同，在信物、告神等方面表现出来的差异尤其明显，这种现象应当与丹法流派不同有关。但另一方面，这些传授仪也有一些共性，如形式简单、盟誓之辞简练等，与大多数南北朝丹法表现出来的繁琐状况明显不同。更重要的是，这些早期仪式都包含一些比较固定的程序，如斋戒沐浴、立坛、告神、歃血为盟、处理信物等，其中一些环节在先秦时期的盟誓仪式中已有充分发展，故它们与早期盟誓的关系值得注意。

二　与先秦盟誓仪的关系

盟誓是古代常见的一种约定双方或多方信守诺言的仪式，一般由神灵来充当证人、监督者与惩罚违约方的执行者。先秦时期，盟誓无论在国家之间还是个人之间都是一种很常见的行为。陈梦家曾在《东周盟誓与出土载书》一文中以《左传》为主，并参以《周礼》及汉晋唐注家所述，对春秋时期的盟誓仪式作了总结，将其分为十个程序：(1)“为载书”(笔者按：载书即盟辞)，书之于策，同辞数本；(2)凿地为“坎”，用于杀牲；(3)“用牲”，牲用牛豕；(4)盟主“执牛耳”，取其血；(5)“歃”血；(6)“昭大神”，祝号。盟誓时以明神先君为质证，故盟必告神而呼号之；(7)“读书”(笔者按：向明神诵读载书，即昭明神)；(8)“加书”。既盟以后，将埋牲于坎，加载书于牲上而同埋之；(9)“坎用牲埋书”；(10)载书之副“藏于盟府”。他还认为战国的盟誓制度也应该与此相似。[①] 出土的大量先秦盟书证明，以上所列程序基本正确。当然进一步的研究也指出，先秦的盟誓制度非常复杂，种类繁多，其仪式在很多方面表现出差异性。[②]

丹法传授仪本质上也是一种约束传授双方行为的盟誓，故在仪式程序方面受到先秦盟誓仪式的明显影响，当然它同时也吸收了很多其他方面的因素，有自己独特的地方。以下从传授仪的主要程序来做一些说明。

(1)斋戒沐浴。斋戒或斋戒沐浴行为汉代以前即已很常见，而且可用

① 陈梦家：《东周盟誓与出土载书》，《考古》1966 年第 5 期。
② 李模：《先秦盟誓的种类及仪程》，《学习与探索》2000 年第 4 期。

于多种场合,现以《史记》中的相关记载为例加以说明。有卜筮之前进行斋戒的。如《龟策列传》记载,宋元王得一神龟,在卜之前举行了一场隆重的仪式,“择日斋戒,甲乙最良。乃刑白雉,及与骊羊;以血灌龟,于坛中央。以刀剥之,身全不伤。脯酒礼之,横其腹肠”。有献牲前进行斋戒沐浴的。如《滑稽列传》记载,魏文侯时邺地三老、廷掾为河伯娶妇(相当于为河伯献人牲)。在举行婚礼之前,被巫祝选中的女子需“洗沐之,为治新缯绮縠衣,闲居斋戒;为治斋宫河上,张缇绛帷,女居其中。为具牛酒饭食,十余日”。授受贵重之物前有进行斋戒的。如《廉颇蔺相如列传》记载,赵惠文王时得和氏璧,秦王欲假意以十五城来换取该璧,赵王无奈,最后派蔺相如奉璧入秦。蔺相如向秦王提出呈上和氏璧的条件为:“和氏璧,天下所共传宝也,赵王恐,不敢不献。赵王送璧时,斋戒五日,今大王亦宜斋戒五日,设九宾于廷,臣乃敢上璧。”寻找神仙前有进行斋戒的。如《秦始皇本纪》云:“齐人徐市等上书,言海中有三神山,名曰蓬莱、方丈、瀛洲,仙人居之。请得斋戒,与童男女求之。”[①]等等。以上斋戒原因虽然不一,但基本上都与神有关。《说文解字》云:“斋,戒洁也。”斋戒是人与神交往前的基本要求。丹法传授仪式中由于要告神,自然首先要进行斋戒,但在早期盟誓中一般不需进行斋戒。

在早期炼丹术中,不仅传授丹法须斋戒,合丹前同样要进行严格的斋戒。如金液,“合之,皆斋戒百日,不得与俗人相往来,于名山之侧,东流水上,别立精舍,百日成,服一两便仙。若未欲去世,且作地水仙之士者,但斋戒百日矣”。[②] 这类斋戒的目的不仅在于隔绝凡人,还要断荤辛等,正如葛洪所言,合丹“必入名山之中,斋戒百日,不食五辛生鱼,不与俗人相见,尔乃可作大药。作药须成乃解斋,不但初作时斋也”。[③]

(2)立坛。坛是丹法传授仪式中的常用道具,用于放置丹经、祭品等。九鼎丹用的虽然是玄女座,但其性质与坛相同。葛洪师从郑隐受丹经也是采用立坛盟誓的仪式:“……余亲事之,洒扫积久,乃于马迹山中立坛盟受之,并诸口诀诀之不书者。”[④]上文宋元王卜龟时也用坛。但是,先秦盟誓用

① 以上分别见《史记》,页3236、3211、2440—2441、247。
② 王明:《抱朴子内篇校释》,页83。
③ 王明:《抱朴子内篇校释》,页84—85。
④ 王明:《抱朴子内篇校释》,页71。

坎不用坛。坎为方坑,用于杀牲。《礼记·曲礼下》孔颖达疏云:"盟之为法,先凿地为方坎,杀牲于坎上。"[1]1965 至 1966 年,考古工作者在山西侯马的春秋盟誓遗址中发现大量的"坎",其形式"大部为北端宽南端窄,坑壁垂直,口与底的大小相差甚微。四壁和底均光滑平整……坑的底部一般都埋有兽骨。大坑绝大部分埋的是牛和马;小坑中则主要埋的是羊,牛、马骨骸较少,偶尔在填土中还发现有鸡骨"。[2]

(3)告神。正式的盟誓必须将盟誓内容做成盟书,称为"载书",这是盟誓的关键所在。盟誓文是先秦时期最为常见的应用文体之一,根据文献记载与出土盟书,它一般包括三部分内容:盟誓缘起,即叙述各方之所以盟誓的原因;盟誓要求,即列出各方所应遵循的具体条款;违盟恶果,即参盟各方共同约定,不遵守盟约的将受到鬼神严惩。[3] 当然,并非所有的盟誓都有载书,但即便口头盟誓也必定有盟誓要求与违盟恶果。载书做好以后,还需要将内容在神跟前诵读,这涉及昭大神、祝号、读书等环节。由上可见,盟誓的告神过程比较复杂。而在早期丹法传授仪式中不需作载书,大多情况下师徒二人在神跟前各自作口头陈述,且内容比较简单,但应当包含盟誓内容与违誓后果等基本约定。当然,晋代以后的丹法传授仪变得越来越复杂,告神过程尤其如此,应另当别论。

(4)歃血为盟。早期丹法传授仪基本上都有歃血这一程序,但仅九鼎丹提到饮白鸡血,其他丹法饮血类型不明。先秦时期,一些简单的盟誓可以不需歃血,但一个完整的仪式必定有这一步骤。所歃之血有多种,人血、牛血、猪血、羊血、鸡血等都见于史书记载。

(5)处理信物。在盟誓仪式中,载书对盟誓各方而言是一个最关键的凭证,其处理非常慎重,既要埋之于坎,还需藏之于盟府。从性质上来看,载书就是一种信物,因此,盟誓一般都不需要其他信物。不过侯马遗址所表现的盟誓仪式有所不同,凿地为坎后先在壁龛中存放璧或璋等玉币(显然这也是一种信物),然后再埋牺牲和盟书。与盟誓不同,早期丹法传授仪由于没有载书,因而信物必定是其他物品,如上文所见,有金人、金鱼、金镮、黄金、黄布、白银、白绢等,存在明显的黄金信仰色彩,这是以往盟誓中所未见

---

① 《十三经注疏》,页 1266。
② 山西省文物工作委员会:《侯马盟书》,文物出版社,1976 年,页 15。
③ 吴承学:《中国古代文体形态研究》,中山大学出版社,2002 年,页 17。

的。此外,对这些信物的处理基本上都采用了同一方式,即投于东流水中。

东流水在炼丹时经常使用,如葛洪提到炼制金液时当"于名山之侧,东流水上,别立精舍"。为了获得东流水炼丹,有时候甚至不惜人工开凿得之,如《真诰·稽神枢第一》陶弘景注文记载:"(积金岭)复有一穴涌泉特奇,大水大旱未尝增减,色小白而甘美柔弱,灌注无穷,但恨在山西,自不得东流耳,亦别开决作东流用之。"①炼丹家为何如此看重东流水呢?有论者认为:"实际上这直接导源于古代道士对炼丹过程中阴阳关系的认识。道士们认为炼丹中的升火和烧炼都是阳气上升的过程,也是一个凝聚天地精气的过程。在这个过程中要尽量避免阴物或阴气的干扰,若阴物侵袭或阴气过盛,则丹药难成。只有阳气渐为增加,阴物、阴气方会渐为减少,才能为炼丹营造适宜的环境。而所谓东流之水,即东向流动之水,起于西而流向东,按阴阳五行之说,西方属金、属阴,东方属木、属阳,自西向东流向之水,就是一个阴气渐灭、阳气渐升之水,此与丹鼎中阳生阴灭的过程正相符合。故东流水之取,说穿了乃是易、阴阳与五行思想在炼丹中的运用。"②这种解释有道理,可证之于东壁土。本草中有东壁土之药,陶弘景解释说,"此屋之东壁上土耳,当取东壁之东边,谓恒先见日光,刮取用之。"③恒先见日光,也即阳气盛也。不过需要指出,东流水的使用很早就出现了,并非由炼丹家所创。如长沙马王堆出土的西汉初期帛书《养生方》中就用到东流水:

> 乌雟(喙)二,北南陈阳□骨一,盅(冶),并以细新白布裹三。·马膏□□□□栖肥鸡□□□□,复雟(煮)瓦茝长如中指,置□□□□汁,出茝,以囊盛,□□□□日弃狸(埋)□□月才(滓)。节(即)行,渍,拼东行水一桮(杯),置□□□□□□□□□□□□□□□二以出□□□见日饮之。④

文中"东行水"即东流水。至于将盟誓信物投于流水的传统春秋时期已有例证,如《史记·晋世家》记载:

---

① 《道藏》第20册,页556。

② 容志毅:《道藏炼丹要辑研究》,齐鲁书社,2006年,页153—154。

③ [梁]陶弘景撰,尚志钧、尚元胜辑校:《本草经集注》,人民卫生出版社,1994年,页182。

④ 马王堆汉墓帛书整理小组:《马王堆汉墓帛书》[肆],文物出版社,1985年,页115。

> 文公元年(公元前636年)春,秦送重耳至河。咎犯曰:"臣从君周旋天下,过亦多矣。臣犹知之,况于君乎?请从此去矣。"重耳曰:"若反国,所不与子犯共者,河伯视之!"乃投璧河中,以与子犯盟。[①]

为何要将信物投于流水?《太极真人九转还丹经要诀》云,当徒弟将信物交给师傅后,师傅不能据为己有,"师当营散,以施山栖之寒学,不得自割以为身用,所以明天约也,示无私矣。违盟漏泄,四极有法,秘之慎之"。[②] 投信物于流水的含义盖与此相似,明天约示无私也。

三　作为信物的金鱼与金人

早期盟誓注重载书,或兼以玉币为信物,而早期丹法传授仪式普遍以黄金器物(金人、金鱼、金镮等)为信物。道教科仪中也经常使用黄金器作为信物,对此北周《无上秘要》卷三十四《法信品》引《洞真太丹隐书经》解释说:"古者盟誓,皆歃血断发,立坛告天,以为不宣求信之约。今自可以金青之陈,以代发肤之体。"同卷又引《洞真太上飞行羽经》云:"凡受九真玄经者,皆先歃血累坛,剪发立盟,为不宣不泄之信誓。后圣以歃血犯生炁之伤,剪发违肤毁之犯,谨以黄金代刺血之信,青柔之帛三十二尺,当割发之约。"[③]《太极真人九转还丹经要诀》亦云:"传受神经丹诀,皆约斋盟誓,用金鱼八两,玉龙偃镮,以代剪发歃血之誓。"[④]由于早期丹法传授仪中歃血与黄金信物二者缺一不可,可知道教科仪以金帛代替歃血乃晚出现象,不能用来解释早期丹法传授仪何以重视黄金器物。

实际上,早期丹法传授仪以黄金器作为信物,除了黄金是一种贵重金属以外,更重要的是与初期炼丹术的黄金崇拜思想有关。还丹观念出现以后,金丹与黄白虽然分流,但对黄金的重视仍然处处体现在金丹的各个方面。如太清丹炼成后须祭祀各种神灵,祭品即为神丹点成的黄金,《抱朴子内篇·金丹》云:

---

① 《史记》,页1660。

② 《道藏》第19册,页12。

③ 《道藏》第25册,页117。

④ 《道藏》第19册,页12。

为神丹既成，不但长生，又可以作黄金。金成，取百斤先设大祭。祭自有别法一卷，不与九鼎祭同也。祭当别称金各检署之。礼天二十斤，日月五斤，北斗八斤，太乙八斤，井五斤，灶五斤，河伯十二斤，社五斤，门户闾鬼神清君各五斤，凡八十八斤。余一十二斤，以好韦囊盛之，良日于都市中市盛之时，嘿声放弃之于多人处，径去无复顾。凡用百斤外，乃得自恣用之耳。不先以金祀神，必被殃咎。①

在作为信物的黄金器物中，黄布、白绢当为黄白（金银）的流变，金镮在后来道教科仪中很常见。金人与金鱼作为信物的传统可能最早，但汉代以后却极少再一起组合使用，仅偶尔见于某些道教科仪中，如《受箓次第法信仪·受上清法信》中提到使用"金人四枚，金鱼三枚"。② 倒是金鱼与玉龙常组合在一起作为信物使用。《云笈七签》卷四引述《玄都上品》文字云：

《玄都上品》第二篇曰：传《大洞真经》三十九章于后者，誓以上金十两，铜二十五斤，钮五双，金鱼、玉龙各一枚……《玄都上品》第四篇曰：传《琼文帝章》，赍金鱼、玉龙、青缯三十二尺、金钮三双为誓……《上清变化七十四方经》，青缯四十尺、上金十两、金钮六双、好香一斤、金鱼玉龙之誓……《丹景道精隐地八术》、《解形遁变流景玉经》，悉上金十两、金鱼、玉龙各一枚……《玄都上品》第六篇曰：传《消魔智慧》、《宝洞飞霄绝玄金章》、《赤书八景晨图》，皆上金十两、玉札一枚、金鱼、玉龙各一枚……《金真玉光玉佩金珰玉清隐书》，皆金鱼、玉龙各一枚以为誓信……《玄都上品》第八篇曰：传……《飞步天纲》，锦三十尺、金鱼、玉龙各一枚。《太上隐书》，金鱼、玉龙之誓。③

金鱼、玉龙之誓似主要用在汉晋时期，因此物难得，后来常以布帛代替之。例如《太极真人九转还丹经要诀》云："传受神经丹诀，皆约斋盟誓，用金鱼八两，玉龙偃镮，以代剪发歃血之誓。世上如难得此物，又不可使灵术

① 王明：《抱朴子内篇校释》，页76—77。
② 《道藏》第32册，页217。
③ 《道藏》第22册，页23—25。

永闭也，可用青细布四十尺，以准金鱼之信，重帛绢四十尺，以齐偃环玉龙之约，并奉有经之师。”①陶弘景《登真隐诀》言及此丹有类似说法：“受经皆登坛盟誓，割帛脆金，为敢宣之约。前盟则金龙玉鱼，后代止布帛而已。”②又《三十六水法》最后一段文字与《太极真人九转还丹经要诀》几乎相同：“传授神经皆约斋盟，用金鱼一两、玉龙、银镮以代剪法歃血之誓，今世无此物，又不可虚涉乖仪，令谨抚青布四十尺，以准金鱼之信，帛绢四十尺，以承银镮玉龙之约。”③不过，金鱼、玉龙组合可能要迟于金人、金鱼组合，因为晋代时传授丹法已不用金人及金鱼，如葛洪言其受九鼎丹、太清丹及金液丹时不提此二物，其后的狐刚子著作中的传授仪也改用金镮。

为何用金鱼、玉龙作为信物？我们从龙的角度试做解释。道经传授有单用金龙为信物者。如北周《无上秘要》卷三四引《洞玄明真经》云：“受灵宝真文十部妙经，以金龙三枚投于水府及灵山、所住宅中，合三处为学仙之信。”④又有用金龙、玉璧者。如明代道书《上清灵宝济度大成金书》卷二十五即以金龙、玉璧为黄坛镇信，并解释说：“龙者，上天之驿骑，传诚达悃，负简腾词，告盟三官，感通十极，莫先于龙骑镇信之法。”“玉者，纯阳之精，正洁之物，可以盟感上真，故以为信。”⑤这种解释着眼于龙形玉质。实际上“金鱼”有两种含义，金与黄金崇拜有关，而鱼则与龙有关。汉代时鱼与龙可以相互转化，因此鱼有时候象征龙。刘向《说苑·正谏》云：“吴王欲从民饮酒，伍子胥谏曰：‘不可。昔白龙下清泠之渊，化为鱼，渔者豫且，射中其目……”⑥当时有很多关于鱼的神奇故事，鱼甚至可以载人升天，其功能正如龙相似。如《列仙传》有子英乘鱼飞升的故事：“子英者，舒乡人也。善入水捕鱼，得赤鲤，爱其色好，持归着池中，数以米谷食之。一年长丈余，遂生角，有翅翼。子英怪异，拜谢之。鱼言：‘我来迎汝，汝上背，与汝俱升天，即大雨。’子英上其鱼背，腾升而去。岁岁来归故舍，食饮见妻子。鱼复来迎

① 《道藏》第19册，页12。

② ［梁］陶弘景撰、王家葵辑校：《登真隐诀辑校》，中华书局，2011年，页185—186。

③ 《道藏》第19册，页326。今本《三十六水法》经多次增补而成，相关讨论参见拙文《〈三十六水法〉新证》，《自然科学史研究》2007年第4期。

④ 《道藏》第25册，页115。

⑤ 《藏外道书》，巴蜀书社，1994年，第17册页102。

⑥ ［汉］刘向撰、向宗鲁校证：《说苑校证》，中华书局，1987年，页237。

之，如此七十年。故吴中门户皆作神鱼，遂立子英祠云。"[①]汉代画像石即有一些以鱼为题材的图像，如鱼拉车、人骑鱼等，大部分都与神仙有关，有学者认为这些鱼"既可看成是龙变化而来，也可以看作能升天的神鱼"。[②] 基于上述分析，笔者认为早期传授丹法时须投金人、金鱼于东流水中，此金鱼无论从金质还是鱼形来看都是一种神圣信物。[③] 连带推测，金人亦当具有神圣属性。

首先需要说明的是，作为信物的金人与古代方术中的代形金人不同。古代有一种人形方术，即用人偶或人的模拟物作为行法施术的基本工具，以此来达到代厄或诅咒的目的。这种方术用的人形根据质地可以分为土、纸、石、金属、木五种，金人即为金属人形的一种，仅见于道教。[④] 如《赤松子章历》卷一"驿马章"有"金人一身"，"疾病破棺章"有"金人一形"，"久病大厄金紫代形章"有"金人一形，重一两二铢"；《要修科仪戒律钞》卷十一"久病大厄金紫代形章"有"金人一形，重一两一铢"等，这些金人都是人形方术。

此外，金人在古代还有一个常见寓意。《说苑·敬慎》记载了一个与金人（铜人）有关的有趣故事，说孔子到周朝参观太庙，发现在台阶前有一个金人，三缄其口。其背后有铭文，曰："古之慎言人也。戒之哉！戒之哉！无多言，多言多败；无多事，多事多患……"[⑤]金人为何三缄其口？为何代表古之慎言人？有学者认为："这是有文字上的寓意。《释名·释天》：'金，禁也'。《白虎通》卷四'五行'条曰：'金之为言禁也'。《说文》：'金者，禁也'。而'噤'字正是闭口不言之意。……据此各证，可知'金'为'噤'的谐音字和双关语。所以'金人'才能用以比喻'三缄其口'的慎言人。"[⑥]早期

---

① 王叔岷：《列仙传校笺》，页134。

② 李发林：《汉画考释和研究》，中国文联出版社，2000年，页203。

③ 有意思的是，远迟于炼丹家，金鱼作为符信在唐代曾广泛用于与西域诸国的交往中，其中以铜鱼最为常见。《唐会要》卷一百"杂录"云，"故事，西蕃诸国通唐使处悉置铜鱼，雄雌相合，各十二只，皆铭其国名，第一至十二，雄者留在内，雌者付本国。如国使正月来者，赍第一鱼，余月准此，闰月赍本月而已，校其雌雄合，乃依常礼待之，差谬则推按闻奏。"（［宋］王溥撰：《唐会要》，中华书局，1955年，页1795。）不过有时也用黄金鱼。如阿曼的一个犹太商人从唐朝带回一个黑瓷瓶，瓶上盖着金盖，里面放着"……一枚黄金制作的鱼，鱼的眼睛是用红宝石镶嵌成的，瓶子里还添加了质量最上乘的麝香。光是瓷瓶里盛放的东西的价值就达五万第纳尔。"（转引自爱德华·谢弗著、吴玉贵译：《唐代的外来文明》，陕西师范大学出版社，2005年，页34。）

④ 王育成：《中国古代人形方术及其对日本的影响》，《中国历史博物馆馆刊》1997年第1期。

⑤ ［汉］刘向撰、向宗鲁校证：《说苑校证》，页258。

⑥ 庞光华：《论〈金人铭〉的产生年代》，《孔子研究》2005年第2期。

丹法传授仪中以金人、金鱼等作为信物，且强调信物皆出于受道者，那么这种金人是否意在告诫受道者勿言而泄露天机呢？这种解释似乎说得通，不过从金人是一种神圣黄金信物来看，似乎又不完全恰当。

秦汉时期曾出现两种“金人”，它们都与外来文化有关，一是秦始皇统一天下后所铸的“金人十二”，二是匈奴休屠王的“祭天金人”。关于“金人十二”，司马迁在《史记·秦始皇本纪》中这样说：

> （秦始皇）收天下兵，聚之咸阳，销以为钟鐻，金人十二，重各千石，置廷宫中。[①]

根据这段记载可知，秦始皇曾铸造过十二个“金人”，这里明显指铜人。为何要铸十二个铜人呢？对此学术界有多种不同意见。有人主张“钟鐻金人”不应分开来理解，“金人”指钟鐏的附座，[②]或钟鐏，[③]或人形钟鐻。[④] 有人主张秦始皇根据当时流行的十二长狄传说制作出“金人十二”，“以象征上古佚宕中国的长狄亦被其所降服，而金人为跪坐之像更象征其卑微屈服状，所以始皇所铸的十二金人应为其夸耀其功下的‘纪念品’。此外这十二个金人亦可充当门卫之用，有了身长五丈的长狄为始皇镇守宫殿，其有何惧哉？而如此巨大的铜像列于宫门，除可宣告世人‘示不复用’外，亦可摄服民心，增加帝室之威声”。[⑤] 以夷狄十二释“金人十二”汉时已有，《汉书·五行志下之上》云：“史记秦始皇帝二十六年，有大人长五丈，足履六尺，皆夷狄服，凡十二人，见于临洮。天戒若曰，勿大为夷狄之行，将受其祸。是岁始皇初并六国，反喜以为瑞，销天下兵器，作金人十二以象之。”[⑥]还有人主张“金人”与佛教有关，[⑦]马非百更认为：“始皇之铸金人，是吸收西域佛教圣

---

① 《史记》，页239。

② 原田淑人：《秦の金人の形体に就ぃて》，《市村博士古稀纪念东洋史论丛》（1933），页1069—1086。

③ 藤田丰八：《钟鐏金人につきて》，《狩野教授选还历纪念支那学论丛》（1928），页243—250。

④ 如汪受宽：《“钟鐏金人十二”为宫悬考》，《文史》第40期，中华书局，1994年；王双怀：《“十二金人”考》，《陕西师范大学学报》（哲社版）1996年第3期。

⑤ 王裕民：《秦十二金人考》，《秦文化论丛》第4辑，西北大学出版社，1996年，页276—277。

⑥ 《汉书》，页1472。

⑦ 唐玉田：《佛学初传与中国佛教的建立》，《史学集刊》1994年第1期。

像而融化之于中国神教系统之中。可见中印两国文化交流关系，在二千年前即已开始矣。”①

至于匈奴休屠王有“祭天金人”一事，《史记》、《汉书》多次提到，该“金人”应该是货真价实的黄金器物。《史记·匈奴列传》云：

> （公元前121年）汉使骠骑将军去病将万骑出陇西，过焉支山千余里，击匈奴，得胡首虏万八千余级，破得休屠王祭天金人。②

《汉书·霍去病传》云：

> 去病侯三岁，元狩二年（公元前121年）春为票骑将军，将万骑出陇西，有功。上曰：“票骑将军……收休屠祭天金人，师率减什七，益封去病二千二百户。”

《汉书·金日磾传》云：

> 武帝元狩中，票骑将军霍去病将兵击匈奴右地，多斩首，虏获休屠王祭天金人。

其后赞曰：

> 本以休屠作金人为祭天主，故因赐姓金氏云。③

关于匈奴王的祭天金人，自古以来多认为与佛教有关。《史记索隐》引崔浩语云：“胡祭以金人为主，今浮图金人是也。”《史记正义》也认为：“金人即今佛像，是其遗法，立以为祭天主也。”④《汉书·霍去病传》注文也肯定这种意

---

① 马非百：《秦集史》上册，中华书局，1982年，页362—363。
② 《史记》，页2908。
③ 以上记载分别见《汉书》，页2479、2959、2967。
④ 《史记》，页2909。

见:“张晏曰:‘佛徒祠金人也。’师古曰:‘今之佛像是也。’”[①]又《魏书·释老志》云:“案汉武元狩中,遣霍去病讨匈奴,至皋兰,过居延,斩首大获。昆邪王杀休屠王,将其众五万来降。获其金人,帝以为大神,列于甘泉宫。金人率长丈余,不祭祀,但烧香礼拜而已。此则佛道流通之渐也。”[②]

如果休屠王的“祭天金人”果真是佛像,那如何解释其宗教信仰问题?因为匈奴并不信仰佛教,“匈奴人崇拜太阳、月亮和其他天体,向天、地、鬼神和自己的祖先献祭。单于自称‘天地所生,日月所置’。《史记》载云:‘单于朝出营,拜日之始生,夕拜月。’每年五月,匈奴贵族聚集在单于廷,祭拜祖先、天、地和鬼神。他们一年三次会集在月神庙,于正月、五月、九月的狗日献祭天神”。[③] 而且《史记》、《汉书》皆云“祭天金人”,很明显“金人”是用来祭天的,如果解释成佛像就太过牵强。关于此事汤用彤早有合理论断,认为《史记》、《汉书》并未言及武帝列休屠丈余金人于甘泉烧香礼拜,汉武帝时印度尚未有造佛像之事,而且金日磾也无奉佛传说,故魏收所言实乃虚妄之辞。[④] 汉武帝时印度尚未有造佛像之事,那么将秦始皇铸金人归诸佛教原因显然更不可信。又有论者进一步指出:“就目前我们掌握的资料看,以‘休屠祭天金人’为‘佛像’的推测,仍嫌论证不足。特别是所谓‘休屠祭天金人’,‘休屠作金人为祭天主’,都指明‘金人’并非祭祀对象,而只是在进行祭事时‘象祭天人’即象征祭主的替身,严格说来,其实也是一种祭具、祭器。‘金人’的作用与佛教中的‘佛’的地位,其实不能完全等同。休屠王遵行的宗教准则,是‘天’的崇拜,而这与佛教基本原则也是不相同的。”[⑤]

后来又有学者主张“金人”应来源于祆教。《永乐大典》卷二三四一六模·梧《梧州府志》云:“祆政庙,在州城东一百步。祆,胡神,按《汉图》,八月以金人祭天,其庙皆胡人居中国所立,号天神。”马明达根据这段材料认为:“文中所提到的《汉图》不知是何书,似乎是东汉纬一类的书,今已不存,无从考知。而汉唐学者一般都认为‘金人祭天’是佛教活动,以此为祆教,

① 《汉书》,页 2480。

② [北齐]魏收撰:《魏书》,中华书局,1974 年,页 3025。

③ 雅诺什·哈尔马塔主编、徐文堪等译:《中亚文明史》第二卷,中国对外翻译出版公司,2002 年,页 122。

④ 汤用彤:《汉魏两晋南北朝佛教史》,上海书店,1991 年,页 10—14。

⑤ 王子今:《秦始皇造铸“金人”十二之谜》,《陕西历史博物馆馆刊》第 5 辑,西北大学出版社,1998 年,页 93—94。

则是第一次提出，值得注意。”[①]姜伯勤肯定这一观点。他还发现中亚吉尔吉斯一座祭台的支架有妇女像，“双手上举作祭祀状，从广义而言，这也是一种祭天的‘金人’。或者说，我们可以由此看到祭天金人的影子”。[②] 古代中亚塞人确有崇尚黄金的习俗，这是欧亚草原地区及西方文化的普遍特点。王炳华根据新疆伊犁地区的几批考古资料指出：“崇尚黄金并且积累了较多的黄金财富，是战国时期塞人社会生活中一个很引人注目的特点……希罗多德在其巨著《历史》中，曾经说到塞人王族享用着上天赐予的各种黄金用具，腰带上有金盏，死后要以黄金制品随葬，颇可以与我们的考古资料相互印证。”[③]

综上而言，秦始皇所铸金人十二与匈奴休屠王的祭天金人都比较奇怪，尽管学者对其解释不一，但基本都倾向它们可能与外来文化有关。先秦秦汉时期，印度及中亚地区有浓厚的黄金崇拜文化，制作神的金像并非罕见现象，至于佛教仅是当时中外文化交流的一个方面，大可不必将各种金人的文化根源都勉强归诸当时尚无佛像的佛教。因此，对早期丹法传授仪式中的金人信物我们需要从更宽广的文化视角来审视它。

第四节　从印度苏摩和黄金到中国炼丹术

中国上古传世文献以及考古资料均表明，春秋以前中国文化中没有不死、不朽或者仙人的观念，最多只有长寿的愿望。如余英时发现，周代金文中最流行的嘏辞是“寿”，向祖先或上天祈求长寿是周人的一种普遍风气，直到公元8世纪以后，“难老”、“勿死”等一类嘏辞才开始常见起来。[④] 神仙不死观念直到战国才出现并流行开来，自此以后长盛不衰。不过，关于早期神仙思想的研究至今仍有几个重要谜团没有彻底揭开，例如仙的观念从何而来？不死药传说从何而来？不死药究竟是一种什么东西？它与印度文化中的不死药有无关联？

---

① 马明达：《说剑丛稿》，兰州大学出版社，2000年，第261页。

② 姜伯勤：《中国祆教艺术史研究》，生活·读书·新知三联书店，2004年，页13。

③ 王炳华：《古代新疆塞人历史钩沉》，《新疆社会科学》1985年第1期。

④ 余英时著、侯旭东等译：《东汉生死观》，上海古籍出版社，2005年，页22—23。

印度早期吠陀时代有一种植物叫做苏摩(soma),它的汁在古代印度和波斯文明中是一种非常重要而且影响广泛的长生药。据介绍,用压榨石将苏摩的茎杆捣碎榨汁,用羊毛滤器将汁过滤,再将汁流入罐或瓮中,然后加水和一种牛奶、酸奶、大麦的混合粘汁,这样加工成的苏摩酒既可以当天饮用,也可以继续酿造,其颜色有棕色(babhrú)的和暗红色的(aruná),更多的时候是黄褐色的(hári)。[①] 也有人认为 hári 指 hiranya,即金黄色。[②] 苏摩汁具有神奇的功能,它不仅可以使神长生,还可以治愈百病,正如学者概括的那样:"饮苏摩酒能令人振奋,这演变成了神灵畅饮后可以永生,因此苏摩酒也有了'长生露'(amrta)的名声。众神个个痛饮苏摩酒,由此青春常在,并且颂诗揭示,这永生之秘亦可惠及凡夫俗子。而且,苏摩酒还有医药功能并可治愈百病,可使盲者复明,使跛者健步如飞。苏摩酒亦可令哑者复声,令能说会道者音色圆润,所以得到了'声主'的称号。苏摩酒还能促进思维,因此酒神能歌、能诗,还是司祭之神;他聪敏无比,不仅能正确揣摩其他神灵的所思所行,而且知晓他们的来龙去脉。"[③]由于苏摩的神圣功能,印度雅利安人将其神化成为酒神。在《梨俱吠陀》中,赞扬酒神苏摩的颂诗集中在第九卷中,有一百二十多首,其数量在诸神颂诗中占据第三位。[④] 可见酒神苏摩在当时是很重要的神灵之一。

在古波斯琐罗亚斯德教圣典《阿维斯塔》(*Avesta*)中,苏摩被称为豪麻(haoma)或胡姆(hom),他被认为是金黄色的,能够使人长生不死以及治愈疾病,因此有两个固定的修饰语"祛除死亡的"与"延年益寿的"。此外,豪麻也被神化为一个重要的神灵。《阿维斯塔》第二卷《亚斯纳》是歌颂天地神祇的,其中第九至十一章是专门对"祛除死亡的"胡姆的礼赞,里面涉及胡姆的神圣功能与制作方法,其描述与苏摩相似。[⑤] 饶宗颐曾引用 M. Molé 的文章指出,在波斯世界里,豪麻的神圣地位比印度的苏摩来得更高,他是在世界创作过程中由教主查拉图斯特拉(Zarathuštra)创造的,是月桂树的

---

① 林太:《〈梨俱吠陀〉精读》,复旦大学出版社,2008 年,页 86。

② S. Kalyanaraman, *Indian Alchemy*: *Soma in the Veda*, New Delhi: Munshiram Manoharlal Publishers Pvt. Ltd., 2004, p. 79.

③ 林太:《〈梨俱吠陀〉精读》,复旦大学出版社,2008 年,页 86—87。

④ 季羡林主编:《印度古代文学史》,北京大学出版社,1991 年,页 20。

⑤ 详见[伊朗]贾利尔·杜斯特哈赫选编、元文琪译:《阿维斯塔——琐罗亚斯德教圣书》,商务印书馆,2005 年,页 84—100。

象征符号，因为他能显示新生的不死力量。饶先生还认为，印度吠陀经典中的 soma 是吸收波斯《阿维斯塔》中的 hom 和 haoma 演变而成。[①]

因为苏摩具有使人长生的功能，所以有印度学者将其视为印度炼丹术的曙光："炼丹术活动尽管与密教不可分割，但其源头要早至吠陀时代。甚至在《梨俱吠陀》中我们即发现，苏摩汁(soma rasa)已被描述为长生露(等同于希腊的神仙食物)，它能赋予诸神不朽，[②]治愈病人。根据苏摩汁及其特征，我们可以说看到了印度炼丹术的曙光。"[③]甚至更有人夸张地认为苏摩就是真正的炼丹术，它不是一种饮料，而是一种含金银成份的硫铁矿石，是长生药的隐语，《梨俱吠陀》则是一部冶金或炼丹术寓言。[④] 由于中国本土最初没有不死药的观念，很多年前，美国学者德效骞(H. H. Dubs)将 soma-haoma 与中国战国时期出现的不死药联系起来，认为中国最初的不死药传闻即吠陀祭司用以祭神的苏摩或豪麻知识或传说。他甚至指出了这一文化传播过程的媒介、路径以及发生的时间，对此李约瑟这样引述道："德效骞进一步提出，月氏民族是传向中国的媒介，直到公元前 3 世纪，他们一直占据着甘肃西部首府甘州(今张掖)。这个民族其实就是汉武帝时张骞去寻找的盟友，不过那时他们更向西迁移了。这样，德效骞设想了一条经陆路从伊朗文化区到中国传布不死植物或不死药观念的路线，时间在公元前 4 世纪或许更早。"[⑤]德效骞的观点看似合理，但与中国的历史记载表面上存在难以调和的矛盾，因为假如不死药果真是月氏民族通过西北陆路传到中国的，那为何中国史书所载最早的不死药传说却发生在燕、齐等东边沿海地区(还说不死药在海中仙岛上)，而不是最靠近月氏的内陆秦国？正是这一矛盾，致使李约瑟最初没有特别在意德效骞的意见。

中国史书没有提到不死药到底是一种什么东西，甚至连它是一种植物

---

① 饶宗颐：《塞种与 Soma——不死药的来源探索》，《中国学术》2002 年第 4 辑。

② 《梨俱吠陀》中诸神原本与人一样有生有死，只有喝苏摩汁才能达到不朽。如林太指出："本原上，诸神有生，也有死，因为《梨俱吠陀》叙述了诸神需要痛饮苏摩神酒以达到不逝。由此，许多神不得不向阿耆尼和赋予生气之神萨毗德里乞求这种'长生露'(Amrta)。"林太：《〈梨俱吠陀〉精读》，复旦大学出版社，2008 年，页 65。

③ P. Ray, *History of Chemistry in Aicient and Mediaeval India*, Calcutta: Indian Chemical Society, 1956, pp. 114-115.

④ S. Kalyanaraman, *Indian Alchemy: Soma in the Veda*, New Delhi: Munshiram Manoharlal Publishers Pvt. Ltd., 2004, pp. 67-102.

⑤ [英]李约瑟：《中国科学技术史》第五卷第二分册，页 111。

还是矿物都无法确定。苏摩与豪麻的药物属性比较明确。《梨俱吠陀》多次说苏摩生长在山顶、山中、地球中央的山中等，并介绍了苏摩酒的大概制作过程，其中需要将苏摩放在钵中研磨成汁。在《阿维斯塔》中，豪麻生长在高山之巅或峡谷中，制作饮料时需要将其枝条放在研钵中捣碎。根据这些描述，大多数学者相信苏摩与豪麻应该是一种植物，只是在具体种属上众说纷纭，有认为是菌类，有认为是麻黄属植物，有认为是肉珊瑚属植物，有认为是草药或者毒药等。[①] 这里要特别提到沃森（R. G. Wassen）等人的研究。他们在考察古代具有迷幻作用的植物时，特别注意到一种英文名为 fly-agaric、学名为 Amanita mustaria 的毒蝇伞菌，它产于温带北方高山的斜坡上，常和桦树生长在一起，也见于松林中。直到 20 世纪中期，这种蘑菇仍然被亚洲东北部诸部落的萨满教徒用来引发宗教仪式上的狂欢以及幻想飞行等。他们认为这种蘑菇的汁液就是印度波斯所谓的苏摩与豪麻。李约瑟从这项研究中得到启发，认为先前德效骞观点存在的矛盾已经荡然无存，这种蘑菇的功能及产地似乎与中国的不死药非常相吻合。他因此推断，不死之草可能就是毒蝇伞菌，而不死之树可能是桦树。[②] 由此，李约瑟也将中国最初的不死药与印度的苏摩联系起来。

后来饶宗颐从另外一个角度也得出类似结论，认为不死药是来自波斯文化的豪麻。在古代波斯大流士一世时代（公元前 521—前 486 年），有一支塞人被称为 hauma Saka，饶先生认为其义即饮 haoma 或 soma 的塞人，并怀疑汉代时曾入居中国西北的塞人可能就是这一支。他进而认为，中国最初关于不死药的传说可能就是通过饮不死汁的塞人传播到沿海地区，不死药即 haoma 或 soma。[③] 这一观点似乎不存在杜布斯式的疑问，因为饶先生认为波斯文化在先秦秦汉时已经对齐地产生广泛影响，其东来途径除西域丝绸之路外，还有海路一道。他甚至还认为栾大可能在海上学到一些波斯

① 中国学者根据中国考古资料对豪麻图像进行过一些推测。西安北周安伽墓是一座祆教文化墓葬，其墓门门额上刻绘有圣火祆神图，图中有两个祭桌，上面各摆放数个花瓶，瓶中插有一些植物枝条。饶宗颐认为它正是豪麻。（饶宗颐：《塞种与 Soma——不死药的来源探索》，《中国学术》2002 年第 4 辑。）施安昌则根据图中植物特征判断它应当是石榴枝，石榴也是祆教仪式中常用的植物。他认为大英图书馆收藏的一只波斯萨珊时期的银盘中所绘植物可能是豪麻。（施安昌：《火坛与祭司鸟神》，紫禁城出版社，2004 年，页 146—147。）另外姜伯勤也多次提及中国考古资料中的豪麻图像。（姜伯勤：《中国祆教艺术史研究》，生活·读书·新知三联书店，2004 年。）

② 以上内容见［英］李约瑟：《中国科学技术史》第五卷第二分册，页 112—114。

③ 饶宗颐：《塞种与 Soma——不死药的来源探索》，《中国学术》2002 年第 4 辑。

琐罗亚斯德教的知识,才为汉武帝说法。

上述论证皆将中国早期不死药的源头指向古代印度波斯文化中的soma-haoma,其结论虽然仍有很多讨论的余地,但中国最初的不死药源起于异域传闻很可能是一个事实。由于炼丹术是试图通过人工方法炼制不死药的产物,那么一种来自异域的不死药传闻最终如何发展成一种与金石矿物有关的技术?本书此前的分析已经表明,初期炼丹术有三个关键环节,其中黄金与不朽的观念缺乏本土思想基础,可能与外来文化有关。很早以前李约瑟便认为,这个问题应该是从不死药转变到炼丹术的关键所在,因为他发现在印度吠陀文化中,苏摩以及不朽观念与黄金密切联系在一起。

在吠陀时代的祭礼中有两种神圣物,一种是上面介绍过的苏摩,另外一种便是黄金,它也是一种可以使人不朽的神圣物,正如学者所言,"在古代印度的《梵书》中,黄金据说是不朽的,是来源于火的,是使人类返老还童、使它的所有者长寿并多子多孙的东西。黄金还被说成是阿耆尼神的精液,甚至是诸神本身的化身。黄金不仅被视为不朽的和不可磨灭的,而且被视为火、光和永恒。黄金从太阳那里获得了其美丽的颜色和光泽,并发出太阳神的光辉。因此,黄金被视为是生命的源泉,正像其被视为光与火一样……黄金是太阳神,黄金是太阳神的精液,黄金是生命和生育的源泉"。[①] 李约瑟特别关注古代印度的黄金文化传统,他以吠陀祭祀仪式的重要经典《百道梵书》(*Śatapatha-Brāhmaṇa*,成书于公元前8世纪到前4世纪间)为例,介绍了黄金在祭祀仪式中的使用情况。如黄金被视为世界上最纯净的东西,用在重要的祭祀仪式中,包括在祭坛上放置金块、用金购买苏摩、用金线网过滤苏摩汁等;黄金奉献给一位国王时,这位国王必须踏上一块金牌,牌上有一百个孔,代表长命百岁;在火坛祭典中,一种金牌与一个人的金像是主要仪式用品;在印度雅利安人最大的祭礼——马祭中,黄金居于主要地位;等等。最后,他这样总结:"因此,显然可以看出,在公元前第1千纪前半期的印度祭典神学中,金属金和永生之间联系的观念是很明确的,即使起初是象征性的。……上述情况或许就是秦始皇帝寻求的'不死之草'和李少君从事制造黄金的背景。的确,某些极易令人相信的传闻或信仰传到了

---

① G. 埃利奥特·史密斯著、李申等译:《人类史》,页216。

中国,遂把神学变为哲学,说得更确切些,使祭典学转变为原始科学。"①

其实,黄金具有崇高地位与神圣功能不仅是存在于吠陀祭礼中的现象,也是印度早期文化中的普遍现象。印度早期历史文献四部吠陀本集《梨俱吠陀》(*Rgveda*)、《娑摩吠陀》(*Atharvaveda*)、《耶柔吠陀》(*Yajurveda*)、《阿闼婆吠陀》(*Atharvaveda*),注解吠陀的《梵书》(*Brahmana*)、《森林书》(*Aranyaka*)、《奥义书》(*Upanishad*),以及研究吠陀各学科的简短论著《经书》(*Sutra*)等,它们包含有非常丰富的黄金崇拜文化。② 例如在《梨俱吠陀》中,有多个词指黄金,如 chandra, jātarūpa, suvarna, harita 和 hiranya,其中 hiranya 使用最频繁,共出现 174 次,大多数情况下作形容词来修饰各种各样的东西,如金发、金战车、金房屋、金饰品等。黄金制品经常与各种神联系在一起。如在颂诗中说诸神有金眼睛、金舌头与金牙齿,有金做成的手或者手上装饰有金饰物等;宇宙始祖 Prajāpati 被描述成金胎;苏摩汁盛放在黄金罐里;放置祭品的地方也被说成是黄金的,等等。在《阿达婆吠陀》中,hiranya 出现 91 次,它也有各种各样的神圣功能。如黄金做成的护身符被认为拥有避开魔鬼的力量,确保长寿并赋予佩戴者以荣耀与勇气;使用锻烧黄金的灰烬作为药物者可以使其身体以及各部位获得长生等。《耶柔吠陀》也提到煅烧黄金作为药物使用。《黑耶柔吠陀》中的 *Taittirīya Samhitā* 还提到黄金可以用来制作器皿。在《白耶柔吠陀》的 *Vājasaneyi Samhitā* 中,黄金有时等同于光,金片用在与火神阿耆尼与火坛有关的典礼中。《梵书》与《奥义书》中均有很多与黄金有关的内容,其中《百道梵书》很有代表性,李约瑟已经做过介绍,不再赘述。《经书》中如《所闻经》(*Śrautasūtras*)记载很多献祭仪式都用黄金作为祭礼,还提到有洞的金盘、金罐以及其他黄金器皿等。《法经》(*Dharmasūtras*)提到金诞生于火。《家范经》(*Grhyasūtras*)提到入教礼(Upanayana)③等多种典礼都使用金,金被认为可以带来胜利、长寿、辉煌以

① [英]李约瑟著:《中国科学技术史》第五卷第二分册,页 114—117。

② 吠陀文献的编撰可以分为三个阶段。《梨俱吠陀》前 9 卷最早,成型在公元前 1300 年至公元前 1000 年;第二阶段是《梨俱吠陀》第 10 卷和其他三部吠陀以及《梵书》包括《森林书》与《奥义书》的成型期,约在公元前 1000 年至公元前 600 年,少数在公元前 600 年以后;最后为《经书》的编撰,时间为公元前 600 年至公元后 200 年间。参见林太:《〈梨俱吠陀〉精读》,页 54—62。

③ 入教礼又称萨维德利礼或系腰带礼。印度教认为人在一生中有两次获得生命,第一次得自母亲,第二次得自宗教。但是四种姓中只有婆罗门、刹帝利和吠舍有资格获得第二次精神性的生命,从而成为再生人,为此必须行入教礼。据黄心川主编:《南亚大辞典》,四川人民出版社,1998 年,页 341。

及增加财富等。印度两大史诗《摩诃婆罗多》(*Mahābhārata*)与《罗摩衍那》(*Rāmāyana*)中也有很多关于黄金的记载,如前者提到黄金被大量制作成器皿使用,后者则提到祭坛上使用金像。佛教与耆那教早期文献中与金有关的内容更多,尤其是《佛本生故事》(*Jātaka*)[①]中大量故事表明,黄金业在当时非常繁荣,人们喜爱黄金饰品,而富人和国王则将黄金器皿作为饮食器使用。以上材料皆为文献记载,它所反映的印度黄金文化的特点及其可靠性可以从大量考古资料中得到佐证。印度地区使用黄金的时间非常早,公元前四千年后半段的一个遗址中就发现有黄金制品。到了印度河文明阶段(约公元前2300—前1750年),黄金制品被广泛用作各种人体装饰品,如手镯、项链、臂环、戒指、耳环、带子、帽子、服饰等。吠陀时期(约公元前1500—前600年)以及公元前后的黄金器物被大量发现,其中人体装饰品继续流行的同时,还出现黄金器皿与黄金神像,这与文献记载相符合。神像的例子如一座公元前2世纪到公元后2世纪的遗址中发现战神卡尔凯蒂耶(Kartikeya)的金像,另一座二世纪中期的遗址中则发现一枚佛陀的小金像。[②]

通过以上介绍我们看到,在印度早期文化中关于黄金崇拜的思想非常丰富,如黄金使人不朽、黄金与火神有关、黄金用作宗教仪式中的重要物品、黄金用作饮食器、黄金制成神像等,而且越接近秦汉的时代,关于黄金器皿的记载也越多。这里面很多思想与中国炼丹家在汉初倡导的黄金不朽观念很相近。本章第二节指出,无论是考古资料还是文献记载,都表明汉初炼丹方士将黄金与不朽建立起联系缺乏本土思想基础,其出现显得非常突兀,它是否真的可能与外来文化有关呢?汉代以前,中国与周边文化区域的交往已经达到相当的规模与程度,至汉武帝时代,西域交通正式打通,中国与中亚诸国、印度以及西方开始建立起更为紧密的联系,自此以后中外文化交往日渐加深。在这种大背景下,一些异域传来的奇闻,很容易流变发酵,成为文化催化剂,促使原本已经泛滥的神仙方术变异发展。在这些异域奇闻中,

---

① 《佛本生故事》约成书于公元前3世纪,但现存的巴利文《佛本生故事》已非原典,而是一部注释本,一般认为其中的偈颂始终保持着原始形式。这部书共收有547个故事。据黄心川主编:《南亚大辞典》,页123—124。

② 本段有关印度早期文献与考古资料中黄金文化的内容据 Rajni Nanda, *The Early History of Gold in India*, New Delhi: Munshiram Manoharlal Publishers Pvt. Ttd., 1992。

如果夹杂着黄金具有使人不朽的神奇功能的传说，那么我们一点也不必感到惊讶。从这一角度而言，尽管李约瑟的大胆推测直到现在仍然缺乏直接证据，但它指明的探索方向无疑是非常有价值的。

到现在为止，我们已经分析了中国初期炼丹术三个关键环节各自的思想渊源，最后有必要对炼丹术的出现过程作一点推测说明。炼丹术是在战国秦汉时期各种神仙方术盛行浪潮中诞生的一种新技术，它既传承发扬了先秦的丹砂不朽思想与灶神信仰，又可能吸收了外来的黄金不朽观念，因此一定程度上可以说它是当时中外文化交流与融合的一个产物，只不过这种交流和融合以中国本土文化为主，外来思想主要起到催化剂的作用。正由于黄金崇拜在炼丹术肇始之初起到重要作用，所以才造成初期炼丹术金丹与黄白融合在一起，几无区别的特点。但由于丹砂终究无法炼成黄金，这种杂糅的思想很快发生分化，其结果便是金丹与黄白的分流，炼丹术中本土文化占据主导地位，还丹观念出现以后尤其如此。从此以后，炼丹术中最重要的长生不死药变成各种金丹，而非最初的“黄金”或丹金。汉代以降，更多的本土文化因素融入炼丹术，如阴阳五行、易卦、道教仪式等等，炼丹术渐趋复杂，或谓“成熟”。

第二章　炼丹术与中印文化交流

第一节　印度的长生术与炼丹术

长生不死的思想在印度文化中有非常悠久的历史，其早期思想甚至远及中国，对中国早期神仙方术包括炼丹术的出现起到促进或刺激作用。不过，印度炼丹术的出现则相对较晚，并曾受到中国炼丹术的明显影响。中国炼丹术在最初时金丹与黄白融合在一起，后来二者才逐渐分离。印度炼丹术恰恰相反，其长生术和炼金术在中古以前一直并行发展，二者之间几乎没有任何联系，直到中古以后才发生交汇，形成炼丹术。因此，印度炼丹术同样包含炼制长生不老药与制造伪金银两方面的内容，对印度古代化学、冶金、医药学等多个领域做出重要贡献。关于这一问题，国内学术界尚未见到专门讨论。本节主要从早期的长生术和炼金术、阿输吠陀长年方、炼丹术的形成和繁荣三个阶段，对印度长生术与炼丹术的发展过程以及主要特点作概要介绍。

一　早期的长生术和炼金术

在早期吠陀时代，印度文化中就形成内涵丰富的长生不死思想。如在第一章中提到的苏摩汁就是一种可以使众神不死的神药，此外黄金也与不朽具有密切关系，这些内容因已有讨论，这里不再重复。除以上不死药以外，吠陀经典的原始医学知识中还包含有一些具有长生功效的药物和巫术治疗方法，它们对后来印度长生术的发展也产生了重要影响。

在印度医学体系建立之前，印度人采用巫术和宗教疗法来应对各种人类疾病，相关资料主要见于四部吠陀经典。据介绍，最早的《梨俱吠陀》记载了很多与医疗有关的赞歌，如药草之歌、有关疾病的歌、有关流产的歌、有关衰弱的歌、为驱除害虫消除其毒的歌以及少量咒术性赞歌。至《阿闼婆吠陀》，咒术性赞歌占据了中心地位，其中包括大量医疗内容，涉及很多种疾病的治疗方法，其内容要远超过此前的《梨俱吠陀》。[①] 这些吠陀记载表明，印度最初的医学治疗体系主要是巫术，人们相信生病是因为被害者受到魔鬼或其他恶势力的袭击并侵入体内所致，骨折或外伤则是因为意外事件或战争造成的，因此如何避免病魔缠身，成为治疗师的主要工作。治疗师就像萨满教道士、咒术师或者乩童之类的人，不但懂得药用植物知识，治疗时还要使用咒语。[②] 吠陀医学以巫术与宗教为主，但也包含长生内容。印度著名科学家与科学史家 P. C. 雷易（P. C. Ray）曾指出，《阿闼婆吠陀》中的咒术赞歌根据其目的可以分为两类：一类用来治疗疾病与驱除病魔，称为 bhaishajyani；另一类则用来确保长寿与健康，称为 ayushyani，这一术语后来被义同炼丹术的梵语词 rasayana（即印度医学阿输吠陀中的长年方，具体见下文介绍。）代替。[③] 由此我们看到，早在长年方形成之前的吠陀本集中，印度已经出现以追求长生为目的的医疗方法。

炼制金银技术方面，印度早在雅利安人入侵之前就已经发展出先进的金属技术，其中包括金银冶炼技术。至吠陀时期，炼丹术中某些观念的萌芽已经隐约出现。如 P. C. 雷易指出，在《阿闼婆吠陀》中，黄金被视为长生不老药，铅被认为能够驱除魔力，这些都是炼丹术的观念。[④] 甚至有人认为苏摩本身就是炼丹术，它不是一种饮料，而是一种含金银成份的硫铁矿石，是不死药的隐语，《梨俱吠陀》则是一部冶金或炼丹术寓言。[⑤] 当然，这种观点缺乏科学根据，吠陀时期不可能出现炼丹术。不过最迟到公元前后，印度炼金术的水平已经相当高，其代表性成果便是印度现存最古老的政治著作

---

① 廖育群：《阿输吠陀——印度的传统医学》，辽宁教育出版社，2002 年，页 34—37。

② 甘乃斯·齐思克著、陈介甫译：《印度传统医学——古印度佛教教团之医学：苦行与治病》，台北中国医药研究所，2001 年，页 41—45。

③ P. C. Ray, *A History of Hindu Chemistry*, combined edition, Kolkata: Somila Press and Publications, 2002, Vol. I, pp. viii-ix.

④ P. C. Ray, *A History of Hindu Chemistry*, Vol. I, p. x.

⑤ S. Kalyanaraman, *Indian Alchemy: Soma in the Veda*, New Delhi: Munshiram Manoharlal Publishers Pvt. Ltd., 2004, pp. 67-102.

《利论》(或译作《政事论》,*Arthashastra*)。该书的作者为 Kautilya,又名 Chanakya。其编撰年代不甚确定,一说作于公元前4世纪末,另说则认为作于3世纪或更晚。折中之说认为,即使该书成书较晚,其核心内容于孔雀时代当已存在,而以后累经增益和改写亦在所难免。该书讲统治之术,内容涉及政治、经济、军事、外交、法律等许多方面。① 同时,该书也是印度早期化学、冶金与医学的重要文献,其中所记涉及很多相当先进的冶金知识,如大规模生产各种金属与合金如金、银、铜、铁、锡、铅、水银、黄铜、青铜等的方法,关于很多矿物、矿石、宝石和贵重石头的详细描述,以及用贱金属制造伪金银的方法等。书中还提到,对金匠的欺诈行为将采取严格处罚措施,这些欺诈行为包括将贱金属掺杂到黄金器或金币中,以及将贱金属与金叶折叠或混杂在一起来充当黄金。② 这些炼金活动的记载表明,印度当时炼金术的规模与技术水平均达到相当程度。不过,《利论》中并无证据表明炼金术在当时与长生或不朽思想有关,书中一些造伪金的方法虽然使用了水银或硫化汞,而这正是炼丹术的重要特征之一,然而由于在印度炼丹术诞生之前,印度文献极少提到水银,因此有学者认为《利论》中的这部分内容应当晚出,③或云硫化汞由中国输入。④

二 阿输吠陀长年方

吠陀时代晚期,印度的巫术与宗教医疗开始转型,理性化的医学体系逐步建立起来。甘乃斯·齐思克(Kenneth G. Zysk)认为,印度医学从公元前8世纪到公元初年,由吠陀医学转变为与婆罗门教结合的形态,医疗模式由原本巫术宗教味浓厚的方式转变为以经验理性的科学方式,而医师社会地位及异教苦行传统是促使这一转变的决定性因素。⑤ 这种理性化的医学体系便是阿输吠陀(Āyurveda),由于它与早期吠陀文献具有密切关系,因此传统

---

① 据黄心川主编:《南亚大辞典》,四川人民出版社,1998年,页228。

② P. Ray, *History of Chemistry in Ancient and Mediaeval India*, Calcutta: Indian Chemical Society, 1956, pp. 49-58.

③ S. Mahdihassan, *Indian Alchemy or Rasayana - In the Light of Asceticism and Geriatrics*, pp. 50-51.

④ P. Ray, *History of Chemistry in Ancient and Medieval India*, Calcutta: Indian Chemical Society, 1956, pp. 57-58.

⑤ 甘乃斯·齐思克著、陈介甫译:《印度传统医学——古印度佛教教团之医学:苦行与治病》,页55—70。

上被视为一种副吠陀(upaveda)。“Āyurveda”这一名称包括两个词汇,即Āyus(生命)与Veda(知识),意思是生命之学。顾名思义,阿输吠陀的内容非常丰富,据介绍,其健康概念不仅指远离疾病困苦,还应该进一步达到肉体、精神、灵魂的幸福与充实状态,为此它广泛关注自然、家族、友人、职业、文明、理念、习惯、真理、神灵等与自我之间关系的协调。①

在阿输吠陀形成理性体系的过程中,一些医学典籍被编撰出来,但后来大部分亡佚,其中可能包括直接以《阿输吠陀》命名的文献。现存最早的阿输吠陀经典是遮罗迦(Charaka)的《遮罗迦本集》(*Charaka-saṃhitā*)与妙闻(Suśruta)的《妙闻本集》(*Suśruta-saṃhitā*)。对于《遮罗迦本集》的编撰时间学术界有争议。有认为它编成于公元前7世纪以前,但现存版本已远非原貌,经过后人彻底改编,且内容有增添。② P. C. 雷易认为该书原本撰于前佛教时代,③P. 雷易(P. Ray)后来则将这一观点修正为佛教时代前期。④根据《遮罗迦本集》本身的记载,该书是遮罗迦改编此前医学文献而成。据称一般认为遮罗迦的改编工作在公元1到2世纪已经完成,但书中最后41章未经遮罗迦之手,可能在公元500年之际由特里达巴拉完成最后的改编。⑤

《遮罗迦本集》的内容分为八部分,第一部分《纲要部》(Sūtra-sthānam)第30章第28节指出,阿输吠陀由八支组成,其中第七支为长生不老学,或者称为长年方,梵语常写作rasāyana。⑥“rasāyana”由“rasa”和“ayana”两个词构成,ayana的意思是“道路”,rasa的含义则比较复杂。在《遮罗迦本集》中,rasa是一个基本概念,它有两个重要义项,一个是“味”,另一个指基础性体液糜乳(为七种身体组分之一,其他六种为血、肉、脂肪或脂肪组织、骨组织、骨髓、精液)。因此,rasāyana的字面意思可以理解为生命体液获取之

---

① 廖育群:《阿输吠陀——印度的传统医学》,辽宁教育出版社,2002年,页20。

② Vaidya Bhagwan Dash, *Alchemy and Metallic Medicines in Āyurveda*, New Delhi: Concept Publishing Company, 1986, p. 13.

③ P. C. Ray, *A History of Hindu Chemistry*, Vol. I, pp. xiii-xxiii.

④ P. Ray, *History of Chemistry in Ancient and Medieval India*, p. 60.

⑤ 廖育群:《阿输吠陀——印度的传统医学》,页41。

⑥ Ram Karan Sharma & Vaidya Bhagwan Dash, *Agniveśa's Caraka Saṃhitā*, (Text with English Translation & Critical Exposition Based on Cakrapāni Datta's Āyurveda Dīpikā), Vol. 1, Varanasi: Chowkhamba Sanskrit Series Office, 2011, p. 603.

道,具体则指“通过阻止衰老和疾病来促进长生的药物、饮食以及养生方法”。[①] 后来在《妙闻本集》中,rasāyana 的范畴有所扩大,增加了一些精神治疗药方、外科药方和一些特殊疾病药方等方面的内容。概而言之,在中古以前,Rasāyana“不仅指回春术,或应用能治疗一切疾病(甚至通常难以治愈的)的药物,还指防止衰老和延长寿命”。[②] 中古以后,Rasāyana 衍变成为炼丹术,其含义有较大变化,详见下文讨论,此处从略。

阿输吠陀形成之初是否就包含长年方内容?有学者认为在原始佛教及初期耆那教经典中八科尚不齐备,仅见列举五科,而缺少毒物学、长生不老学与强精法。[③] 不过上文提到,在《阿闼婆吠陀》中有专门用于确保长寿与健康的咒术 ayushyani。这表明在长年方形成之前,印度原始医学中已经出现主要以追求长生与健康为目的的医疗方法。印度学者马蒂哈桑(S. Mahidihassan)指出,印度早期的苦修主义为老人病学与长生术的流行提供了社会需求,在治病方法进步的同时,医学中开始出现专门的长生术。对苦修者而言,他们首先是要寻求长生,其次才是治疗疾病。[④] 综合以上情况来看,至少可以肯定长年方是阿输吠陀早期的固有内容。

《遮罗迦本集》第六部分《治疗部》(Cikitsā-sthānam)第 1 章专论长年方,包括四个小节,记载了很多不同药效的配方。从成分来看,这些长年方可以分成两大类。第一类是最重要、数量也最多的草药配方,因与本节讨论无关,故这里不作介绍。第二类是一小部分包含金属或矿物的配方,其中最典型的是铁粉长年方(Lauhādi rasāyana)和沥青长年方(Śilājatu rasāyana)。铁粉长年方的制作方法为:先将铁打成薄片,放在炽热的火中加热,然后依次浸入三果药汁、牛尿和碱水中,当铁片变为深黑色时,将其制成粉末,加入蜜和余甘子汁搅匀,便成为止咳糖浆。最后将此混合物放入内涂酥油的陶罐中,再放入一堆大麦,储存一年,其间每个月止咳糖浆都要彻底搅拌一次。一年后,每天早上用蜜和酥油处理此药,服用一年可免除任何伤害、恐惧、年老和死亡,获得大象般的生命力。此方最后还提到,金和银用同样的方法炼

---

① *Agniveśa's Caraka Samhitā*, Vol. 3, pp. 3-4.

② S. K. Ramachandra Rao ed., *Encyclopaedia of Indian Medicine*, Vol. 2, Basic Concept, Mumbai: Ramdas Bhatkal for Popular Prakashan Pvt. Led., Second Reprint 2005, p. 176.

③ 廖育群:《阿输吠陀——印度的传统医学》,页 45。

④ S. Mahdihassan, *Indian Alchemy or Rasayana - In the Light of Asceticism and Geriatrics*, pp. 6-18.

制也可服食,能使人长生并免除一切疾病。[①] 沥青长年方所用沥青从自金、银、铜和黑铁的矿石中渗出,最后一种最佳。浸入药汁处理的沥青和铁粉混合,用牛奶处理后是一种长生和幸福的金丹药,能阻止衰老和疾病。[②] 其他有关药方如第一节所载第二种梵天长年方(Brāhma rasāyana),用到金、银、铜、珊瑚、黑铁的粉末。[③] 第三节的梵天余甘子长年方(Āmalakāyasa Brāhma rasāyana)主要用余甘子和铁粉制作,由梵天发明,能使人活一千年。[④] 属于因陀罗的长年方(Aindra rasāyana)用到金。[⑤] 三果药长年方(Triphalā rasāyana)第四种配方用到金、银、锡、铅、铜、锌和铁。[⑥] 根据上述内容,我们可以将《遮罗迦本集》中长年方的特征总结出如下几个方面:

第一,药物配方以植物为主,金属或矿物很少使用,更没有纯粹的金石方,即便铁粉长年方和沥青长年方也需要用到非金石药物。据印度学者研究统计,《遮罗迦本集》使用的全部金石药物也不算多。金属有金、银、铜、铅、锡和铁六种。矿物种类稍多,具体包括:五种盐,分别是硝石、岩盐、黑盐、食盐、海盐等;硫酸铜、硫酸铁、雄黄、雌黄、硫磺等配合一些植物药外用可以治疗很多皮肤病;一种药物的制备明显形成碳酸钾溶液;一种药丸成分中包含铁锈与黄铁矿;一种洗眼剂的成分中则包含贝壳灰烬、珊瑚、青金石、铁和铜的矿灰、硫化锑等;一种珍珠配方提到珍珠、铁粉、铜和硫磺;一种药方用到薄铁片、银、金、盐与碳酸钾的溶液。[⑦] 以上金石药物很大部分是外用,仅有少数几种被用于长年方。

第二,绝大多数配方系采集自然药物来制作长年药,所用方法包括溶解、浸泡、加热、制粉末、混合等,基本都是物理操作,只有铁粉长年方用煅烧,其炼制过程具有炼丹术的一些特征。

第三,所用药物没有水银或丹砂,表明早期长年方不使用这两种药物。直到印度炼丹术出现后,水银才成为最关键的成分。

第四,功效仅限于医学范畴,没有嬗变金属的观念,不能用来点金。

---

① *Agniveśa's Caraka Samhitā*, Vol. 3, p. 44.

② *Agniveśa's Caraka Samhitā*, Vol. 3, pp. 50-51.

③ *Agniveśa's Caraka Samhitā*, Vol. 3, p. 19.

④ *Agniveśa's Caraka Samhitā*, Vol. 3, p. 41.

⑤ *Agniveśa's Caraka Samhitā*, Vol. 3, p. 45.

⑥ *Agniveśa's Caraka Samhitā*, Vol. 3, p. 49.

⑦ P. Ray, *History of Chemistry in Ancient and Medieval India*, pp. 61-62.

《遮罗迦本集》之后,《妙闻本集》对长年方有进一步发展。从术语及医学理论来看,《妙闻本集》与《遮罗迦本集》并没有太大区别,表明二者原型的时代非常相近。但今本《妙闻本集》同样经过后人改编,据信该书的最终完成是在公元3至4世纪,且妙闻之后仍有人大行补充加工,不仅改订,还新增了第6卷“补遗篇”。[①]《妙闻本集》中《治疗部》(Cikitsā-sthānam)的第27至30章论述长年方。根据陈明的介绍,第27章为安抚诸烦恼的长年方,第28章为强烈渴望智慧和长寿的长年方,第29章为预防“俱有病”(指人体与生俱来的不适,如饥饿、干渴、睡觉、老迈、死亡等)的长年方,第30章为解除精神和体质苦痛的长年方。[②] 从这些长年方的内容来看,《妙闻本集》在制药方面基本延续了《遮罗迦本集》的特点,但长年方的使用范围有了显著扩大,除了用以增强生命力延长寿命以外,还被用于治疗一些特殊疾病、精神困苦甚至外科伤痛等。因此有学者指出,长年方至此发展出两种范式,一种是实用技术、科学知识和实践,另一种是信念体系,与人的忧虑和热望紧密相关,其中热望主要与死亡、疾病、功能丧失、羸弱等思想有关。[③]

《遮罗迦本集》与《妙闻本集》之后阿输吠陀最重要的经典是婆拜他(Vāgbhaṭa)的《八支集》(*Aṣṭāṅga-saṃgraha*)与《八支心要集》(*Aṣṭāṅga-hṛdaya-saṃhitā*)。婆拜他在印度医学史上的声誉甚至要超过遮罗迦和妙闻,但实际上他的著作主要改编自《遮罗迦本集》与《妙闻本集》,同时吸收了其他两位医学家的成果,几乎没有原创内容,因此其长年方基本延续了以往特点。据廖育群引述日本学者的意见,关于婆拜他生活年代的下限,屡被引用的是唐代义净的《南海寄归内法传》,书中介绍印度医学八科后,又说“近日有人略为一夹”。认为此“人”即指婆拜他的观点已基本成为定论。[④] 根据这种意见,可以断定婆拜他约生活在6世纪末或7世纪,约相当于隋至唐初。

---

① 廖育群:《阿输吠陀——印度的传统医学》,页41—42。

② 详见陈明:《殊方异药——出土文书与西域医学》,北京大学出版社,2005年,页109—111。

③ Chittabrata Palit & Nupur Dasgupta, ed., *An Ancient Indian System of Rasayana: Suvarnatantra, A Treatise on Alchemy*, Delhi: Kalpaz Publications, 2009, p. 30.

④ 廖育群:《阿输吠陀——印度的传统医学》,页46。

此外，印度阿输吠陀曾传播到西域地区，现存西域出土的部分胡语医药学文书中便有长年方的记载，共发现数十种药方，其中很多与上述阿输吠陀经典相关内容相近。包含长年方的胡语文书如6世纪抄写的梵语《鲍威尔写本》(*The Bower Manuscript*)，抄写时间较迟的于阗语《医理精华》(*Siddhasāra*)、梵语于阗语双语医典《耆婆书》(*Jīvaka-pustaka*)以及一件吐鲁番回鹘语长年方等，其中相关的长年方陈明均有中文翻译。[①] 从内容来看，这些长年方主要使用草药，个别金属如铁粉的使用比较多，但未出现纯粹金石方的情况，与上文所言长年方的特征相一致。

三 炼丹术的形成和繁荣

上节的讨论表明，在中古以前，印度长生药的炼制主要围绕植物原料来展开，其应用基本限于医学领域，与金属嬗变没有丝毫瓜葛，其所用金属和矿物的种类也很少，而且主要起辅助作用。与此并行的是，在冶金领域里纯粹的炼金活动一直在持续发展。以上两方面的活动虽然蕴含炼丹术的种子，但均非真正的炼丹术。印度炼丹术的出现以及走向繁荣，也即长年方与炼金术的合流，是在怛特罗或密教时期(Tantric period，约700—1300年)才得以实现，怛特罗或密教经典(Tantras)成为印度炼丹知识的宝库。如P. 雷易指出："炼丹术活动尽管与密教不可分割，但其源头要早至吠陀时代。甚至在《梨俱吠陀》中我们即发现，苏摩汁已被描述为长生露(等同于希腊的神仙食物)，它能赋予诸神不朽，治愈病人。根据苏摩汁及其特征，我们可以说看到了印度炼丹术的曙光。但是直到怛特罗时期，炼丹活动在印度才达到鼎盛。"[②]很早以前P. C. 雷易就曾指出，印度炼丹术与怛特罗崇拜有密切关系，他说："印度炼丹术的色彩和风格很大程度上源于怛特罗崇拜……——一种一方面是炼丹过程，另一方面是古怪、隐晦、有时令人厌恶的仪轨的奇怪混合物——一切皆以湿婆及其配偶帕尔瓦蒂的崇拜为中心。"[③]以上所说的怛特罗及其分期采用P. C. 雷易和P. 雷易等印度学者的观点，

① 参见陈明：《殊方异药——出土文书与西域医学》，北京大学出版社，2005年，页113—119。

② P. Ray, *History of Chemistry in Ancient and Mediaeval India*, pp. 114-115.

③ P. C. Ray, *A History of Hindu Chemistry*, Vol. I, p. lxii-lxvii.

所指称的是广义密教。[①] 不难看出，密教与印度炼丹术关系的密切，非常类似于道教与中国炼丹术的关系。

密教之所以能够成为滋生炼丹术成长的温床，与其思想密切相关。P. 雷易指出，根据《奥义书》中高度哲学化的宗教，通过正确引导由一系列的出生与再生获得拯救，或者得到最高的生命归宿，这是一个人进入社会更高阶层的唯一途径。但是密教则不同，它提供了一条简单途径，任何人只要在今生遵循特定的仪轨，便可以获得解脱。因此，对那些渴望在今生获得解脱的修道者而言，他们必须保存好自己的身体来完成那些仪轨。根据密教经典，保存身体是通过水银、药物以及气功来实现的，密教因而涉及药物制备，且大都包含水银，用来让身体不朽以求生时获得解脱。由于以上原因，密教经典遂成为很多化学知识及秘方的宝库。[②] 通过外部技术来达到身体不朽，这一点与道教何其相似。印度学者德·恰托巴底亚耶（Debiprasad Chattopadhyaya）将密教的这一特点视为原始唯物主义，并认为它如道教一样导致了密教的科学倾向："这种身体不死的概念和它与密教炼丹的关系又强烈地使人想起古道教。道教徒，如李约瑟所示，正是强调某些技术的重要性，如调息技术，体操技术，房中术，炼丹和制药技术——所有这些都是为了获得物质不朽状态的目的。"他又说："这种物质不朽的概念对于科学具有不可估计的重要性，因为它刺激炼金术的发展。我们上面已经看到密教徒自己谈密教所说的正是同样的事情：不像印度哲学唯心主义体系的信徒小看身体的重要性，而梦想灵魂的解脱，密教徒则极端重视人类的物质身体，

---

① 密教的概念很复杂，有广义、狭义之分。据国内学者介绍，广义密教指印度教和佛教共同具有的所谓左道教派，具体指印度教的湿婆教派、性力教派、毗湿奴教派和佛教的密宗，一般以怛特罗教（Tantrism 或 Tantricism 或 Tantrikism）来称呼，主要在西方学术界使用。狭义密教指晚期佛教教派，与小乘和大乘教派相对，一般以密教（Esoteric Buddhism 或 Buddhist esoterism）来称呼，主要在东方学术界使用。然而，对于广义密教概念西方学术界也存在争议。梵文中并没有 Tantrism 这一概念，它是西方学者由 tantra（怛特罗）衍生而来。据称 tantra 最初仅指"织机"，中世纪时这个词被引入宗教领域，首先用来指一般性的传教经典，后来则指专门的经典，这类经典被认为包含有关于人生和宇宙本性的深奥教义和特定的修行方法，因而后来把很多宗教体系中具有这种类型的专门教义和修行方法也称作 tantra。又因为这类经典及其提倡的特定教义和实践往往与吠陀以来的正统宗教教义和哲学思想相悖，因而在宗教领域的 tantric（怛特罗的）一词暗含有非正统的意思，成了与 vedic（吠陀的）一词相对立的用语。19 世纪时，西方学者根据 tantra 创造出 Tantrism 一词，用来表示具有 tantric 特征的印度教教派和佛教后期密教，广义上更泛指包括印度教、佛教、耆那教在内的所有古代印度宗教中的神秘主义现象。详见吕建福：《中国密教史》（修订版），中国社会科学出版社，1995 年版 2011 年第 2 刷，页 1—15。

② 参见 P. Ray, *History of Chemistry in Ancient and Mediaeval India*, p. 116。

只用发展和培养身体的条件来设想解脱。所以无疑，他们非常关怀可以保证发展和保存身体的具体物质措施。这就说明了他们对炼金术和医药学的贡献。总之，密教的原始唯物主义是了解他们的原始科学倾向的线索。"①

这一时期的长年方有了突变性变化，逐渐融合炼金术而发展成独立的炼丹术，大量引入金属和矿物，并将中古以前几乎从未使用的水银作为最关键的药物。值得注意的是，在这个过程中 rasa 的含义有了重要变化，用来指金属和矿物，并常常特指水银，由此 rasāyana 主要指水银制剂（关于这一转变究竟是如何发生的，详细讨论见本章第四节）。这一时期的印度出现许多炼丹著作，其中主要是梵语的 Rasa śāstra 文献。śāstra 的意思是知识或科学，因此 Rasa śāstra 的意思就是水银之学，当然其中也包括各种金属与矿物的知识。概括来讲，Rasa śāstra 包括两个方面：第一是使金属成就（lauha siddhi），即用水银将普通金属变成贵金属金或银；第二是使身体成就（deha siddhi），即用水银制剂使人的身体获得完全健康。② 可见，同中国炼丹术一样，印度炼丹术也包括金丹与黄白，也即炼制金丹药与制造伪金银两方面的内容。

梵语炼丹文献中最早的著作是题名龙树（Nāgārjuna）的《汞宝的制作》（*Rasaratnākara*），其篇幅不长，绝大部分内容介绍矿物和金属的提纯、净化等炼金术操作，只记载了一种用金、水银、硫黄、硼砂等纯金石药物合成不死药的方法。该书标志着印度炼丹术开始形成。不过，对于该书的作者和成书年代学界有争议，或以为在 8 世纪前，或以为在 8 世纪。关于印度长年方到炼丹术的转变，我们应特别注意三种唐代史料和一个现象。

第一种史料，义净在《南海寄归内法传》卷三"进药方法"介绍印度绝食疗法时顺便提到炼丹术，明确说炼丹服石在当时是神州独有现象，印度诸国皆无："旧人传云……其有服丹石及长病并腹块之类，或可依斯。恐有丹石之人，忍饥非所宜也。又飞丹则诸国皆无，服石神州独有。然而水精白石有出火者，若服之则身体爆裂。时人不别，枉死者无穷。由此言之，深须体

① ［印］德·恰托巴底亚耶著、王世安译：《顺世论——古印度唯物主义研究》，商务印书馆，1992 年，页 430—431。

② Vaidya Bhagwan Dash, *Alchemy and Metallic Medicines in Āyurveda*, pp. 5-7. 上文曾指出，阿输吠陀的健康概念含义很丰富，不仅指远离疾病困苦，还包括肉体、精神、灵魂的幸福与充实状态等多方面的因素。

识。”[①]义净在公元673年到达印度,685年踏足东归,游学五印度十余载,熟谙当时印度社会及文化。他的记载表明,7世纪后期印度仍然没有形成真正的炼丹术。

第二种史料,贞观二十二年(648年),印度长年方士那罗迩娑婆寐为唐太宗炼制长年药,唐史反复强调他使用“灵草秘石”、“怪药异石”(详见本章第二节第二部分),表明当时印度长年方已多用石药。

第三种史料,《金石簿五九数诀》记载了一个印度僧人支法林辨识硝石的故事:“近唐麟德年甲子岁(664年),有中人婆罗门支法林负梵甲来此翻译,请往五台山巡礼。行至汾州灵石县,问云:此大有硝石,何不采用。当时有赵如珪、杜法亮等一十二人随梵僧共采试用,全不堪,不如乌长者。又行至泽州,见山茂秀,又云:此亦有硝石,岂能还不堪用?故将汉僧灵悟共采之。得而烧之,紫烟烽烟,曰:此之灵药,能变五金,众石得之,尽变成水。校量与乌长,今方知泽州者堪用。金频试炼,实表其灵。若比乌长国,乃泽州者稍软。”[②]这位支法林很可能即师子国长年方士释迦弥多罗(详见本章第二节第二部分)。他通晓硝石性能,但又仅言炼金,同样反映了当时印度长年方多用石药而又不具备丹药功能的特点。

一个现象,即在印度炼丹术形成以前,印度佛教与炼金术已有密切联系,但是炼金术和长生术并未在佛教中发生融合。例如龙树的传说尽管广为流传,但他精通药术和炼金术的故事未发生重叠。玄奘在《大唐西域记》卷十“憍萨罗国”中记述了龙树(书中译作龙猛)的三个神异故事,其中第二个提到龙树精通药术,服饵致长生,并以药术度化引正王:“龙猛菩萨善闲药术,餐饵养生,寿年数百,志貌不衰。引正王既得妙药,寿亦数百。”第三个说龙树精通炼金术:“龙猛菩萨以神妙药,滴诸大石,并变为金。”[③]

以上论据也是《汞宝的制作》成书时间的重要参考依据。《汞宝的制作》记载有丹药的制作方法,但又以炼金术内容为主,反映的正是印度炼丹术形成之初的特点。

此外,11世纪前半叶阿拉伯学者比鲁尼的记载是了解稍后印度炼丹术

---

① [唐]义净著、王邦维校注:《南海寄归内法传校注》,中华书局,1995年,页160。

② 《道藏》第19册,页103—104。

③ [唐]玄奘、辩机著,季羡林等校注:《大唐西域记校注》,中华书局,2000年,下册页827、830。

特点的重要资料。比鲁尼(al-Birūni,973—1048),阿拉伯著名科学家、史学家和哲学家,曾长期居住在印度,他在1030年完成的《印度志》中从阿拉伯炼丹术的视角对印度当时的长年方作了描述,他说:"他们有一门非常独特的学问近似于炼丹术,他们称其为Rasâyana,该词由rasa即黄金构成。这是一门仅使用特定的操作、药物以及大部分用植物制作的合成药剂的技术。其宗旨是使那些病入膏肓者重获健康,使衰颓老朽者返老还童,再度拥有曾经容颜,华发转黑,感觉敏锐且动作敏捷,甚至可以(与异性)同居,使世人得以长生。"①比鲁尼之所以将长年方看作近似阿拉伯炼丹术的技术,不仅在于长年方的目的,更在于其操作方法。比鲁尼强调说,由于印度精于长年方者对其术秘而不宣,因此他对这门技术到底使用哪些药物及其方法知之甚少,仅听到过他们谈论诸如净化、煅烧、分解以及用滑石上蜡等操作,据此他猜测印度人倾向使用炼丹术的矿物学方法。比鲁尼上述描述尽管非常笼统,却透露出一条重要信息,即11世纪初期时印度的长年方已经与早期时有了显著不同,无论是rasa的含义还是长年方的操作方法,均表明龙树以后炼丹术在印度的影响愈来愈显著。

龙树之后的印度炼丹文献开始增多,特别是11到12世纪时出现一系列重要著作,其中规模最大也是最重要的为《汞海》(*Rasārṇava*),它是一部关于湿婆崇拜的婆罗门教的密教经典,其中涉及很多重要的化学知识,对炼丹术论述之详尽即使在整个印度古代化学史上也很突出。该书对水银和云母非常推崇,认为水银是湿婆的种子,不仅可以将贱金属变成黄金,而且还能使身体不朽,云母则为湿婆配偶高梨的种子。云母在印度炼丹术中的地位很高,有时候相当于中国炼丹术中的铅。这一时期其他比较重要的炼丹著作略举如下:Govindabhagavat的*Rasahridya*,大概作于11世纪;Somadeva的*Rasendrachudamani*,作于12或13世纪,书中摘录了前人著述的内容;Yasodhara的*Rasaprakasa-sudhakara*,由于书中引用龙树和Somadeva的著作以及《汞海》,故其编撰时间肯定在三者之后,可能在13世纪;《汞海的多种功效》(*Rasārṇavakalpa*),此书为密教典籍*Rūdrayamala*的一部分,可能撰于11世纪,其中相当一部分内容与《汞海》相同。该书主要讨论如何用贱金属

① *Alberuni's India*(popular edition), edited, with notes and indices by Edward C. Sachau, London: Kegan Paul, Trench, Trübner & Co. Ltd, 1914, Vol. 1, pp. 188-189.

炼制金银，仅提到数种炼制金丹药的方法，但其炼丹术特征更为突出，如炼丹方法简练，非金石药物的使用也较其他炼丹文献少。《汞宝集》(*Rasaratnasamuccaya*)，佛教文献，由 Vāgbhata 撰于 14 世纪。该书最大特点在于没有涉及长生不死药与黄白术，全部内容均为医疗方法，是印度医疗化学开始的标志。在此后数个世纪出现大量类似文献，这说明主要为炼丹术内容的 Rasa śāstra 在中世纪以后开始衰落，而融合阿输吠陀与炼丹术的医疗化学 Rasacikitsā 开始流行。①

除梵语文献以外，密教传入西藏后，大量梵文经典被翻译为藏文，其中包括几部炼丹文献，现存于藏文大藏经中。此外，泰米尔语的悉达医学中也包含很多炼丹术内容。印度传统医学除阿输吠陀以外，还包括尤纳尼(Unani)、悉达(Sittar，梵语为 Siddha)、瑜伽(Yoga)等体系。悉达医学体系是在印度南部泰米尔纳德邦发展起来的，其医学理论很多方面与阿输吠陀相同，但也有独特之处。如学者指出的那样，阿输吠陀医学最初主要使用植物药，而悉达医学从一开始就非常强调无机盐、金属和矿物的使用，其目标不仅仅是身体疾病的预防和治疗，而且还试图征服死亡、使得身体更加完美和永生不朽。为达到这一目的，悉达医学通过使用被称作“加尔巴斯”(kalpas)的药物来获得“完美的身体”。为了防止身体腐烂、阻止衰退和延长寿命，他们使用本身不会腐败的矿物和金属，其中最关键的是水银和硫黄。②此外，印度炼丹术还有小部分文献是用其他语言写成的，如印地语(Hindi)、特拉古语(Telugu)、卡纳达语(Kannada)、马拉地语(Marathi)、孟加拉语(Bengali)、奥里雅语(Oriya)等。

印度炼丹术在长期发展过程中大量使用金属与矿物原料，其中常用的包括金、银、铁、铅、铜、锌、锡、水银、砒霜、硫黄、雄黄、雌黄、丹砂等，其他还有绿矾、胆矾、铁银或铜的硫化物、碱、盐、硇砂、硝石、硼砂、炉甘石、铅丹、密陀僧、云母、各种宝石等。这些金石药大多数也是中国炼丹术的常用原料。印度炼丹术还继承了先前长年方的一些特征，一开始就比较重视植物和动

① 以上介绍据 P. Ray, *History of Chemistry in Ancient and Mediaeval India*, pp. 118-123. Vijaya Jayant Deshpande, *Alchemy in India and China*, A thesis (Revised Version) submitted to Panjab University, Chandigarh, for the Degree of Doctor of Philophy, 1988, pp. 38-44。

② [英]彼得・马歇尔著、赵万里等译:《哲人石——探寻金丹术的秘密》,上海科技教育出版社,2007 年,页 103。

物类药物（如牛奶、酥油、蜜、肉、尿、血等）的应用。[①] 对植物和动物类药的使用中印炼丹术有比较明显的区别。非金石药物在中国炼丹术体系中地位较低，主要作为辅助药物使用，唐代以前应用相对较少，其后才逐渐增多，地位也有所提高。需要注意的是，在这方面中印之间可能存在相互交流和影响的情况。

以上主要介绍了印度炼丹术的化学特征，不过对于其宗教特征也应充分注意。P. C. 雷易很早之前就认识到，"印度炼丹术的色彩和风格很大程度上源于密教（Tantric Cult）。几乎所有其他国家化学的进步均可追溯到医学以及制作伪黄金的信念——寻求长生不老药和哲人石，但在印度，这些末流仅在促进化学知识方面起到辅助作用。这里天文学、几何学和解剖学均源于宗教仪式的迫切需要。炼丹术亦如此"。[②] 由于印度炼丹术与宗教修行的密切关系，故有学者认为其前化学（pre-chemistry）的身份应被恰当看待。如米尔恰·伊利亚德（Mircea Eliade）曾主张，印度炼丹术不是一种前化学，而是一种与哈达瑜伽（Hatha-yoga）和密教精心构建的"深奥生理学"方法类同的技术，并追求相似的目标——嬗变身体获得自由。当然他又强调，这样说并非要否定古代印度人的科学成就，只是就印度炼丹家而言，应用矿物质的种种操作并非而且也不可能是单纯的化学实验。[③]

密教时期，印度炼丹术在"水银哲学"体系下积累了大量化学知识和技术，它们在接下来的 14 至 16 世纪被广泛用于医疗，并取得一些重要成就，所以这一时期可以称为印度炼丹术的化学医药阶段。据印度学者介绍，印度炼丹术在密教时期最重要的特征是寻求长生不老药和点金药，而在化学医药阶段，这些永远不可能实现的离奇荒诞想法逐渐沉淀出一些真实有效的知识。水银、铁、铜以及其他金属的制剂虽然无法使人长生不老，更不能起死回生，但它们被发现可能成为医学的一部分。最初时，这些制剂非常小心谨慎地与遮罗迦和妙闻的处方（主要使用植物药）混合在一起使用。然而，它们很快便被认为具有至高无上的地位，甚至要取代以往主要使用草药

① Vijaya Jayant Deshpande, *Alchemy in India and China*, A thesis (Revised Version) submitted to Panjab University, pp. 29-30.

② P. C. Ray, *A History of Hindu Chemistry*, Vol. I, p. lxii- lxiii.

③ 详细讨论见 Mircea Eliade, *The Forge and the Crucible*, second edition, translated from the French by Stephen Corrin, Chicago and London: The University of Chicago Press, 1978, pp. 134-141.

的阿输吠陀治疗方法。例如一部著作记载,一位祈求学习利用水银制剂的人这样说道:“令人尊敬的师傅! 为了那些弱怯者的利益,请您教我一种治疗方法,它既不用手术刀,也不用现行的烙术。”化学医药后期是印度传统化学和本草学的最后一个阶段,一些外来的毒药进入药物学中,如轻粉(氯化亚汞)。16 世纪初,葡萄牙人进入印度果阿及其他一些地区,结果导致性病流行。面对这些新的疾病,传统阿输吠陀治疗方法除对病症做出精确描述外无力应对。然而,一部名为 *Rasapradipa* 的文献却记载了一种密教治疗方法,该法用轻粉和土茯苓来治疗葡萄牙人的性病。据称,1535 年中国商人将这种治疗梅毒的方法传给果阿的葡萄牙人。[①] 梅毒在明代时由葡萄牙人传入中国,很快便泛滥开来,最初医家多用轻粉治疗,但苦其毒性所害,遂将解轻粉毒性的土茯苓入药。《本草纲目 · 草部 · 土茯苓》云,土茯苓“昔人不知用此。近时弘治、正德间,因杨梅疮盛行,率用轻粉药取效,毒留筋骨,溃烂终身,至人用此,遂为要药”。[②]

中国炼丹术早在隋唐之际就出现医药化倾向,当时化学丹药开始被部分道士和医药学家用于医疗。唐宋时期,这种倾向形成规模化发展,对当时中医药学的繁荣和发展作出很大贡献,具体例证如唐宋医方本草著作大量征引炼丹知识,中医方剂学中出现丹方等。除了中国和印度,欧洲炼丹术在文艺复兴时期也出现过医药化运动,其代表人物是集术士和医生于一身的帕拉塞尔苏斯(Paracelsus)。可见,医药化趋势是炼丹术发展过程中的一个普遍现象,其中以中国炼丹术出现时间最早,这个问题值得进一步探讨。

第二节　印度长年方在唐代的传播

佛教自汉代传入中土以后,印度医学也随其进入中国,汉译佛经中包含有大量阿输吠陀医学知识。有学者统计,汉文佛教文献中论医佛经有 85

---

① 以上对印度化学医药阶段的介绍据 P. Ray, *History of Chemistry in Ancient and Mediaeval India*, pp. 158-162。

② [明]李时珍:《本草纲目》(校点本),人民卫生出版社,2009 年第 2 版第 16 刷,上册页 1295。

部、涉医佛经达370部,其中约有半数出于唐代以前。[1] 不过,由于这些佛经所载医学知识并不系统,而且佛教教义与长生不死的思想相左,所以长年方在唐代以前并未通过汉译佛经途径传入中土。当然,除了佛教这一媒介外,唐代以前印度医学还曾从其他途径直接或间接传入中国。《隋书·经籍志》著录数种与印度有关的医籍,有《龙树菩萨药方》四卷、《西域诸仙所说药方》二十三卷、《香山仙人药方》十卷、《西域波罗仙人方》三卷、《西域名医所集要方》四卷、《婆罗门诸仙药方》二十卷、《婆罗门药方》五卷、《耆婆所述仙人命论方》二卷、《乾陀利治鬼方》十卷、《新录乾陀利治鬼方》四卷、《龙树菩萨和香法》二卷、《龙树菩萨养性方》一卷等。从这些医籍的名称来看,有一部分显然非佛教文献,而且有的似乎还与养生或长生有关,至于其中是否包含长年方内,我们无从得知。目前所知印度长年方传入中土最早出现在唐初太宗晚年时,其后高宗与武后时亦有传入。以往研究者多将它们简单地视为炼丹术,陈明首次从长年方本身的角度对这一问题作了讨论。[2] 长年方传入中土是在一个复杂的知识和文化背景下发生的,涉及中印两种长生文化的交流和碰撞,不仅对唐初三位帝王的身体健康产生重要影响,尤其与唐太宗的去世有关,并且在唐文化中也留下足迹,此事是中印长生文化交流史上的一个重要问题,由于一些重要细节还未被学界关注过,本节将加以重点讨论。

一　传入背景

长年方在唐初的传播主要围绕太宗、高宗以及武后进行的,因此若要恰当地看待这件事情对唐文化所产生的影响,我们首先需要简单交代一下当时的相关社会背景以及三位帝王的宗教信仰情况。

李唐王朝的建立结束了中国延续数百年的社会大动荡,为道教发展创造了一个黄金时期。建国之初,李唐便确立了宗教政策的基调,奉老子为圣祖,大力提高道教地位。此后大部分唐代统治者基本上都没有脱离过这个政策的基调。武德八年(625年),唐高祖李渊下《先老后释诏》,规定三教地位以道教为尊:"老教孔教,此土先宗,释教后兴,宜崇客礼。令老先,次

---

[1] 李良松:《佛教医籍总目提要》,鹭江出版社,1997年。

[2] 陈明:《殊方异药——出土文书与西域医学》,页120—125。

孔，末后释宗。”[①]太宗继位后，将崇道抑佛方针进一步推进，确认老子为李氏始祖，下《道士女冠在僧尼之上诏》，重申了道教尊于佛教的原则，并积极支持兴建道观。高宗对道教的态度一仍其祖、父，尽管由于后来武则天佞佛的干扰，但高宗执政时仍然施行了一些有力措施支持道教发展，譬如极力尊崇老子与道教，要求王公以下皆习《老子》，作为士人策试内容，支持兴建道观，对高道百般笼络等。总之，唐初三帝对道教的态度比较一致，均采取崇道抑佛方针，甚至尊奉老子为李氏始祖，道教俨然李唐的国教。在这种长时期的有利局面下，道教获得史无前例的崇高地位和发展机遇，在组织、教义、修炼等各方面均取得较大成就，呈现出一派欣欣向荣的景象。武则天当政时，出于政治需要，她改变了此前政府长期实行的崇道抑佛政策，转而倾力支持佛教势力，打压道教。不过，由于道教当时已有相当根基，武则天也不得不对其加以笼络利用，兼之她本人对各种道术尤其是长生术的重视，因此在她统治期间总体上来看道教仍然处于上升发展阶段。

唐初的社会氛围为炼丹术的发展提供了极为有利的环境。早期炼丹术虽然也曾受到少数统治者的强力支持，但总体上它只是一种少数方士从事的秘密活动。自晋代葛洪公开倡导金丹黄白术以后，炼丹术在南北朝时期得到较快发展，普及面有所扩大。不过总体来看，唐代以前炼丹活动的规模都相对比较小，社会影响也不广。进入唐代以后，情形为之一变，炼丹术很快进入鼎盛发展阶段。唐初三帝时期，服石炼丹风尚开始风靡社会，道教以外，凡帝王将相、朝野官员、文人骚客以及平民百姓等热衷炼丹服石者不计其数。当时有炼丹家编撰了一部大型丹经《黄帝九鼎神丹经诀》进献给皇帝，书中对皇权的美化间接反映出当时炼丹术所处的有利社会环境，称“当今四海清通，诸药皆足”，“今圣朝一统寰宇，九域无虞，地不藏珍，山不秘宝”等。[②]

唐初时炼丹术还出现一个重要现象，对当时的中医药学产生了重要影响，一些道士和医药学家将金丹方引入医疗领域，服饵金石未必是冀望白日

---

① 《续高僧传·释慧乘传》，《大正新修大藏经》第50册，台湾新文丰出版有限公司，1983年，页634。

② 参见韩吉绍：《论〈黄帝九鼎神丹经诀〉》，《宗教学研究》2009年第3期及《黄帝九鼎神丹经诀校释·前言》，中华书局，2015年。

升仙,丹药与医药发生融合,丹方开始具备治疗疾病的功能。[①] 在这方面,药王孙思邈是一个先行者,并取得重要成就。他早年时便以严谨的态度研究丹药,对一些金石矿物与丹诀反复试炼,撰有多部炼丹著作。在多年实践的基础上,他谨慎地在临床中试用这些丹药,将一些功效显著的记录在《千金要方》和《千金翼方》两部医学著作中,后者记载的丹方尤其丰富。[②] 除了金丹方,一般服石方的医疗价值孙思邈也非常重视,他甚至认为,为了保持健康人们必须服石。《千金要方》卷二十四《解五石毒第三》云:

> 论曰:人不服石,庶事不佳。恶疮疥癣瘟疫疟疾,年年常患,寝食不安,兴居常恶,非止己事不康,生子难育。所以石在身中,万事休泰,要不可服五石也。人年三十已上可服石药,若素肥充,亦勿妄服;四十已上,必须服之;五十已上,三年可服一剂;六十已上,二年可服一剂;七十已上,一年可服一剂。又曰:人年五十已上精华消歇,服石犹得其力。六十已上转恶,服石难得力,所以常须服石,令人手足温暖,骨髓充实,能消生冷,举措轻便,复耐寒暑,不著诸病,是以大须服。[③]

《千金翼方》卷二十二更是专述诸石飞炼之法。孙思邈的观念在当时医学领域里并非孤例,而具有相当代表性。如稍后王焘(约 690—756)所撰《外台秘要方》是《千金方》之后又一部著名的大型医学方书,在医学史上占有重要地位,其中所载服石方更为丰富,王焘明确说:"按古先服饵,贤明继踵,合和调炼,道术存焉。详其羽化太清,则素凭仙骨,若以年留寿域,必资灵助。此盖金丹乳石之用,岂流俗浅近而能知。"[④]

以上简单介绍了唐初炼丹术和医药学的相关背景,下面我们再来看诸位帝王的宗教信仰情况。唐太宗英年时对神仙思想的虚妄有很清醒的认识,唐史对此多有记载。如贞观元年(627 年)十二月,太宗明确告知侍臣,神仙空有其名,表示要以秦皇汉武为戒。《旧唐书》卷二记载:"上谓侍臣

---

① 参见韩吉绍:《知识断裂与技术转移——炼丹术对古代科技的影响》,山东文艺出版社,2009 年,页 215—232。

② 韩吉绍:《医药化学家孙思邈》,《南京中医药大学学报》(社科版)2010 年第 2 期。

③ [唐]孙思邈:《备急千金要方》,人民卫生出版社,1982 年,页 432—433。

④ [唐]王焘撰、高文柱校注:《外台秘要方校注》,学苑出版社,2011 年,下册页 1345。

曰:‘神仙事本虚妄,空有其名。秦始皇非分爱好,遂为方士所诈,乃遣童男女数千人随徐福入海求仙药,方士避秦苛虐,因留不归。始皇犹海侧踟蹰以待之,还至沙丘而死。汉武帝为求仙,乃将女嫁道术人,事既无验,便行诛戮。据此二事,神仙不烦妄求也。’”①贞观十一年(637 年),太宗在一份诏书中表示生死有命,再次批评那些修仙妄事:“二月丁巳,诏曰:夫生者天地之大德,寿者修短之一期。生有七尺之形,寿以百龄为限,含灵禀气,莫不同焉,皆得之于自然,不可以分外企也。是以《礼记》云:‘君即位而为椑’。庄周云:‘劳我以形,息我以死。’岂非圣人远鉴,通贤深识?末代已来,明辟盖寡,靡不矜黄屋之尊,虑白驹之过,并多拘忌,有慕遐年。谓云车易乘,羲轮可驻,异轨同趣,其蔽甚矣。”②然而到了晚年,太宗竟然非常关注养生,频频访诸求道。《旧唐书》卷一百九十一记载:“甄权,许州扶沟人也。尝以母病,与弟立言专医方,得其旨趣……贞观十七年,权年一百三岁,太宗幸其家,视其饮食,访以药性,因授朝散大夫,赐几杖衣服。其年卒。撰《脉经》、《针方》、《明堂人形图》各一卷。”③元赵道一《历世真仙体道通鉴》卷二十九记载:“胡隐遥者,洞庭山道士也,自云角里先生之孙。其山有角里村角里庙,累世多得道。隐遥居焦山,学太阴炼形之法……唐贞观中,太宗诏入内殿,问摄生之道。”④更甚者,贞观十七年(643 年)太宗竟以服石常用药物之一的石钟乳赏赐大臣,《贞观政要》卷二《纳谏第五》记载:“贞观十七年,太子右庶子高季辅上疏陈得失。特赐钟乳一剂,谓曰:‘卿进药石之言,故以药石相报。’”⑤当时他自己是否服用过石钟乳不能肯定,但最晚四年后他肯定已服用金石药。贞观二十一年(647 年),大臣高士廉去世,太宗非常悲痛,欲亲自临丧,但房玄龄与长孙无忌极力劝阻,理由竟是因为太宗刚服饵过金石,临丧乃其大忌。《旧唐书》卷六十五《高士廉传》云:“……太宗又命驾将临之,司空玄龄以上饵药石,不宜临丧,抗表切谏……太宗从数百骑出兴安门,至延喜门,长孙无忌驰至马前谏曰:‘饵石临丧,经方明忌。陛下含育黎元,须为宗社珍爱。……’其言甚切,太宗犹不许。无忌乃伏于马前流

① [后晋]刘昫等撰:《旧唐书》卷二《本纪·太宗上》,中华书局,1975 年,页 33。
② 《旧唐书》卷二《本纪·太宗下》,页 46—47。
③ 《旧唐书》卷一百九十一《列传·方伎》,页 5089—5090。
④ 《道藏》第 5 册,页 270。
⑤ [唐]吴兢:《贞观政要》,上海古籍出版社,1978 年,页 62。

涕,帝乃还宫。”[①]

对于太宗晚年的这些看似非常的举动历来受人诟病,言其妄食金丹,但实际上这与当时炼丹术及医药学的观念有关。“卿进药石之言,故以药石相报”,表明在太宗看来,石钟乳是一种效果显著的医药。上文指出,重视服石在当时是道教和一些医学家的共识,而最流行的服石方就是石钟乳,朝臣中服之者趋之若鹜。“经方”指医学方剂,这同样表明太宗服用的是医疗药物。由于服石临丧犯大忌,对病人极为不利,故房玄龄与长孙无忌力阻太宗。因此,太宗晚年时因健康问题服用金石药物,仅按当时观念来看的话,这并不是一件太过突兀的事情,与他是否相信神仙不死其实没有直接关系。事实上,唐代其他皇帝服饵丹药的原因除了神仙信仰以外,受金丹治病观念的影响也是一个重要因素。[②] 正是在这样的背景下,当王玄策于贞观二十二年将印度长年婆罗门那罗迩娑婆寐带至长安时,正与疾病与衰老抗争的太宗非常高兴,立即命那罗迩娑婆寐为自己炼制长年药。

高宗的情况要复杂一些。显庆二年(657 年),曾为太宗炼制长年药的印度婆罗门那罗迩娑婆寐再次来到长安,请求为高宗合长年药,王玄策亦举荐之,不料被高宗明确拒绝,表面理由是他根本不相信有神仙存在:“自古安有神仙!秦始皇、汉武帝求之,疲弊生民,卒无所成。果有不死之人,今皆安在!”[③]据此学者多认为高宗早年时对神仙之事根本不屑一顾。实际上这种理解有些许简单。首先,显庆元年(656 年)时,高宗曾派精通药术的旅唐印度僧人那提到南海诸国采“异药”(详见下文介绍)。这说明高宗在那罗迩娑婆寐请求为其合药之前已开始关注养生药物,他甚至很可能对印度医术已有一定了解。其次,显庆年间高宗曾广征道士为其合炼金丹,人数竟多达百人。《旧唐书》卷一百九十一记载:“道士叶法善,括州括苍县人。自曾祖三代为道士,皆有摄养占卜之术。法善少传符箓,尤能厌劾鬼神。显庆中,高宗闻其名,征诣京师,将加爵位,固辞不受。求为道士,因留在内道场,供待甚厚。时高宗令广征诸方道术之士,合炼黄白。法善上言:‘金丹难就,徒费财物,有亏政理,请核其真伪。’帝然其言,因令法善试之,由是乃出

① 《旧唐书》,页 2444—2445。

② 详见韩吉绍:《知识断裂与技术转移——炼丹术对古代科技的影响》,页 226—232。

③ [宋]司马光编著:《资治通鉴》,中华书局,2011 年,页 6417。

九十余人，因一切罢之。”[1]又卷一百九十二载：“道士刘道合者，陈州宛丘人。初与潘师正同隐于嵩山。高宗闻其名，令于隐所置太一观以居之。召入宫中，深尊礼之。……高宗又令道合合还丹，丹成而上之。咸亨中卒。及帝营奉天宫，迁道合之殡室，弟子开棺将改葬，其尸惟有空皮，而背上开拆，有似蝉蜕，尽失其齿骨，众谓尸解。高宗闻之不悦，曰：‘刘师为我合丹，自服仙去。其所进者，亦无异焉。’”[2]从以上两方面的情况来推测，高宗拒绝那罗迩娑婆寐并非因为不相信印度长年方的功效，更可能是因那罗迩娑婆寐为太宗治病失败一事而对其个人心存警惕甚至怨恨。当然，尚无证据表明高宗曾真正服用过道士炼制的金丹，相较之下他对获取祛病养生的药物更为重视。高宗的身体状况一直不佳，显庆五年时甚至到了风眩头重目不能视的程度，此后一直未见好转，因此对他而言，获取祛病养生药物远较获取金丹仙药更为直接而紧迫。在众多祛病养生药物中，印度长年方其实是他格外重视的方法。在那罗迩娑婆寐遭拒仅数年后，高宗便派出多位使者到印度邀请另外一位长年方士来唐为其炼制长年药。

武则天虽然佞佛，但对长生药物也非常感兴趣。由于高宗的原因，武则天对印度长年方应当不会陌生。天册万岁元年，有僧人为武则天合炼长年药（详见下文讨论）。后来有张易之、张昌宗兄弟为武则天合丹药。《新唐书》卷一百四云：“易之幼以门荫仕，累迁尚乘奉御。既冠，颀皙美姿制，音技多所晓通。武后时，太平公主荐其弟昌宗，得侍。昌宗白进易之材用过臣，善治炼药石。即召见，悦之。兄弟皆幸，出入于禁中……”后来张昌宗因罪当免官，他却辩解道：“臣有功于国，不应免官。”武则天便询问宰相，内史令杨再思云：“昌宗主炼丹剂，陛下饵之而验，功最大者也。”[3]武则天遂诏令释之。又圣历年间（698—700 年），有僧人胡超为武则天合长生药，药成后则天服之，并改元为久视，可见她晚年时对长生药渴望程度之深，岂料数年后便驾崩。据《朝野佥载》卷五记载：“周圣历年中，洪州有胡超僧出家学道，隐白鹤山，微有法术，自云数百岁。则天使合长生药，所费巨万，三年乃成。自进药于三阳宫，则天服之，以为神妙，望与彭祖同寿，改元为久视元

---

① 《旧唐书》卷一百九十一《列传·方伎》，页 5107。

② 《旧唐书》卷一百九十二《列传·隐逸》，页 5127。

③ ［宋］欧阳修、宋祁撰：《新唐书》卷一百四《列传·张行成》，中华书局，1975 年，页 4014—4015。

年。放超还山，赏赐甚厚。服药之后三年而则天崩。”①

以上从唐初道教和医药学的发展状况，以及太宗、高宗和武后自身信仰情况介绍了长年方传入中土的背景。概而言之，唐初时一方面道教地位崇高，炼丹术盛行，长生思想弥漫社会，另一方面炼丹与医药学发生交融，金丹或石药的长生与医疗功能有时候难以明确区分。唐初诸帝虽然不妄图腾云驾雾飞升而去，但因自身健康原因以及对长生的渴望，故对金丹药倾注了很大期望，这也是大部分曾经服饵过金丹药的唐帝们的普遍特点。正是在这样的大环境下，印度长年方传入中土。

二　传播过程及特点

长年方第一次传入中土发生在唐太宗去世前一年，这也是太宗时仅有的一次。贞观二十二年(648 年)，唐使王玄策率领一支外国军队击破中天竺国，俘获其国王等一万余人归唐。在俘虏当中有一个特殊的人物——长年婆罗门那罗迩娑婆寐，他是王玄策特意为太宗准备的厚礼。王玄策之所以留意印度长生术，应当与太宗当时的身体状况有关。上文指出，太宗晚年身体有恙，为此服用过金石药。当得知王玄策带来一位印度神僧后，太宗非常高兴，对那罗迩娑婆寐深加礼敬，并命其炼制长年药。此事见于多种文献记载，现将主要几种摘录如下：

> 《酉阳杂俎》卷七：王玄策俘中天竺王阿罗那顺以诣阙，兼得术士那罗迩(一有娑字)婆，言寿二百岁。太宗奇之，馆于金飚门内，造延年药，令兵部尚书崔敦礼监主之。言婆罗门国有药名畔茶佉水，出大山中石臼内。有七种色，或热或冷，能消草木金铁，人手入则消烂。若欲取水，以骆驼髑髅沉于石臼，取水转注瓠芦中。每有此水，则有石柱似人形守之。若彼山人传道此水者则死。又有药名咀赖罗，在高山石崖下。山腹中有石孔，孔前有树，状如桑树，孔中有大毒蛇守之。取以大方箭射枝叶，叶下，便有乌鸟衔之飞去，则众箭射乌而取其叶也。后死于长安。②

① ［唐］张鷟撰、程毅中点校：《朝野佥载》，中华书局，1979 年，页 116。

② ［唐］段成式撰、方南生点校：《酉阳杂俎》，中华书局，1981 年，页 73—74。

《旧唐书》卷三《本纪第三·太宗下》:(贞观二十二年)五月庚子,右卫率长史王玄策击帝那伏帝国,大破之,获其王阿罗那顺及王妃、子等,虏男女万二千人、牛马二万余以诣阙。使方士那罗迩娑婆于金飚门造延年之药。①

《旧唐书》卷八十四《郝处俊传》:(郝处俊谏)昔贞观末年,先帝令婆罗门僧那罗迩娑寐依其本国旧方合长生药。胡人有异术,征求灵草秘石,历年而成。先帝服之,竟无异效,大渐之际,名医莫知所为。时议者归罪于胡人,将申显戮,又恐取笑夷狄,法遂不行。②

《旧唐书》卷一百九十八《西戎传》:玄策与副使蒋师仁率二国兵进至中天竺国城,连战三日,大破之……是时就其国得方士那罗迩娑婆寐,自言寿二百岁,云有长生之术。太宗深加礼敬,馆之于金飚门内,造延年之药。令兵部尚书崔敦礼监主之,发使天下,采诸奇药异石,不可称数。延历岁月,药成,服竟不效,后放还本国。③

《新唐书》卷二百二十一上《西域上》:(贞观二十二年)得方士那逻迩娑婆寐,自言寿二百岁,有不死术,帝改馆使治丹,命兵部尚书崔敦礼护视。使者驰天下,采怪药异石,又使者走婆罗门诸国。所谓畔茶法水者,出石臼中,有石象人守之,水有七种色,或热或冷,能销草木金铁,人手入辄烂,以橐它髑髅转注瓠中。有树名咀赖罗,叶如梨,生穷山崖腹,前有巨虺守穴,不可到。欲取叶者,以方镞矢射枝则落,为群鸟衔去,则又射,乃得之。其诡谲类如此。后术不验,有诏听还,不能去,死长安。④

《资治通鉴》卷二百《唐纪十六》:王玄策之破天竺也,得方士那罗迩娑婆寐以归,自言有长生之术,太宗颇信之,深加礼敬,使合长生药。发使四方求奇药异石,又发使诣婆罗门诸国采药。其言率皆迂诞无实,苟欲以延岁月,药竟不就,乃放还。⑤

① 《旧唐书》,页61。
② 《旧唐书》,页2799。
③ 《旧唐书》,页5308。
④ 《新唐书》,页6238—6239。
⑤ 《资治通鉴》,页6417。

上述记载表明，长年婆罗门那罗迩娑婆寐由王玄策直接从中天竺带回，他为唐太宗造延年药乃“依其本国旧方”所作，所需原料除部分在中土采集外，主要采自印度地区，也即唐人所谓的婆罗门诸国[①]。所谓“灵草异石”、“奇药异石”等，乃中土医家罕用或不识之药。长年药制成后太宗服之，不料于病无补，很快于贞观二十三年(649 年)五月去世。日本发现的古写本《大唐三藏玄奘法师表启》中有《太宗文皇帝与长命婆罗门书》，其中记载了太宗服药后身体变化的一些情况，其文云：“朕自顾德薄行轻，智微力浅，幸因夙缘有庆，得遇真人。自熨药已来，手脚渐觉轻损，弥加将慎，冀得全陈。抚疲躬而自叹，荷神方而多愧。唯凭命于后药，庶遐龄之可期。必望超促世而长存，驻常颜而不朽，既白之发变素成玄，已弊之躬除衰益壮。此心此愿，其可遂乎？唯竭深诚，敬伫良术。内出与玄奘法师。”此书末题作“贞观廿二年八月十日内出与长命婆罗门玄奘师”。[②] 此写本表明，那罗迩娑婆寐最晚于贞观二十二年八月初合成长年药，太宗服食后初始效果似乎不错，并表示听命于后药。然而事与愿违，太宗最终还是撒手人寰，那罗迩娑婆寐因之获罪，最终被遣返还国。太宗死后八年的显庆二年(657 年)，那罗迩娑婆寐再度回到长安，请求为高宗合药，但不为所用，最后客死长安。《资治通鉴》卷二百《唐纪十六》云：“上即位，(那罗迩娑婆寐)复诣长安，又遣归。玄策时为道王友，辛亥，奏言：‘此婆罗门实能合长年药，自诡必成，今遣归，可惜失之。’玄策退，上谓侍臣曰：‘自古安有神仙！秦始皇、汉武帝求之，疲弊生民，卒无所成。果有不死之人，今皆安在！’李勣对曰：‘诚如圣言。此婆罗门今兹再来，容发衰白，已改于前，何能长生！陛下遣之，内外皆喜。’娑婆寐竟死于长安。”[③]

---

① 《旧唐书》卷一百九十八《西戎传·天竺国》云：“天竺国，即汉之身毒国，或云婆罗门地也。在葱岭西北，周三万余里。其中分为五天竺：其一曰中天竺，二曰东天竺，三曰南天竺，四曰西天竺，五曰北天竺。”页 5306。

② 据陈明介绍，此写本见于日本学者高田时雄《大唐三藏玄奘法师表启に关する一个问题——玄奘と长命婆罗门》一文，该文利用日本古写本《大唐三藏玄奘法师表启》中的《太宗文皇帝与长命婆罗门书》论证了玄奘与那罗迩娑婆寐的密切关系。(该文原载国际佛教学大学院大学学术フロソテイア实行委员会、京都大学人文科学研究所 21 世纪 COE 实行委员会、南华大学合编《佛教文献文学：日台共同ワークシヨップの记录 2007》，东京：国际佛教学大学院大学学术フロソテイア实行委员会，2008 年，页 219—230。)此转引自陈明：《中古医疗与外来文化》，北京大学出版社，2013 年，页 325—326。

③ 《资治通鉴》，页 6417。

唐高宗很早就对异域奇方感兴趣,即位初期的显庆元年(656 年),他便派遣刚入唐的中印度和尚那提到南海诸国采取异药,直到龙朔三年(663 年)那提方返回长安。后来真腊国人思念那提,便谎称其国有好药,唯提识之,高宗得知后立刻再次遣那提前往采之。《续高僧传》卷四《那提传》记载:

> 那提三藏,唐曰福生,具依梵言,则云布如乌代邪,以言烦多故,此但讹略而云那提也。本中印度人,少出家,名师开悟,志气雄远,弘道为怀。历游诸国,务在开物……曾往执师子国。又东南上楞伽山,南海诸国随缘达化……以永徽六年创达京师,有敕令于慈恩安置,所司供给……显庆元年勅往昆仑诸国采取异药。既至南海,诸王归敬,为别立寺度人授法……龙朔三年还返旧寺……其年南海真腊国,为那提素所化者,奉敬无已,思见其人,合国宗师假涂远请,乃云:国有好药,唯提识之。请自采取。下敕听往。返亦未由。余自博访大夏行人,云那提三藏乃龙树之门人也。①

那提为中印度人,高宗派遣他去南海采药,说明他具有丰富的医学知识,后来真腊国人云"国有好药,唯提识之"也说明这一点。况且那提为龙树门人,而龙树即擅长医学及长生术。所谓"异药"显然是有助于养生或长生的药物,但并非印度长年方,因为唐初长年婆罗门合药主要从印度本土采集药物。当时被派往南海采药的胡僧不仅那提一人,又有僧伽跋摩者,康国人,显庆年间曾随王玄策出使印度,返唐后奉敕往交阯采药。②

高宗虽然在那提出使南海的第二年拒绝了那罗迩娑婆寐合制长年药的请求,但他很快从印度物色了另一位似乎来头很大的长年婆罗门为其炼制长年药。那提返回长安后不久,高宗即派出使者前往天竺迎接长年婆罗门卢伽阿逸多来唐。卢伽阿逸多合长年药之事亦见于多种文献记载,现择取主要几种摘要如下:

---

① 《大正藏》第 50 册,页 458—459。

② [唐]义净著、王邦维校注:《大唐西域求法高僧传校注》,中华书局,1988 年,页 93。

> 《旧唐书》卷八十四《郝处俊传》:又有胡僧卢伽阿逸多受诏合长年药,高宗将饵之。处俊谏曰……高宗纳之,但加卢伽为怀化大将军,不服其药。①
>
> 《新唐书》卷一百一十五《郝处俊传》:时浮屠卢伽逸多治丹,曰"可以续年"。高宗欲遂饵之,处俊谏曰:"修短固有命,异方之剂,安得轻服哉?昔先帝诏浮屠那罗迩娑寐案其方书为秘剂,取灵蘤怪石,历岁乃能就。先帝饵之,俄而大渐,上医不知所为。群臣请显戮其人,议者以为取笑夷狄,故法不得行。前鉴不远,惟陛下深察。"帝纳其言,弟拜卢伽逸多为怀化大将军,进处俊同东西台三品。②
>
> 《新唐书》卷二百二十一上《西域上》:高宗时,卢伽逸多者,东天竺乌茶人,亦以术进,拜怀化大将军。……乌茶者,一曰乌伏那,亦曰乌苌,直天竺南。地广五千里,东距勃律六百里,西罽宾四百里。③
>
> 《资治通鉴》卷二百一《唐纪十七》:(总章元年)冬,十月,戊午,以乌茶国婆罗门卢迦逸多为怀化大将军。逸多自言能合不死药,上将饵之。东台侍郎郝处俊谏曰……上乃止。④

上述记载表明,高宗曾令印度长年婆罗门卢伽阿逸多合炼长年药,药成后尽管他没有服用,却加卢伽阿逸多为怀化大将军,礼之甚重。

不过,关于卢伽阿逸多的国籍《新唐书》和《资治通鉴》记载似乎有矛盾。《新唐书》作"东天竺乌茶人",并云乌茶一曰乌伏那,亦曰乌苌,直天竺南,地广五千里,东距勃律六百里,西罽宾四百里。而《资治通鉴》则作"乌茶国",胡三省注云:"乌茶国,一曰乌苌,直天竺南,东距勃律六百里,西罽宾四百里。"从二者对乌茶与乌荼的解释来看,它们实为同一国,即乌伏那国,或曰乌苌国。然而据《大唐西域记》记载,乌仗那国(梵文 Udyāna, Uḍiyāna, Oḍiyāna, Oddiyāna,巴利文 Uyyāna, Ujjāna,又译作乌长那、乌苌、乌场等)与乌荼国(梵文 Uḍra, Oḍḍa, Oḍra)为两个不同的国家:乌仗那属北印度,介于罽宾(或译作迦毕试)与勃律(或译作钵露罗)之间;乌荼则属东印

① 《旧唐书》,页 2799。

② 《新唐书》,页 4216。

③ 《新唐书》,页 6239—6240。

④ 《资治通鉴》,页 6470。

度，与乌仗那国相去甚远。因此，《新唐书》谓“东天竺乌茶”、《资治通鉴》以乌苌对应乌荼均当有误。接下来就出现一个疑问，卢伽阿逸多到底是北天竺乌荼国人，还是东天竺乌荼国人呢？解决这个问题需借助义净《大唐西域求法高僧传》。该书卷上玄照法师传记载，玄照在高宗麟德年间曾奉敕作为第二批唐使赴北印度羯湿弥啰国迎接卢迦阿逸多，结果行至北印度界时，路遇先前抵达的第一批唐使者迎奉卢迦阿逸多而来。整件事情的大致经过如下所述：

沙门玄照法师者，太州仙掌人也。……于时麟德年中，驾幸东洛。奉谒阙庭，遂蒙敕旨，令往羯湿弥啰国，取长年婆罗门卢迦溢多。……于是重涉流沙，还经碛石。崎岖栈道之侧，曳半影而斜通；摇泊绳桥之下，没全躯以傍渡。遭土蕃贼，脱首得全；遇凶奴寇，仅存余命。行至北印度界，见唐使人引卢迦溢多于路相遇。①

玄照见到卢伽阿逸多后奉命往西印度采集长年药，其间曾在那烂陀寺与义净相见，因此《求法高僧传》关于玄照到北印度迎接卢伽阿逸多一事的记载应当可靠，同书对与玄照一同赴印僧人的记载也可以佐证。玄照为何要到羯湿弥啰国迎接卢伽阿逸多呢？玄照出使印度选择的路线是经西藏进入北印度，第一批唐使走的显然也是这一路线。唐初中土到印度的路线本有多条，但由于文成公主西嫁吐蕃，唐与吐蕃关系融洽，故途经西藏的路线变得重要起来，当时很多僧人往返印度均走此路。由于玄照是第二批使者，他到羯湿弥啰国显然是在半途迎候卢伽阿逸多。如果卢伽阿逸多一行由乌荼国而东赶往中土，由于羯湿弥啰国位于乌荼国之东，他们显然要经过羯湿弥啰国。然而如果卢伽阿逸多为乌荼国人，由于乌荼位于印度东部海岸，西北去羯湿弥啰国甚远，如此玄照的行程就难以解释。因此，卢伽阿逸多显然应该为乌荼国人。根据上述分析可知，《新唐书》所谓“东天竺乌荼人”应为“北天竺乌荼人”，而《资治通鉴》及胡注所谓乌荼即乌荼国（类似例证如《开元释教录》记乌荼国为邬荼）显然有误。

与太宗时长年方士那罗迩娑婆寐待遇不同，卢伽阿逸多由高宗派遣两

① ［唐］义净著、王邦维校注：《大唐西域求法高僧传校注》，页9—11。

批使者亲往北天竺迎至长安，礼节如此隆重，说明卢伽阿逸多在印度应当是一个有相当影响的人物，所以最后高宗不服其药但仍加其为怀化大将军。这件事情也从侧面说明高宗拒绝那罗迩娑婆寐绝非因为长年方本身的原因。玄照见到卢伽阿逸多后并没有随其直接归唐，而被卢伽阿逸多派往西印度罗荼国采集长年药。王邦维指出，罗荼国之名中国载籍仅见于义净的著作，其地一般认为在今印度古吉拉特邦（Gujarat）马希河（Mahi R.）与基姆河（Kim R.）两河之间的地区，与印度河中下游地区相接。[①]《古代南海地名汇释》云，罗荼梵文名 Lāta，巴利文 Lāla，即来来，又作罗啰。[②] 玄照辗转印度诸国多年，在罗荼国采得大量药物，但欲返唐时遇到政治形势发生变化而导致道路阻塞，最后竟卒于印度。《求法高僧传》如是记载：

> 卢迦溢多复令玄照及使傔数人向西印度罗荼国取长年药。路过缚渴罗……渐至迦毕试国……复过信度国，方达罗荼矣。蒙王礼敬，安居四载，转历南天。将诸杂药，望归东夏。到金刚座，旋之那烂陀寺，净与相见。尽平生之志愿，契揔会于龙花。但以泥波罗道土蕃拥塞不通，迦毕试途多氏捉而难度，遂且栖志鹫峰，沉情竹苑。虽每有传灯之望，而未谐落叶之心。嗟乎！苦行标诚，利生不遂。思攀云驾，坠翼中天！在中印度庵摩罗跋国遘疾而卒，春秋六十余矣。[③]

作为侍从跟随玄照一同赴印以及在印度期间曾协助玄照采集药物的僧人，《求法高僧传》明确记载有二人。其一为师鞭，“齐州人也。善禁咒，闲梵语。与玄照师从北天向西印度。到庵摩罗割波城，为国王所敬。居王寺，与道希法师相见，伸乡国之好。同居一夏，遇疾而终，年三十五矣”。其二为慧轮，“新罗人也。……奉敕随玄照法师西行，以充侍者。既之西国，遍礼圣踪。居庵摩罗跋国，在信者寺，住经十载”。此外，窥冲法师也可能参与了玄照的任务，窥冲乃交州人，“与明远同舶而泛南海，到狮子洲。向西印度，见玄照师，共诣中土”。[④]

---

① ［唐］义净著、王邦维校注：《大唐西域求法高僧传校注》，页 31 注释（四八）。
② 陈佳荣等：《古代南海地名汇释》，中华书局，1986 年，页 512。
③ ［唐］义净著、王邦维校注：《大唐西域求法高僧传校注》，页 11。
④ ［唐］义净著、王邦维校注：《大唐西域求法高僧传校注》，页 39、101、84。

武周时，有武什方等人为武则天合长生药，《资治通鉴》卷二百五《唐纪二十一》记载：

> （天授中）河内有老尼居神都麟趾寺，与嵩山人韦什方等以妖妄惑众。尼自号净光如来，云能知未然；什方自云吴赤乌年生。又有老胡亦自言五百岁，云见薛师已二百年矣，容貌愈少。太后甚信重之，赐什方姓武氏。秋，七月，癸未，以什方为正谏大夫、同平章事，制云："迈轩代之广成，逾汉朝之河上。"①
>
> （天册万岁元年）先是，河内老尼昼食一麻一米，夜则烹宰宴乐，畜弟子百余人，淫秽靡所不为。武什方自言能合长年药，太后遣乘驿于岭南采药。及明堂火，尼入唁太后，太后怒叱之，曰："汝常言能前知，何以不言明堂火？"因斥还河内，弟子及老胡等皆逃散。又有发其奸者，太后乃复召尼还麟趾寺，弟子毕集，敕给使掩捕，尽获之，皆没为官婢。什方还，至偃师，闻事露，自绞死。②

老胡来自何处不详，自言五百岁，显然与长生术有关。武什方先是与老尼以妖妄惑众，数年后竟称能合长年药，并到岭南采药，此事是否与老胡有关难以确证，但很明显三人关系非同一般。

以上为唐初长年方在中土传播的主要情况。除此以外，高宗与武后时期还有其他长年婆罗门在中土活动，陈明已做过总结。例如新罗崔致远云康法藏曾就婆罗门长年受菩萨戒，其《唐大荐福寺故寺主翻经大德法藏和尚传》云："总章初，藏犹为居士，就婆罗门长年请受菩萨戒。"③富安敦（Antonino Forte）认为，婆罗门长年即长年婆罗门，此人为麟德初年来华的狮子国释迦弥多罗，也即道经《金石簿五九数诀》中提到的支法林，他曾在去五台山的路上采集硝石。④ 关于释迦弥多罗（或作释迦蜜多罗），法藏《华严经传记》卷四载："师子国长季沙门释迦弥多罗者，第三果人也，此土云能友。

① 《资治通鉴》，页6610。

② 《资治通鉴》，页6615。

③ 《大正藏》第50册，页283。

④ Antonino Forte，"Fazang and Śakyamitra，a Seventh-century Singhalese Alchemist at the Chinese Court"，载邢义田主编《中世纪以前的地域文化、宗教与艺术》（第三届国际汉学会议论文集·历史组），中研院历史语言研究所，2002年，页369—419。

麟德之初来仪震旦，高宗天皇甚所尊重，请在蓬莱宫，与长年真人怀化大将军同处禁中，岁余供养。多罗请寻圣迹，遍历名山，乃求往代州清凉山，礼敬文殊师利。”①又释慧智曾奉某长年婆罗门僧为师。《宋高僧传·周洛京佛授记寺慧智传（明佺）》记载：“释慧智，其父印度人，婆罗门种，因使游此方，而生于智。少而精勤，有出俗之志，天皇时从长年婆罗门僧，奉敕度为弟子。本既梵人，善闲天竺书语；生于唐国，复练此土言音。三藏地婆诃罗、提云若那、宝思惟等所有翻译，皆召智为证，兼令度语。后至长寿二年癸巳，智于东都佛授记寺自译《观世音颂》一卷。不详所终。”②不过以上材料均未提及合炼长年方的活动。

武则天之后，再未有皇帝炼服印度长年方的记载，惟玄宗时有胡人欲往师子国求灵药神医，被大臣谏止。《资治通鉴》卷二百一十一云：“有胡人上言海南多珠翠奇宝，可往营致，因言市舶之利；又欲往师子国求灵药及善医之妪，置之宫掖。上命监察御史杨范臣与胡人偕往求之，范臣从容奏曰：‘陛下前年焚珠玉、锦绣，示不复用。今所求者何以异于所焚者乎！彼市舶与商贾争利，殆非王者之体。胡药之性，中国多不能知；况于胡妪，岂宜置之宫掖！夫御史，天子耳目之官，必有军国大事，臣虽触冒炎瘴，死不敢辞。此特胡人眩惑求媚，无益圣德，窃恐非陛下之意，愿熟思之。’上遽自引咎，慰谕而罢之。”③

根据以上讨论，我们仅就目前所知唐初印度长年方士传播长年方的情况和特点做简要概括。首先，长年方由印度方士直接输入，没有经过任何中间文化过滤，所用药物也主要从印度采集；第二，长年方的传播对象主要限于皇帝，没有在社会上广泛流行；第三，长年方被视为类似于中土丹药的长生药，无论皇帝本人是否存在健康问题，他服用的目的主要是养生或祛病延年。这里需要特别指出的是，唐代时中印之间长生文化交流频繁，印度长年方在唐代的传播或许不限于上述情况，只是由于史料所限，更多详情我们不得而知。甚至由于阿输吠陀曾传播到西域地区，长年方传入中土是否又存在西域中介这一途径，也是一个有待探究的问题。目前至少有一点完全可以肯定，即西域是国外长生药物输入中土的主要通道之一（之二是海上丝

① 《大正藏》第51册，页169—170。

② ［宋］赞宁撰、范祥雍点校：《宋高僧传》，中华书局，1987年，页33—34。

③ 《资治通鉴》，页6837。

绸之路),那些外来药物中便包括长年方常用药。

最后有一个引申问题,即唐初来华的长年方士部分人很可能与密教有关。起初被高宗派往南海采取异药的那提第一次采药返回长安后,在慈恩寺译出三部经,其中一部为《师子庄严王菩萨请问经》,又称《八曼荼罗经》。此八菩萨曼荼罗法门因未附密咒,《大正藏》没有将其归为密教部,尽管如此,它仍可表明那提与密教有涉。卢伽阿逸多来唐不知是否与那提有关。卢伽阿逸多令玄照、师鞭等往西印度罗荼国取长年药,该国为密教发展的中心地。《求法高僧传》记载,道琳在东印度和中印度求学数年后往西印度苦修密教,"于罗荼国住经年稔。更立灵坛,重禀明咒"。[①] 玄照或通密教,师鞭善禁咒属密教无疑,二人在罗荼国俱受礼敬。这些迹象表明,卢伽阿逸多或许也与密教有涉。那罗迩娑婆寐被俘虏至中土,《旧唐书·郝处俊传》明确记载他"依其本国旧方合长生药"。然而他却使用"秘石"、"异石",这与早期印度长年方主要用植物药的特点明显不同,故陈明推测,"实际上这不是当时印度长年方的主流,而多少有些中土丹药的色彩"。[②] 其实,当时印度长年方正处于向炼丹术转变的阶段,那罗迩娑婆寐的用药特点正是这一过程的反映。

三　足迹与影响

印度长年方在唐初几位皇帝的推动下堂而皇之地传入中土,但在金丹黄白思想根深蒂固的唐代,仍以植物药为主的长年方犹如昙花一现,没有对中土神仙方术产生很大影响。不过,从相关资料来看,长年方在中土文化中还是多少留下一些足迹。

长年婆罗门在配制长年药时一般都从印度本土采集药物,在那些奇药异石中,有两种也许在唐人看来过于奇异而被幸运地记载下来,即咀赖罗萝与畔茶佉水,二者均为那罗迩娑婆寐使用的药物。咀赖罗是一种生长在高山石崖下的树木,《酉阳杂俎》说它状如桑树,《新唐书》说它的叶如梨,而北宋类书《册府元龟》则云"其叶青绿,状如黎杏"。[③] 不过,仅凭这些零碎且

---

① [唐]义净著、王邦维校注:《大唐西域求法高僧传校注》,第133页。

② 陈明:《殊方异药——出土文书与西域医学》,页120。

③ [宋]王钦若等编纂、周勋初等校订:《册府元龟》,凤凰出版社,2006年,第11册页10693。

不一致的模糊信息很难使我们确定它到底是什么树。倒是畔茶佉水①的描述相对比较清楚，产处、颜色、化学功能以及采集方法等均有交代。李约瑟认为它是一种矿物无机酸，并推测“畔茶佉”的梵语词可能为 punjab 或 phāṇṭa。② 印度学者 Vijaya Deshpande 认为，关于畔茶佉水的描述与印度炼丹文献《汞海的多种功效》(*Rasārṇavakalpa*)提到的viṣodaka（毒水，按梵文viṣa意为毒、毒液、毒物，udaka 意为水）比较符合，后者即呈多种颜色，用苦葫芦保存，对人与畜有害，被用于长生以及变炼金属等，并推测“畔茶佉水”可能为 pañca-viṣodaka 的音译词，如此从词源学上看畔茶佉水也与viṣodaka相近。③ 这个看法有道理，不过，《汞海的多种功效》的编撰时代约在 10 至 12 世纪之间，不仅距太宗时代晚得多，而且viṣodaka 的特征与畔茶佉水又有很多不同之处。关于viṣodaka 性质的记载如下所述：

> 有三种毒水，其特征是表面有光泽。水的颜色有红、黄和黑，三种颜色根据水的毒性程度依次呈现。
>
> 其毒性可以通过观察其作为动物、鸟、人的破坏者来证实。（接触此毒水）头发和牙齿消烂。毒水中不会出现影子。
>
> 它使指甲收缩。油接触毒水失去流动性，种子自己伸开（即发芽），碱开始来回移动，牛奶呈现出油的形态，阿魏不再散发臭味。它能消除硫的气味，破坏麝香的芳香。
>
> 它叫viṣodaka（毒水），一种使一切（炼金）事业完美的优良物质。
>
> ……
>
> 因而它以波罗奢叶接取，保存在苦葫芦的中空部分，注入三果（汁，与毒水混合）。（从苦葫芦口）取出时默诵恰当的秘咒。

---

① 按此神水名诸文献所记不一。最早的《酉阳杂俎》作“畔茶佉水”，此后《新唐书》作“畔茶法水”。但明陈耀文《天中记》卷九引《新唐书》作“畔茶怯水”。此外《册府元龟》卷九百二十二作“畔茶佉水”，明徐应秋《玉芝堂谈荟》卷二十四作“畔茶怯水”，二者均未注明引自何书。此水名乃梵语音译词无疑，“佉”在古代常用作梵语音译字，“怯”与“佉”音形皆近，疑“法”当作“佉”或“怯”，形之误也。

② Joseph Needham, *Science and Civilisation in China*, Vol. 5, Pt 4, Cambridge University Press, 1980, p. 198 and p. 197 footnote g.

③ Vijaya Deshpande, “Transmutation of Base-metals into Gold as Described in the Text Rasarnavakalpa and Its Comparison with the Parallel Chinese Methods”, *Indian Journal of History of Science*, 19 (2): 186-192, 1984.

以波罗奢叶小心覆盖，将其带回家，保存在稻谷堆里(三周)。

三周后，将其从稻谷堆中取出。以此毒水配制药物应在吉日中进行。

智者应以毒水将六十种稻粒捣碎，掺入水银和山羊奶，小心调制能得到一些重一śāṇa[①]的药丸。

每天和牛奶一起服一粒药丸，药丸将要消化时再喝牛奶。此饮食不能吃咸或酸的食物。

服药丸者一个月内没有皱纹和灰白发，获得十六岁男童般的容貌，身体达到完美。

以山羊尿将等量的毒水、硫磺和雌黄和匀，涂于铜片上。哦女神！在器具中烧炙，它变成品质极佳的黄金。

如此将涂抹上述产物的铅片在器具中烧炙，变成胭脂虫颜色的金。[②]

从以上描述来看，畔茶佉水未必就是viṣodaka，也可能是另一种类似的药物。天竺北部靠近高山的地区常有各种奇异之水。如尼波罗国有阿耆波(又作阿耆婆，梵文 ajīva，意为死)沴水，是一种含矿物质的温泉，不流常沸，以火投之，遍池火起，烟焰数尺。[③] 此外，《酉阳杂俎》前集卷十记载龟兹出产一种石水："拘夷国北山有石驼溺，水溺下以金、银、铜、铁、瓦、木等器盛之皆漏，掌承之亦透，唯瓢不漏。服之令人身上臭毛落尽，得仙。"[④](南朝宋刘敬叔《异苑》已载)此药水亦为仙药，所谓"漏"、"透"不知是否如畔茶佉水"能消草木金铁"、"人手入则消烂"所致，若是，则二者也有类似之处。

印度人很早就对产于矿石中的液体药物情有独钟。如《华严经》中多次提到一种石汁药，它既能点铜成金，又能使人长生不死。唐法藏(643—712)《华严经探玄记》卷二十云，此汁药"出于山中井内，诸龙守护，若有得饮，皆成仙人"。[⑤] (关于此药的详细介绍见本章第四节。)中国早期炼丹家

---

① śāṇa，重量单位，1 śāṇa = 4māṣa，1māṣa 约重 6 grains troy.

② *Rasārṇavakalpa*, edited and translated by Mira Roy, New Delhi: Indian National Science Academy, 1993, pp. 113-114.

③ [唐]玄奘、辩机著，季羡林等校注：《大唐西域记校注》，下册页 615—617。

④ [唐]段成式撰、方南生点校：《酉阳杂俎》，页 98。

⑤ 《大正藏》第 35 册，页 488。

也很重视石汁药的长生功效。如葛洪曾提到两种石汁仙药，即石中黄子与石芝。《抱朴子内篇·仙药》记载："石中黄子，所在有之，沁水山为尤多。其在大石中，则其石常润湿不燥，打其石有数十重，乃得之。在大石中，赤黄溶溶，如鸡子之在其壳中也。即当饮之，不饮则坚凝成石，不复中服也。法正当及未坚时饮之，既凝则应末服也。破一石中，多者有一升，少者有数合，可顿服也。虽不得多，相继服之，共计前后所服，合成三升，寿则千岁。但欲多服，唯患难得耳。石脑芝，生滑石中，亦如石中黄子状，但不皆有耳。打破大滑石千许，乃可得一枚。初破之，其在石中，五色光明而自动，服一升得千岁矣。"①

那罗迩娑婆寐使用的两种奇异印度药物未受到中土神仙家或医家的重视，他处不见有使用者，但配制长年方的一些常用药物却很快就见诸唐代本草著作。唐高宗显庆四年撰成的《新修本草》新增了一些印度地区丰产的药物，其中即包括长年方常用药物三果，或称三勒，即庵摩勒、诃梨勒、毗梨勒。书中对三种药物的记载如下：

> 庵摩勒，味苦、甘，寒，无毒。主风虚热气。一名余甘。生岭南交、广、爱等州。
>
> 树叶细，似合欢，花黄，子似李、柰，青黄色，核圆作六七棱，其中仁亦入药用。
>
> 毗梨勒，味苦，寒，无毒。功用与庵摩勒同。出西域及岭南交、爱等州，戎人谓之三果。
>
> 树似胡桃，子形亦似胡桃，核似诃梨勒而圆短无棱，用之亦同法。
>
> 诃梨勒，味苦，温，无毒。主冷气，心腹胀满，下宿物。生交、爱等州。
>
> 树似木梡，花白，子形似枝子，青黄色，皮肉相着。水磨或散水服之。②

三果之名称显然源于印度，但《新修本草》说它们均产于岭南（毗梨勒产地

① 王明：《抱朴子内篇校释》，中华书局，1985年，页199。

② ［唐］苏敬等撰、尚志钧辑校：《新修本草》，安徽科学技术出版社，2004年，页194、205。

同时提到西域），这说明当时岭南已有较多种植。

诃梨勒和庵摩勒南北朝时已见诸记载。如晋嵇含《南方草木状》云：“诃梨勒，树似木梡，花白，子形如橄榄，六路，皮肉相着，可作饮。变白髭发令黑。出九真。”“庵摩勒，树叶细，似合昏花，黄实似李，青黄色，核圆作六七棱。食之先苦后甘。术士以变白须发，有验。出九真。”①庵摩勒当时多称为余甘（非橄榄之余甘），时人多不识其药用价值。如晋左思《吴都赋》“其果则丹橘余甘”句，刘渊林注引薛莹《荆扬已南异物志》云：“余甘，如梅李，核有刺，初食之，味苦，后口中更甘，高凉、建安皆有之。”②北魏贾思勰《齐民要术》卷十“五谷、果蓏、菜茹非中国物产者”（中国指北方地区）引《异物志》云：“余甘，大小如弹丸，视之理如定陶瓜。初入口，苦涩；咽之，口中乃更甜美足味。盐蒸之，尤美。可多食。”③

在《新修本草》之后，五代李珣《海药本草》记载三果都是外来药物。如庵摩勒条云“生西国”。毗梨勒条云：“谨按《唐志》云：生南海诸地。”诃梨勒条云：“按徐表《南州记》云：生南海诸地。味酸……按波斯将诃梨勒、大腹等，舶上用防不虞……大腹、诃子，性焦者，是近铛下，故中国种不生。”④宋代本草著作记载有这三种药物在中土的具体产地。例如《本草图经》庵摩勒条云：“庵摩勒，余甘子也。生岭南交、广、爱等州，今二广诸郡及西川，蛮界山谷中皆有之。”“山谷中皆有之”，是否说明中土有野生庵摩勒呢？同书诃梨勒条云：“诃梨勒，生交、爱州，今岭南皆有，而广州最盛……《岭南异物志》云：广州法性寺佛殿前，有四五十株，子极小，而味不涩，皆是六路。每岁州贡，只以此寺者。”⑤但同时期的《嘉佑补注本草》又提到波斯舶来的诃梨勒：“波斯舶上来者，六路黑色，肉厚者良。”⑥根据以上记载我们可以确定，三果在唐初岭南地区已有较多种植，宋代时覆盖区域进一步增加，不过中土医家对其药用价值的认识则明显受外来文化影响，舶来品也一直未曾中断。义净在比较中印上等药物时提到诃黎勒，其《南海寄归内法传》卷三

① ［晋］嵇含撰：《南方草木状》，《丛书集成初编》，中华书局，1985年，页8、13。

② ［梁］萧统编、［唐］李善注：《文选》，上海古籍出版社，1986年，第一册页213。

③ ［后魏］贾思勰著、缪启愉校释：《齐民要术校释》，农业出版社，1998年，页758。

④ ［五代］李珣撰、尚志钧辑校：《海药本草》，人民卫生出版社，1997年，页57、63。

⑤ ［宋］苏颂撰、尚志钧辑校：《本草图经》，安徽科学技术出版社，1994年，页384、416。

⑥ 《嘉佑补注本草》引文见［宋］唐慎微：《重修政和经史证类备用本草》，人民卫生出版社，1957年，页331、342。

"先体病源"云:"又复须知西方药味与东夏不同,互有互无,事非一概。且如人参、茯苓、当归、远志、乌头、附子、麻黄、细辛,若斯之流,神州上药。察问西国,咸不见有。西方则多足诃黎勒,北道则时有郁金香,西边乃阿魏丰饶,南海则少出龙脑。三种豆蔻,皆在杜和罗。两色丁香,咸生堀沦国。唯斯色类,是同所须,自余药物,不足收采。"又同卷"进药方法"明确提到诃梨勒的养生功效:"又诃黎勒若能每日嚼一颗咽汁,亦终身无病。"①

除上述单味药外,有极少数长年方可能被唐代医家记载下来。开元年间陈藏器所撰《本草拾遗》云:"庵摩勒　主补益,强气力。合铁粉用一斤,变白不老。取子压取汁,和油涂头,生发,去风痒。初涂发脱后生如漆。人食其子,先苦后甘,故曰余甘。"②庵摩勒和铁粉是很多长年方的重要成分,如二者与酥、蜜的长年方可治疗白发病,与诃梨勒、长胡椒、酸藤子、糖、酥、芝麻油的长年方能抗衰老,与酸藤子、诃梨勒、毗梨勒、长胡椒、酥、石蜜、蜜的长年方能抗衰老并消除老年性白发等。③ 又唐高宗开耀二年(682 年)苏游撰《三品颐神保命神丹方》,专论道教服铁胤丹法。铁胤粉,又称铁霜、铁华粉等,主要成分为醋酸亚铁。书中《论胤功能第一》提到一种曾流行于唐初的铁剂药物配方,其中添加多味长年方药物:"又近代有增损此方,加诸胡药,云益心力,不强阳道。余观其方,多用胡椒、毕拨、苏蜜、干姜、荜澄茄等总十余味,和胤丹服。寻其药性,热而且补,又兼下气,宁有不强阳道乎?应是矫俗之人故述斯诈,以惑凡庶矣。嗟乎!莫不由贵远贱近之所致也。"④苏游对这类铁剂方很不以为然,分别从《上品颐神保命篇》、《中品和形养性篇》、《下品疗疾蠲疴篇》三个部分介绍了大量功能不同的铁胤丹方,几乎全用中土药物炼制。苏游认为,铁丹既有类似金丹的功能,又无丹石发动之忧,故可以长期服饵:"铁丹虽与金丹同类,而长服者终无发动之期,所以不言解疗之法,喻如俗间食器盛铁为之,未尝闻有患铁之人。以此而论,用堪久服。"⑤铁在中医及炼丹术中的使用均很早,但像苏游这样赋予铁方至高地位的现象前所未有,后来也极为罕见,不知是否与长年方的传入有

① [唐]义净著、王邦维校注:《南海寄归内法传校注》,页 153、160。
② [唐]陈藏器撰、尚志钧辑释:《本草拾遗辑释》,安徽科学技术出版社,2002 年,页 386。
③ 参见陈明:《印度梵文医典〈医理精华〉研究》,中华书局,2002 年,页 499。
④ 《道藏》第 22 册,页 551。
⑤ 《道藏》第 22 册,页 550。

关。此外,苏游所记铁方均为铁胤粉配合各种植物药,这与当时炼丹术很少使用植物药的现象明显不同,倒与印度长年方相似。

除了长年方,唐代时还有单味印度长生药传入中土,最典型的例子是仙茅。唐玄宗时仙茅作为贡品由西域输入,唐末五代始见诸本草著作。李珣《海药本草》云:"仙茅　生西域。粗细有筋,或如笔管,有节文理。其黄色多涎,梵云呼为阿输乾陀。……久服轻身,益颜色。自武城来,蜀中诸州皆有。叶似茅,故名仙茅。"[①]宋初《开宝本草》云:"仙茅　味辛,温,有毒。……久服通神,强记,助筋骨,益肌肤,长精神,明目。一名独茅根,一名茅瓜子,一名婆罗门参。《仙茅传》云:十斤乳石,不及一斤仙茅,表其功力尔。生西域。"[②]关于仙茅的传入经过,后唐筠州刺史王颜《续传信方》有记载,北宋苏颂《本草图经》引其文云:"谨按《续传信方》叙仙茅云:主五劳七伤,明目,益筋力,宣而复补。本西域道人所传。开元元年婆罗门僧进此药,明皇服之有效,当时禁方不传。天宝之乱,方书流散,上都不空三藏始得此方,传与李勉司徒、路嗣恭尚书、齐杭给事、张建封仆射服之,皆得力。路公久服金石无效,及得此药,其益百倍。齐给事守缙云,日少气力,风疹继作,服之遂愈……《续传信方》伪唐筠州刺史王颜所著,皆因国书编录其方,当时盛行。故今江南但呼此药为婆罗门参。"[③]道教中有服用仙茅以延寿者,如白玉蟾《玉隆集·旌阳许真君传》云许真君传授王朔一仙方,即仙茅:"真君俯告曰:子辈仙骨未充,但可延年。乃飞仙茅一根,授朔曰:此茅味异,植于兹地,久服长生。甘能养肉,辛能养节,苦能养气,咸能养骨,滑能养肤,酸能养筋。宜和苦酒服之,必效。言讫而别。自后王族如言服饵,各寿百龄焉。"[④]

第三节　唐前佛教与道教神仙方术

作为一种外来宗教,佛教在中国的传播经历了一个艰难曲折的过程,一部中国佛教史,就是一部佛教与中土文化进行斗争与融合的历史。早期佛

---

① ［五代］李珣撰、尚志钧辑校:《海药本草》,页 33。
② ［宋］卢多逊等撰,尚志钧辑校:《开宝本草》,安徽科学技术出版社,1998 年,页 252。
③ ［宋］苏颂撰、尚志钧辑校:《本草图经》,页 307—308。引用时对原文标点略有改动。
④ 《道藏》第 4 册,页 761。

教由于立足未稳，故常依附于中土文化。及其羽翼渐丰，与儒道的碰撞在所难免。尤其作为中国土生土长的宗教，道教常以中土文化代言人的身份与佛教发生直接冲突。道教杂而多端，方术林立，与佛教短兵相接之处甚多，但二者的最大差异在于根本宗旨相悖。道教主要围绕神仙思想而建构，追求今生不死，得道成仙，而佛教则主张空幻，追求超越轮回的涅槃解脱。尤其在唐代以前，道教修仙注重外在技术手段，原本与佛教思想格格不入。因此在南北朝时期的佛道之争中，佛教对道教神仙思想与神仙方术的批判是很重要的一部分。

佛教传入中土之初依附于黄老，人们常把它看做是神仙方术的一种。随着佛教的进一步传播，它开始与道教划清界限。不过在佛道论争的早期阶段，很多佛教徒仍然主张佛教与老庄在本质上并无二致，反而是道教背离了老庄精神，故而重点对其神仙思想和神仙方术予以批判。以《牟子理惑论》（载《弘明集》卷一，一般认为作于东汉）为例，其作者在为佛教辩护时，一面援引孔子、老子之言为据，一面对神仙思想和方术大加批判。譬如有人问道经所言长生之事与佛教是否相同？牟子回答说："道有九十六种，至于尊大，莫尚佛道也。神仙之书，听之则洋洋盈耳，求其效犹握风而捕影。是以大道之所不取，无为之所不贵。焉得同哉？"在回答"道家云尧舜周孔七十二弟子皆不死而仙"的问题时，牟子进一步揭露神仙的虚妄，说"此妖妄之言，非圣人所语也"。圣人者何？老、孔也。"老子曰：天地尚不得长久，而况人乎？孔子曰：贤者避世，仁孝常在。"关于神仙方术，牟子仅提到辟谷，他从三个方面揭露其荒谬性。首先，圣人制七典之文，无止粮之术；老子著五千之文，无辟谷之事。其次，圣人云：食谷者智，食草者痴，食肉者悍，食气者寿。可是世人却模仿六禽秋冬不食而辟谷，岂知物类各自有性，犹如磁石取铁却不能移毫毛一样。再次，牟子说他从佛之前曾习辟谷术，其法虽有数千百种，但皆行之无效，为之无徵，故废之耳。①

南北朝时期，随着佛道论争的深入进行，佛教对道教神仙思想及方术的批判更加广泛而深刻。南齐明征君僧绍为驳道士顾欢《夷夏论》而作《正二教论》（载《弘明集》卷六），其中批判的神仙方术有金丹、服石、服气、尸解等数种。僧绍认为，道家之旨惟在老庄，人应安时处顺，而各种长生术均为妖

① 《弘明集　广弘明集》，上海古籍出版社，1991 年，页 1—7。

妄不经之言，行之无验，因此极力反对道教以长生不死为宗旨的特点："今之道家所教，唯以长生为宗，不死为主，其练映金丹，餐霞饵玉，灵升羽蜕，尸解形化，是其托术。验而竟无睹其然也。又称其不登仙，死则为鬼，或召补天曹，随其本福。"不过，在僧绍看来，神仙方术虽背离老庄本理，但其造成的危害远不能与妄造道经相比："虽大乖老庄立言本理，然犹可无违世教，损欲趣善，乘化任往，忘生生存存之旨，实理归于妄，而未为乱常也。至若张、葛之徒，又皆杂以神变化俗，怪诞惑世，符咒章劾，咸托老君所传。而随稍增广，遂复远引佛教，证成其伪，立言舛杂，师学无依，考之典义，不然可知。将令真妄浑流，希悟者永惑，莫之能辨，诬乱已甚矣。"①释玄光《辩惑论》（载《弘明集》卷八）列举了道教十一条罪状，神仙方术首当其冲，其"禁经上价是一逆"提到的方术包括叩齿、咽津、金丹、服饵等几种，玄光言其秽浊不清，焉能得道："又其方术秽浊不清，乃扣齿为天鼓，咽唾为醴泉，马屎为灵薪，老鼠为芝药。资此求道，焉能得乎？昔秦皇汉武，不获轻身，使徐福、公孙远冥云波，祈候通仙，影响无陈。夫闲心祛欲，则事与道邻，岂假驟涉之劳，咽唾嗑齿者乎？"②

北周释道安所著《二教论》（载《广弘明集》卷八）是唐代以前三教论争的重要作品之一，从十二个方面辩论三教之异同优劣，其中"仙异涅槃第五"论道教成仙与佛教涅槃之别。或问："释称涅槃，道言仙化；释云无生，道称不死。其揆一也，何可异乎？"道安认为，灵飞羽化、无疾轻强，表面看来是金丹服饵之功，但实际上是因为"善积前成，生甄异气，寿夭由因，修短在业。"佛教与道教的根本区别在于，道教视吾我为真实，其各种方术均以追求今生成仙为务，而佛教则认为有生为空幻，人之寿夭由善与业决定，如果能够脱离轮回之苦，即无复生死，又何需神仙方术？反驳者在"道仙优劣第六"进一步难道："先生高谈寿夭，善积前生，业果虽详，芝丹仍略。且道家之极，极在长生，呼吸太一，吐故纳新。子欲劣之，其可得乎？"道安的回答未超越前人之论，认为老氏之旨以虚无为本，柔弱为用，故炼服金丹、餐霞饵玉、灵升羽蜕、尸解形化之术皆有悖于老庄主旨，即使好奇者记载下来，为道者也不应去求取。③

① 《弘明集　广弘明集》，页38。
② 《弘明集　广弘明集》，页49。
③ 《弘明集　广弘明集》，页144—145。

北周甄鸾所作《笑道论》(载《广弘明集》卷八)批驳的神仙方术种类更多。如“五练生尸六”系针对道教太阴炼形术而作。道教认为,人死后可在太阴炼形而复活。对此甄鸾讽刺道,如果人死后还能穿冢而出,为何自羲皇以来未闻道士九祖从地中出者?今郊野古墓有穴开者,莫非是道士祖父复活之处?又“五谷命凿十七”、“服丹金色二十八”、“道士合气三十五”分别批判道教辟谷术、金丹术与房中术,甄鸾对这些神仙方术毫不留情,极尽讽刺挖苦之能事。如他说金丹如果有效,为何道士不服之白日升天,反而要辛苦叩齿虚度一生?房中术更是秽不堪言,“教夫易妇,唯色为初。父兄立前,不知羞耻”。①

通过以上讨论我们可以看出,在唐代以前的佛道论争中,神仙方术是佛教重点攻击的方向之一,金丹、服食、辟谷、尸解、房中等没有一种能躲避批判。那么,这是否表明佛教与长生术或养生术就格格不入呢?事实上并非如此。我们首先需要明确,在古代印度,佛教与医学天生具有密切关系,而印度医学不仅有独具特色的长年方一支,除此以外还有一些其他的养生方法。譬如绝食,与道教辟谷类似,又称断食、断粒、绝粒等。玄奘《大唐西域记》卷二《印度总述·病死》云印度人“凡遭疾病,绝粒七日,期限之中,多有痊愈。必未瘳差,方乃饵药。”②义净《南海寄归内法传》卷三《进药方法》对绝食法介绍更详细。他指出:“此等医明传乎帝释,五明一数,五天共遵。其中要者,绝食为最。旧人传云:若其七日断食不差,后乃方可求观世音”。最初察候病源时,“若觉四候乖舛,即以绝粒为先,纵令大渴,勿进浆水,斯其极禁。或一日二日,或四朝五朝,以差为期,义无胶柱”。很多病无须药疗,如痰癊阗胸,口中唾数,鼻流清水,糫糠咽閇,尸满枪喉,语声不转,饮食亡味,动历一旬等等,绝食便差,省而且妙。还有很多其他疾病,如“痈痤暴起,热血忽冲,手足烦疼,天行时气,或刀箭伤体,或坠堕损躬,伤寒霍乱之徒,半日暴泻之类,头痛心痛,眼疼齿疼,片有病起,咸须断食”。绝食时还有禁忌,如“大忌游行及以作务”。③ 有意思的是,绝食不仅可以治病养生,还可用以祈神。《大唐西域记》卷二云健驮逻国跋虏沙城东北有崇山,山有青石大自在天妇像,祈祷者众多,“其有愿见天神形者,至诚无二,绝食七

① 《弘明集　广弘明集》,页150—158。

② [唐]玄奘、辩机著,季羡林等校注:《大唐西域记校注》,上册页207。

③ [唐]义净著、王邦维校注:《南海寄归内法传校注》,页157—163。

日，或有得见，求愿多遂”。又卷三迦湿弥罗国有一小伽蓝，中有观自在菩萨立像，“其有断食誓死为期愿见菩萨者，即从像中出妙色身”。[①]《大慈恩寺三藏法师传》卷三云迦布路伽蓝南有孤山，其中精舍有刻檀观自在菩萨像，常有数十人，或七日、二七日绝粒断浆，请祈诸愿。[②]

印度医学知识在唐代以前已传入中土，不过从《隋书·经籍志》的记载来看，医学传播的规模和深度显然远不能与佛教相比。在这种情况下，汉文化圈（包括中土佛僧）对印度医学的认识难免管中窥豹，对其长生术与养生术尤其缺乏了解。长年方自不必说，绝食法倒是很多来华的印度僧人都曾使用过，但它往往被中土民众误认为道教辟谷术，或者被视为一种斋戒方式，后一种误解甚至直到唐初仍然相当普遍。如义净在介绍绝食时说：“神州多并不闲，将为别是斋戒，遂不肯行学，良由传者不悟医道也。”[③]以上状况一直持续到唐初，直到玄奘与义净游学印度归国后方才对印度医学及长生术有初步介绍。玄奘在《大唐西域记》卷二《印度总述·教育》中指出，医学是印度教育的五大内容（五明）之一：“而开蒙诱进，先导十二章。七岁之后，渐授五明大论。一曰声明，释诂训字，诠目流别；二工巧明，伎术机关，阴阳历数；三医方明，禁咒闲邪，药石针艾；四谓因明……”而在婆罗门吠陀学中，养生与医学同样占有重要地位：“其婆罗门学四《吠陀论》：一曰寿，谓养生缮性；二曰祠，谓享祭祈祷；三曰平，谓礼仪、占卜、兵法、军阵；四曰术，谓异能、伎数、禁咒、医方。”[④]其中“寿”即指阿输吠陀。义净《南海寄归内法传》卷三《先体病源》介绍了阿输吠陀的主要内容，说它分为八个部分，长年方为其一：“然西方五明论中，其医明曰：先当察声色，然后行八医，如不解斯妙，求顺反成违。言八医者，一论所有诸疮，二论针刺首疾，三论身患，四论鬼瘴，五论恶揭陀药，六论童子病，七论长年方，八论足身力。言疮事兼内外。首疾但目在头。齐咽已下，名为身患。鬼瘴谓是邪魅。恶揭陀遍治诸毒。童子始从胎内至年十六。长年则延身久存。足力乃身体强健。斯之八术，先为八部，近日有人略为一夹。”[⑤]

---

① ［唐］玄奘、辩机著，季羡林等校注：《大唐西域记校注》，上册页 260、342。

② ［唐］慧立、彦悰著，孙毓棠、谢方点校：《大慈恩寺三藏法师传》，中华书局，2000 年，页 77。

③ ［唐］义净著、王邦维校注：《南海寄归内法传校注》，页 160。

④ 以上两段引文分别见［唐］玄奘、辩机著，季羡林等校注：《大唐西域记校注》，上册页 185—186、188。

⑤ ［唐］义净著、王邦维校注：《南海寄归内法传校注》，页 151。

虽然医学并非佛教的必修科目，(义净在印度游学时曾努力学习医明，但由于它不是佛教徒正业，遂弃之："于此医明，已用功学，由非正业，遂乃弃之。"①)但印度佛教徒对阿输吠陀并不陌生，印度佛经中经常援引医学例证用以说法，便是这一情况的反映。很多印度僧人在出家以前曾是婆罗门教徒，或者系统学习过五明。事实上，中世纪印度的寺院教育并不仅限于佛教知识，一些寺院规定僧人学徒等对医方与术数也要涉猎，最典型的例子是那烂陀寺，"僧徒主客常有万人，并学大乘兼十八部，爰至俗典《吠陀》等书，因明、声明、医方、术数亦俱研习"。②

不必说印度佛教发展后期密教与炼丹术的密切关系，仅就唐初而言，来华的印度佛教徒对长年方之类的长生术一般都有所了解，精通者亦不少。如本章第二节提到的那提，他曾奉唐高宗之命两度到南海采集异药。其他几位擅长长年方的婆罗门僧也多与佛教有关。进一步讲，考诸唐前载籍，我们发现佛教与神仙方术的关系并非总是势同水火，有时候反而关系相当密切，以下以《高僧传》中的事例来作说明。《高僧传》③十四卷，梁释慧皎撰，其正传共记载汉至梁代高僧二百五十七人，其中卷九、卷十记二十位高僧的神异事迹，他们除精通医术外，还掌握一些与道教有关的神仙方术，相关情况列如表2。

表中的内容表明，《高僧传》所记诸多神异高僧中有近半数以神仙方术而名世，其中不乏西域胡僧。佛教既嘲讽道教神仙方术不验，诓世惑人，却又何故取彼之短(即使在名义上)？可能有两个原因。第一，重视方术的密教很早就传入中土。有研究者指出，密教以高度组织化的咒术、仪轨和世俗性信仰为主要特征，在其形成和发展过程中大量吸收吠陀教与婆罗门教的教义、神话、咒语、仪轨和法术等，而且它崇拜女神，认为性力是宇宙的根本原理，男女和合才能获得宗教的解脱和无上的福乐，其中很多内容与道教方术相关。经不完全统计，自公元2世纪上叶到公元8世纪中叶，印度次大陆及中亚地区来华的僧侣中熟谙密教法术者有近四十人，约占来华僧侣总数的一半。这些僧人一方面将密教方术传入中土，另一方面又融合吸收中土

① ［唐］义净著、王邦维校注：《南海寄归内法传校注》，页152。
② ［唐］慧立、彦悰著，孙毓棠、谢方点校：《大慈恩寺三藏法师传》，页69。
③ 《高僧传》据汤用彤校注本，中华书局，1992年。

表2 《高僧传》佛僧与神仙方术

姓名	籍贯	神异事迹	相关道教方术
晋 竺佛图澄	西域人	初虎殓澄,以生时锡杖及钵内棺中。后冉闵篡位,开棺唯得钵杖,不复见尸。或言澄死之月,有人见在流沙,虎疑不死,开棺不见尸。	尸解
晋 单道开	敦煌人	绝谷饵栢实,栢实难得,复服松脂,后服细石子。 时乐仙者多来咨问,开都不答,乃为说偈云:"我矜一切苦,出家为利世。利世须学明,学明能断恶。山远粮粒难,作斯断食计。非是求仙侣,幸勿相传说。"	辟谷 服食
晋 竺佛调	或云天竺人	调或独入山一年半载,赍干饭数升,还恒有余。 ……共发冢开棺,不复见尸,唯衣履在焉。	断食 尸解
晋 涉公	西域人	虚靖服气,不食五谷 卒后七日,坚以其神,试开棺视之,不见尸骸所在,唯有殓被存焉	服气、辟谷、尸解
晋 昙霍	未详何许人	檀曰:"……公若能七日不食,颜色如常,是谓佛道神明,仆当奉之。"乃使人幽守七日,而霍无饥渴之色。	断食
宋 杯度	未详	(度)卧之而死……邑人共殡葬之。后数日有人从北来,云见度负芦圌行向彭城。乃共开棺,唯见鞾履。	尸解
宋 邵硕	始康人	临亡,语道人法进云:"可露吾骸,急系履著脚。"既而依之,出尸置寺后。经二日,不见所在。俄而有人从郫县来,过进云:"昨见硕公在市中,一脚著履,漫语云:'小子无宜适,失我履一只。'"进惊而检问沙弥,沙弥答曰:"近送尸出时怖惧,右脚一履不得好系,遂失之。"	尸解
宋 释慧安	未详何许人	便附商人入湘川。中路患痢极笃,谓船主曰:"贫道命必应尽,但出置岸边,不须器木。气绝之后,即施虫鸟。"商人依其言,出卧岸侧。夜见火炎从身而出,商人怪惧,就往观之,已气绝矣。商人行至湘东,见安亦已先至,俄又不知所之。	尸解
齐 释慧通	不知何许人	齐永元初,忽就相识人任漾求酒甚急,云:"今应远行,不复相见。为谢诸知识,并宜精勤修善为先。"饮酒毕,至墙边卧地,就看已死。后数十日,复有人于市中见之。追及共语,久之乃失。	尸解

文化,与阴阳五行、谶纬、神仙、鬼神信仰等密切联系在一起。① 第二,因佛教最初依附于黄老,很长一段时期内无论教内教外均视佛教为道之一种,故佛教又被称为佛道。为了便于传播佛教,很多外来僧人采取融合中土文化的策略,譬如三教论争时极力主张儒释道(很多时候主要指道家)三教一致,玄学思辨过程中采撷中国文化来建构佛教哲学,等等。然而,这些策略

① 黄心川:《中国密教的印度渊源》,《南亚研究》编辑部编:《印度宗教与中国佛教》,中国社会科学出版社,1988年,页1—19。

主要施诸知识阶层，对非知识阶层或下层民众而言，以道术弘教何尝不是一种更为有效的方法呢？关于这一问题，佛图澄化服石勒一事很有代表性。据《高僧传》记载，石勒屯兵葛陂时，专以杀戮为威，沙门遇害者甚众，佛图澄试图以道化之。当佛图澄通过石勒大将郭黑略见到石勒时，石勒问他的第一句话是："佛道有何灵验？"佛图澄的答复颇为有趣，《高僧传》卷九记载："澄知勒不达深理，正可以道术为征，因而言曰：'至道虽远，亦可以近事为证。'即取应器盛水，烧香咒之。须臾生青莲花，光色曜目，勒由此信服。"①

由上所论，印度方术在唐代以前传入中土并大量吸收中土神仙方术，虽然是佛教传播的权宜之计，或者附带产物，但客观上推动了中印长生文化的交流。在这样的背景下，佛教与道教神仙方术的关系有时候比较微妙，既有碰撞冲突，又有交流融摄，佛道论争反映的是前者，上述《高僧传》所载内容反映的是后者。以往学术界对佛教与道教神仙方术的关系关注不多，其实际情况比较复杂。譬如东汉末至两晋，因社会动荡不安，南方边陲之地往往成为避险佳处，北方众多僧道方士等咸来相聚，由此在文化上形成两种有趣现象。第一种如《牟子理惑论》所言，佛道之间相互诘难："是时灵帝崩后，天下扰乱，独交州差安，北方异人，咸来在焉，多为神仙辟谷长生之术，时人多有学者。牟子常以五经难之，道家术士莫敢对焉，比之于孟轲距杨朱、墨翟。"②第二种如葛洪所言，他周游豫荆襄江广数州时曾阅见"流移俗道士数百人"，他们之间相互交流神仙方术："往者上国丧乱，莫不奔播四出。余周旋徐豫荆襄江广数州之间，阅见流移俗道士数百人矣。或有素闻其名，乃在云日之表者。然率相似如一，其所知见，深浅有无，不足以相倾也。虽各有数十卷书，亦未能悉解之也，为写蓄之耳。时有知行气及断谷服诸草木药法……"③牟子虽攻讦道教，但他最初也曾读神仙不死之书，习辟谷长生之术。仅以此观之，所谓流移俗道士未必没有一些佛教徒在其中，当时佛道之间交通方术当非罕事。更甚者，道教中亦有外国人，或者印度等国西域僧人师从道士学佛法。如唐释法琳《辩正论》卷二载："葛仙公云：吾师姓波阅宗，字

① ［梁］释慧皎撰、汤用彤校注：《高僧传》，页346。
② 《弘明集》卷一，页1。
③ 王明：《抱朴子内篇校释》，页70—71。

维那诃，西域人也。亦不云天尊是我师也。"[1]《云笈七签》卷四"道教相承次第录"第二十一代名灵寿光，注云"本外国人"。[2] 沈曾植谓此灵寿光即《后汉书》中所载方士泠寿光也，其人在左慈后，葛玄先，并据此认为："盖魏、晋之间，西域九十六种外道，有入中国孱入教者矣。"[3]《真诰·稽神枢第四》云："裴真人有弟子三十四人，其十八人学佛道，余者学仙道𧆨。（应作牖字。弟子刘显林、辛仲甫、赵子常。）周真人有十五人弟子，四人解佛法。（入室弟子王玮达、李建道、泉法坚。）桐柏有二十五人弟子，八人学佛。（入室弟子于弘智、竺法灵、郑文成、陈元子。此当略举标胜者耳。辛、泉、于、竺，皆似胡姓也。当是学佛弟子也。）"[4]（括号中为原小字注文）

至梁代，净土宗大师昙鸾不仅通晓道教，还曾向陶弘景求取长生之术。唐道宣撰《续高僧传》卷六记载，释昙鸾，雁门人，家近五台山。受民间所传神迹灵怪传说的驱使，未志学便巡礼五台山，随即出家，遍览三教经籍。但读《大集经》时他感到词义艰深，难以领悟，遂为之注解，文言过半时不幸感气疾，遂辍笔周行医疗。行至汾川秦陵故墟时，于城东门上忽见天门洞开，六欲阶位上下重复，历然齐睹，病随之痊愈。本打算继续此前工作，但转念一想，生命无常，不如先求得长生，再习佛教，岂不更好？当时江南名道云集，而陶隐居方术所归，海内所重，昙鸾遂往拜见。大通年间（527—529年），昙鸾到达梁朝，致书陶弘景，问询长生之术。陶氏回信并赠送其仙经十卷。昙鸾回到魏国后，准备寻访名山，依方修炼。行至洛下，恰好碰到印度僧人菩提留支，便问他道："佛法中颇有长生不死法，胜此土仙经者乎？"留支唾地曰："是何言欤！非相比也。此方何处有长生法？纵得长年，少时不死，终更轮回三有耳。"遂授昙鸾《观无量寿佛经》，云："此大仙方，依之修行当得解脱生死。"昙鸾顶受之，并将陶弘景所赠仙方焚之。从此以后专修净土，从化甚众。[5] 昙鸾虽然焚烧了仙经，但实际上他并未放弃道教方术，后来精通练气之术。《续高僧传》云其"调心练气，对病识缘，名满魏都，用为方轨"。义净也说，"至如鸾法师调气瘳疾，隐默者乃行"。[6] 昙鸾著有多种练

---

① 《大正藏》第52册，页499。
② 《道藏》第22册，页22。
③ 沈曾植撰、钱仲联辑：《海日楼札丛》，上海古籍出版社，2009年，页246—247。
④ 《道藏》第20册，页574。
⑤ 《大正藏》第50册，页470。
⑥ ［唐］义净著、王邦维校注：《南海寄归内法传校注》，页158。

气著作，如《调气论》、《疗百病杂丸方》、《论气治疗方》、《服气要诀》等。

南北朝后期至隋，像昙鸾这样既修佛事又习长生术者愈来愈多，仅《续高僧传》中所记即有多人。例如释慧约为其师服阕之后，长期辟谷，仅饵松术，“却粒岩栖，饵以松术，蠲疾延华，深有成益”，如此凡三十余年（卷六）；释普旷曾居山饵柏十五年（卷十一）；释僧达曾饵茯苓断粒（卷十六）；释真慧在大业元年曾饵黄精绝粒百日（卷十八）；释僧邕入白鹿山，避时削迹，饵饭松术（卷十九）；释昙荣年近四十时断粒练形，并常服饵（卷二十），等等。天台宗二祖慧思甚至提出“欲安众生先自安”的思想，认为护法须先求长寿命，其方法竟是“得好芝草及神丹”、“藉外丹力修内丹”。[①] 当时甚至连佛教最为不齿的房中术亦有传习者。《魏书》卷九十九《卢水胡沮渠蒙逊传》云：“始罽宾沙门曰昙无谶，东入鄯善，自云‘能使鬼治病，令妇人多子’，与鄯善王妹曼头陀林私通。发觉，亡奔凉州。蒙逊宠之，号曰‘圣人’。昙无谶以男女交接之术教授妇人，蒙逊诸女、子妇皆往受法。世祖闻诸行人，言昙无谶之术，乃召昙无谶。蒙逊不遣，遂发露其事，拷训杀之。”[②]尽管僧传皆不言昙无谶通房中术，但对密教而言，这是很自然的事情。此外，传到中土的早期佛经如《华严经》、《大智度论》、《摄大乘论释》、《阿毗达磨大毗婆沙论》等其中也包含炼金术与长生药的内容（详见本章第四节），佛教说法时常以二者为例，说明当时很多印度佛教徒对这两种方术并不陌生。

综上所述，在唐代以前，佛教一方面在思想层面与道教进行斗争与融合，另一方面又在方技层面与道教发生碰撞与交流，后者实质上是中印长生文化的接触和互动。很多印度佛教徒在魏晋南北朝时期便已广泛吸收道教神仙方术，而印度长年方直到唐初才真正传入中土，这一现象导致很多唐代以前的中土佛僧对印度文化形成片面认识，一定程度上影响了他们对道教神仙方术的客观评价。进入唐代，随着中土文化圈对印度文化认识的日渐丰富，以及三教融合程度日趋深入，很多本土佛教徒对道教神仙方术的态度发生了很大转变。以被称为“仙道之极”的炼丹术为例，唐代僧人参与炼丹的现象很普遍，此风俗至北宋已泛滥至令人惊愕的程度。据明朱权编撰的《天皇至道太清玉册》记载，北宋仁宗景佑二年（1035 年），有僧上言批判本

---

① 《誓愿文》，《大正藏》第 46 册，页 791。

② ［北齐］魏收撰：《魏书》，中华书局，1974 年，页 2208—2209。

教广习金丹黄白的现象，其文云：

> 按宋仁宗景佑二年，亳州僧人福清上言："臣僧徒不务祖风，悖毁本教，皆慕长生久视之道，希望飞升天阙，乃传黄老之道。今虽有坐禅之名，实非有观心究性之旨。内则皆窃道家炼身中之铅汞，以求长生久视；外则修青黄白之术，贪其财利。原其所为，皆是勾庚点茅、干汞缩货，为假金银，骗许世人，取获财利，与贼无异。不惧天谴，不畏王法，不避神诛，岂是出家修行之事！其丹道之事，本道士为之宜也，而道家知其丹经之禁戒，天律甚严，故不敢为。独臣僧家窃而为之，操心险恶，陷害世人，破家废产者多矣。先儒所谓道家宝藏尽为释氏偷去，正为此也。悉宜禁革。"帝乃下令：道士敢有勾引僧徒贪其财物，传授道法，及僧敢有不务祖风，窃修道教，私造假金银，点茅勾庚，干汞缩货者，悉皆迁徙辽西边戍，以备契丹。自是丹道不传下士者，自此始。①

第四节　道教炼丹术传入印度考论

一　关于印度炼丹术的起源

本章第一节的分析指出，印度炼丹术的某些思想渊源可以追溯到吠陀时期，从最初的不死药苏摩汁、《阿闼婆吠陀》中确保长寿与健康的咒术赞歌，到阿输吠陀长年方，再到密教时期的炼丹术，尽管长生术的形式在不断发生变化，但某些传统一直贯穿始终（比如一些印度本土宗教内容、对植物药的重视等），密教思想更直接推动了炼丹术的发展。然而，学术界对于印度炼丹术出现的直接根源有不同意见。一些西方学者主张阿拉伯人将炼丹术传入印度，他们尤其强调，水银在印度炼丹术中占有重要地位，但相关文献较晚才出现。② 截然相反的意见则认为，炼丹术的起源和发展是印度文化按照自身逻辑发展的结果，从早期长生术和炼金术到后期炼丹术，二者之

---

① 《道藏》第36册，页419—420。

② Mircea Eliade, *The Forge and the Crucible*, second edition, translated from the French by Stephen Corrin, Chicago and London: The University of Chicago Press, 1978, p. 130.

间没有断裂带，印度炼丹术完全是独立发展起来的，并非来自外来文化的影响。[1] 尤其是当一些印度早期佛典中发现有炼金术的记载时，这些技术和思想被认为是印度早期长生术和炼金术与后期炼丹术之间的过渡环节，似乎明显增强了第二种意见的可信性。这些佛教记载均来自汉译佛典，为了更恰当地理解其含义，我们有必要再次讨论，并补充一些新的材料。

英国汉学家阿瑟·韦利（Arthur Waley）最先注意到这些佛教记载，他从四部汉译佛经中找到七条记录。[2] 根据其论文，笔者现将这些记载的原始出处及原文查出，列之如下：

1、《华严经》，唐·实叉难陀于695—699年译出

如有药汁名诃宅迦，人或得之，以其一两变千两铜，悉成真金，非千两铜能变此药。（卷七十八）[3]

2、《大智度论》，后秦·鸠摩罗什于402—405年译出

（1）药草咒术，能令铜变为金。（卷十六）

（2）譬如工巧之人，以药力故，能令银变为金，金变为银。（卷十八）

（3）譬如神通人，能变瓦石皆使为金。（卷三十二）

（4）譬如石汁一斤，能变千斤铜为金。（卷四十七）[4]

3、世亲《摄大乘论释》，唐·玄奘约于650年译出

如欲令土成金等宝随意成故。（卷七）[5]

4、《阿毗达磨大毗婆沙论》，唐·玄奘于656—659年译出

且外事者如遮诺迦与臣怀月，十二年中学造金法。初成一粒如穬麦量，便师子吼："我等今者能造金山。"（卷八十）[6]

以上四部汉译佛典的原梵文本的具体编撰时间不确定，但基本都远早于唐。

---

① P. Ray, *History of Chemistry in Ancient and Mediaeval India*, p. 127.

② A. Waley, "References to Alchemy in Buddhist Scriptures", *Bulletin of the School of Oriental Studies*, University of London, 1932, Vol. 6, No. 4, pp. 1102-1103.

③ 《大正藏》第10册，页432。

④ 以上四条分别见《大正藏》第25册，页178、195、298、401。

⑤ 《大正藏》第31册，页358。

⑥ 《大正藏》第27册，页414。

韦利误以为《华严经》实叉难陀译本中的记载不见于东晋佛陀跋陀罗译本(418—421年译出),从而认为这部分内容应当晚于晋。实际上佛陀跋陀罗译本卷五十九有类似记载:“譬如一两阿罗娑药,变千两铜以为真金,于彼药分无所损减。”[①]唐般若译本(759—798年间译出)卷三十六亦云:“如有药汁名诃樀迦,人或得之,以其一两变千两铜,悉成真金,非千两铜能变此药。”[②]唐澄观述《华严经随疏演义钞》甚至将《华严经》提到的这种药汁与道教的九转还丹相比,是书卷八十九云:“药汁名诃宅迦,此云金色水,甚于九转还丹之力也。”[③]实际上,较早的佛经中出现与炼金术有关的内容并不罕见,还有其他一些例证。例如《大智度论》卷十六云:“……便入大海,求诸异宝;登山履危,以求妙药;入深石窟,求诸异物、石汁、珍宝,以给众生。……药草、咒术,能令铜变为金,如是种种变化,致诸财物,及四方无主物,以给众生……”卷二十八云:“石汁作金,金败为铜,或还为石。”又云:“令金作瓦砾,瓦砾作金,如是诸物,各能令化。”[④]

以上记载似乎表明,印度炼丹术的雏形在密教时代来临之前已经形成,尤其是它与佛教似乎有较为密切的关系。米尔恰·伊利亚德(Mircea Eliade)据此认为,印度人相信金属可以嬗变,正如相信人的生命可以无限延长一样,在阿拉伯炼丹家的影响到来之前就已经存在。龙树的著作已经清楚地表明,嬗变既可以通过药物也可以通过瑜伽来实现,炼丹术业已取代那些神秘技术,因此印度炼丹术源于阿拉伯文化的观点无法令人信服,水银即使确实是阿拉伯炼丹家介绍到印度的,它也不是印度炼丹术的根源。[⑤]

毋庸置疑,上述佛经记载的确为探索印度炼丹术的起源提供了重要线索。然而必须指出,这些佛经提及炼金术往往是在说法时将其作为例证使用,没有证据表明当时炼金术已经成为佛教的有机组成部分。更重要的是,这些佛经提到炼金术时一般不涉及长生观念,反之在提及长生术时也与炼金术无关。以《华严经》为例,东晋佛陀跋陀罗译本多次提及长生药,如卷五十八云:“烦恼病者,令服法药;生老死者,授甘露法。”卷五十九云:“譬如

---

① 《大正藏》第9册,页778。

② 《大正藏》第10册,页828。

③ 《大正藏》第36册,页694。

④ 《大正藏》第25册,页178、264、264。

⑤ Mircea Eliade, *The Forge and the Crucible*, second edition, translated from the French by Stephen Corrin, Chicago and London: The University of Chicago Press, 1978, pp. 131-132.

有人得解脱药,终不横死。菩萨摩诃萨亦复如是,得菩提心妙智慧药,生死过患所不能害。”“譬如有药,名曰莲华,其有服者,住寿一劫。菩萨摩诃萨亦复如是,服菩提心莲华药者,阿僧祇劫而得自在。”①又唐般若译本卷三十六云:“譬如有人得最胜药,服之延龄,长得充健,不羸不瘦,不老不病。”②很明显,这些关于长生药的讨论中没有炼金术的踪迹。这反映出炼金术和长生术在印度密教时代来临之前并没有发生实质性融合,二者仍然并行发展,这个判断与本章第一节对印度炼丹术发展阶段的分析相一致。即便后来在《大唐西域记》中,龙树以药术致长生和以神妙药点石成金仍然作为两个传说出现,没有直接证据表明前一种药术与后一种神妙药有关。若再结合义净所说的炼丹服石在当时是神州独有现象而印度诸国皆无,以及支法林辨识硝石的故事(见本章第一节第三部分),笔者的判断就更容易理解。

然而,如果说密教时代来临之前,印度存在一种自然万灵药,它既能点铜成金,又能使人长生,那么我们不必为此感到惊讶。上文所引诸佛经中反复提到一种能够点铜成金的石汁药,《华严经》佛陀跋陀罗译本称作“阿罗娑”,实叉难陀译本称作“诃宅迦”,般若译本作“诃橘迦”。据佛陀跋陀罗译本记载,该汁药又可使人长生不死,其卷五十九云:“譬如有人服阿罗娑药,不瘦不老,延寿无穷。菩萨摩诃萨亦复如是,服菩提心阿罗娑药,于无量劫在生死中,修菩萨行,无所染着。譬如阿罗娑药,初用净水。菩提心药亦复如是,一切菩萨所修行中,最为先首。”③唐法藏(643—712)论释“六十华严”(即东晋译本)之作《华严经探玄记》卷二十对此药有详细解释,云:“阿罗娑药者,具云呵吒迦阿罗娑,此云金光汁药。呵吒迦云金光明,阿罗娑云汁药。出于山中井内,诸龙守护,若有得饮,皆成仙人。”④此外,《华严经》佛陀跋陀罗译本卷五十九又云:“菩提心者,则为金药,消烦恼垢,令清净故。”⑤般若译本卷三十五云:“菩提心者如炼金药,能治一切烦恼垢故。”⑥其“金药”、“炼金药”盖即上云阿罗娑药,能消除一切烦恼垢。按呵吒迦(诃宅迦、诃橘迦)对应的梵文词为 hāṭaka,法藏译作金光明,《梵和大辞典》的

① 《大正藏》第9册,页772、777、777。
② 《大正藏》第10册,页829。
③ 《大正藏》第9册,页779。
④ 《大正藏》第35册,页488。
⑤ 《大正藏》第9册,页776。
⑥ 《大正藏》第10册,页826。

解释是从 Hāṭaka(某国名)出产的黄金。由此可知,呵吒迦阿罗娑实际上应该是出自 Hāṭaka 黄金矿中的水(与道教炼丹术中的金液完全不同),故法藏译为金光汁药。

呵吒迦阿罗娑药兼具炼金药与长生药两种功能,从它身上我们似乎看到了印度炼丹术的影子。然而必须指出,它毕竟只是一种自然汁药,非人工炼制,也许后来印度炼丹家对水银的重视与这种汁药传统有关,但毫无疑问,阿罗娑药与炼丹术不可同日而语,倒是与那逻迩娑婆寐传到中土、出于石臼中的畔荼佉水盖为同类药物。因此,对于印度炼丹术的出现和繁荣,既应该肯定印度自身的深厚文化根源,同时对起重要推动作用的外来文化绝不能轻视。在那些外来文化中,中国是一个比阿拉伯文化更早更重要的因素,印度炼丹术早期发展阶段与道教炼丹术具有深厚渊源,正如印度密教发展轨迹中有道教的明显痕迹,印度炼丹术的出现应当与道教炼丹术的西传有关。有很多迹象表明,古代中印之间的科学和文化交流在炼丹术领域表现的同样十分突出,只是由于一些原因使得这方面的研究非常薄弱,很多历史事实被尘封在时间长河中。

二 道教炼丹术传入印度的途径

与那些世界性宗教相比,道教始终缺乏对外传播的动力,历史上影响很大的老子化胡说虽然在佛教界激起很大波澜,但波及之范围基本上囿于中土,道教的对外传播似乎显得微不足道。实际上,事实并非如此简单。历史上道教曾向周边多个国家传播,只是这种传播的宗教目的相对比较淡薄,自然锋芒内敛,温文尔雅,波澜不惊,犹如涓涓细流,然而却能长流不息,深入骨髓,在文化层面产生深刻久远的影响。道教炼丹术向印度的传播就是一个典型例证,它很难找到像佛教、基督教等传入中国那样的标志性事件,而是在中印文化长期交流过程中默默结出来的果实。因此,对这一传播过程,我们更多的只能从间接途径进行探索和揭示。

中国古文献的一些记载表明,道教炼丹术很可能通过药物交流、道教传播以及佛教交通等途径传入印度。

药物交流方面,古代中国与印度的药物贸易非常繁荣,其各自产品在对方国土均享有崇高声誉。据称在中世纪的印度,大量贸易商品名称的前缀都是“cīnī”或“cīna”,这种前缀名称标志着这些商品来自中国,同时也表示这些商品的质量优秀，因为在当时人们的心目中，从中国这块物华天宝、人杰地灵的土地上传来的商品都具有上乘的质量。与炼丹术有关的药物如"至那粉"(cīna pishṭa)指铅朱或铅丹，"至那铅"(cīna vaṅga)指铅，这些名称表明了唐朝的工业用矿石在中世纪亚洲所享有的崇高声望。[①] 中国古文献也提及某些道教炼丹药物与产品曾输入印度。如隋末唐初时方士成弼精于黄白术，所作伪金流布国外，被印度人视之为宝物。宋初李昉《太平广记》(978 年)卷四百引《广异记》云：

隋末，有道者居于太白山，炼丹砂，合大还成，因得道，居山数十年。有成弼者给侍之，道者与居十余岁，而不告以道。弼后以家艰辞去，道者曰："子从我久，今复有忧，吾无以遗子，遗子丹十粒。一粒丹化十斤赤铜，则黄金矣，足以办葬事。"弼乃还，如言化黄金以足用。办葬讫，弼有异志，复入山见之，更求还丹。道者不与，弼乃持白刃劫之。……弼多得丹，多变黄金，金色稍赤，优于常金，可以服饵。家既殷富，则为人所告，云弼有奸。捕得，弼自列能成黄金，非有他故也。唐太宗问之，召令造黄金。金成，帝悦，授以五品官，敕令造金，要尽天下之铜乃已。弼造金，凡数万斤而丹尽。其金所谓大唐金也，百炼益精，甚贵之。……而大唐金遂流用矣。后有婆罗门，号为别宝。帝入库遍阅，婆罗门指金及大毯曰："唯此二宝耳。"……至今外国传成弼金，以为宝货也。[②]

又同书卷三十五引述《集异记》的一个故事表明，唐代时有西域胡商专门贩卖中国炼丹家的产品。这个故事说洛阳尉王琚有侄名四郎，琚赴调入京过天津桥时，四郎忽于马前跪拜，对琚说："叔今赴选，费用固多，少物奉献，以助其费。"随即取出一金重五两，色如鸡冠，并嘱咐琚说，此不可与常者等价也，到京后但于金市访张蓬子付之，当得二百千。后来琚果然在京中金市找到张蓬子，遂出金示之，蓬子惊喜道："此王四郎所货化金也。西域商胡，专此伺买，且无定价，但四郎本约多少耳，逾则不必受也。"[③]不仅如此，一些道

① [美]爱德华·谢弗著、吴玉贵译：《唐代的外来文明》，陕西师范大学出版社，2005 年，页 276。

② [宋]李昉等撰：《太平广记》，中华书局，1961 年，页 3214—3215。

③ [宋]李昉等编：《太平广记》，页 223—224。

教炼丹家还渴望到海外寻访药物,甚至有付诸实施者。道经《太清金液神丹经》卷下题“抱朴子序述”,记述作者游历扶南、顿逊、林邑、杜薄、无伦五国以及途闻东亚南、南亚、西亚、欧洲等地区近二十国的风俗与物产,尤其重点记载了各国所产与炼丹有关的药物情况。伴随着道教炼丹药物及产品输出海外,以及海外药物输入中国用于炼丹,道教炼丹理论及相关药物知识很可能随之传入印度、阿拉伯等地区。

道教向印度传播方面,很多研究指出道教曾传入印度并对密教的产生与发展起到重要推动作用,密教很多特征即源于道教。① 尽管这个问题很多细节还有待深究,但印度密教与道教具有密切关系则属于历史事实。因此,随着道教的传播,炼丹术传入印度是自然而然的事情,故有推测认为炼丹术的传播者肯定是道教徒:“道教大规模的传至印度应在两晋及南北朝时期(四至六世纪),即道教在中国形成和发展,并在滇缅线的交通更为频繁之后,密宗的开山祖师七世纪的龙树是一位炼丹家正说明这一问题,中国炼丹术曾传入印度,可说已经定论,炼丹术的传播者,只能是道教徒而不可能是佛教徒。”②

道教传播在炼丹术传入印度过程中起到的重要作用毋庸置疑,但如果说炼丹术的传播者只能是道教徒则有失片面,佛教徒或其他人未必就不能担任此角色。佛教是古代中国与印度之间最重要的文化交流纽带,一方面许多印度佛教徒到中国传教,另一方面也有大量中国信徒赴印度求学访经。上一节的讨论指出,唐代以前入华的印度佛教徒很多人融摄道教神仙方术,通过这一途径也很有可能将道教炼丹术间接传入印度。此外也有迹象表明,借助佛教传播活动,道教和炼丹术曾被直接介绍到印度。例如北魏神龟元年(518 年),宋云与沙门惠生等人奉胡太后之命到印度求经,当他们到达

① 相关论述如[英]李约瑟《中国科学技术史》第二卷科学思想史(科学出版社、上海古籍出版社 1990 年,页 454—458)、[荷]高罗佩《中国古代房内考》(上海人民出版社 1990 年,附录一“印度和中国的房中秘术”)、张毅《试论道教对印度的影响》(载《南亚与东南亚资料》1982 年第 2 辑)和《试论密宗成立的时代与地区》(载《印度宗教与中国佛教》,中国社会科学出版社 1988 年)、萧登福《道教与密宗》(台湾新文丰出版公司 1993 年)及《道教术仪与密教典籍》(台湾新文丰出版公司 1994 年)、黄心川《道教与密教》(载台北《中华佛学学报》1999 年第 7 期)、朱越利《藏传佛教和道教》(《中央民族大学学报(哲社版)》2000 年第 4 期)、夏广兴《密教传持与唐代社会》(上海人民出版社 2008 年,页 142—154)等。

② 张毅:《试论密宗成立的时代与地区》,《南亚研究》编辑部编:《印度宗教与中国佛教》,页 23—24。

北天竺乌场国（即唐人所谓乌茶、乌仗那、乌苌等）时，其国王询问魏国是否出圣人，宋云遂详细介绍了儒道圣人之德，并神仙、卜筮、医学、方术的代表人物。北魏杨衒之《洛阳伽蓝记》卷五引述宋云等人的传记云：

> 王又问曰："彼国出圣人否？"宋云具说周孔庄老之德，次序蓬莱山上银阙金堂，神仙圣人，并在其上。说管辂善卜，华陀治病，左慈方术。如此之事，分别说之。[1]

从老庄到蓬莱仙圣，再到方士道术，宋云对道教的介绍可谓全面。以往论者只注意到宋云将道教介绍到印度，殊不知他的介绍也包括炼丹术。左慈是汉末著名方士，《后汉书》云其少有神道，并记载其诸种神奇方术。除此以外，左慈还有一个更重要的身份，即丹鼎派的创始人之一。中国最早的一批丹经《九鼎丹经》、《太清丹经》、《金液丹经》等均由左慈传授给郑隐，郑隐又传至葛洪。左慈与管辂、华陀均为三国时著名方士，其中管辂被后世卜者奉为祖师，而华陀则成为神医的代名词，二人在当时便名满海内，《三国志·魏书·方技传》云："华佗之医诊，杜夔之声乐，朱建平之相术，周宣之相梦，管辂之术筮，诚皆玄妙之殊巧，非常之绝技矣。"[2]宋云既然将左慈方术与管辂善卜、华陀治病相提并论，说明左慈是方术的代表，而金丹术鼻祖最符合他的这一身份。因此，宋云所谓左慈方术即使不是专指炼丹术，至少也包括炼丹术。

由上所见，汉文古文献记载表明，通过药物交流、道教传播和佛教交通等多种途径，道教炼丹术在唐代以前当已传入印度。无独有偶，古代印度文献记载和历史传闻同样表明药物交流和宗教传播途径所起的关键作用。

药物交流方面，例如早在《利论》中就出现印度使用外来药物的迹象。有学者认为，该书中提到的硫化汞来自中国，锡石来自马来亚与波斯，银矿来自阿富汗与波斯等。[3] 由于印度相关文献的缺乏，我们很难找到关于道教炼丹药物的直接记载，不过通过语源学研究可以找到一些蛛丝马迹。例

---

① ［北魏］杨衒之著、杨勇校笺：《洛阳伽蓝记校笺》，中华书局，2006年，页212。

② ［晋］陈寿撰、［宋］裴松之注：《三国志》，中华书局，1982年，页829—830。

③ P. Ray, *History of Chemistry in Ancient and Medieval India*, p. 58.

如印度学者 Vijaya Deshpande 介绍，梵文丹砂“siṇdura”一词在梵语中找不到语源，而古代印度又从中国大量输入丹砂，因此有意见主张这个词应当具有中国根源，如 S. K. Chatterji 认为其源于 tsin-tung，意思是中国铅，不过 Vijaya Deshpande 否定了这个看法。[①] 她认为，铅和云母的梵文名称应与中国炼丹术有关。在古梵文中，Nāga 一词的意思是蛇、眼镜蛇或居住在 pātāla（地下世界）的半神蛇龙，因此在汉译佛经中 Nāga 一般翻译为龙，如 Nāgārjuna 译为龙树。但在印度炼丹术中，Nāga 同时也是铅的名称，这种情况与中国炼丹术相近，因为后者有时也将铅称为龙。云母虽然在印度古文明时期已见有使用，但因早期阿输吠陀文献《遮罗迦本集》、《妙闻本集》等均未提及云母，因此，印度人对云母药用价值的认识可能较晚，但在炼丹术中它却是一种重要成分。云母的梵文名称有多种，其中 Abhraka 的意思是云的制造者（Maker of the cloud），与汉语“云母”一词意义相同。[②] 基于语源学的研究有待于进一步深入。

另一方面，古代印度有中国炼丹术传入的传说，正与汉文古文献记载相呼应。据印度学者介绍，泰米尔语文献提到十八位悉达（sittars），其中有一人名为博加尔（Bogar），很多泰米尔语炼丹术与医学文献均托其名下。据说博加尔是中国人，大概在 3 世纪时到达印度，游历了巴特那、伽雅与南印度，从泰米尔圣人那里学习印度炼丹术与医学，同时向泰米尔人传授这方面的知识。然而那些托名博加尔的文献中几乎没有佛教文献。博加尔游历阿拉伯后返回中国，更有传闻说他的一些泰米尔徒弟跟随其到达中国，在掌握了一些机械工艺后回到泰米尔纳德（Tamil Nad）地区。Iyer 在文章中提到另一位中国人普里巴尼（Pulipani），说他曾与博加尔一起在泰米尔居住，很多泰米尔语的魔法、炼丹术与医学著作出于其名下。[③] 关于博加尔的传说长期以来在印度南部流行，学者们试图通过文献找到其历史依据。如 Vijaya Deshpande 称，*Mātṛkābhedatantram* 是一部撰于中世纪早期的印度密教经典，数章内容涉及炼丹术，其中第一章提到一部中国典籍 *Cinātantra*，认为这

① Vijaya Jayant Deshpande, *Alchemy in India and China*, A thesis (Revised Version) submitted to Panjab University, Chandigarh, for the Degree of Doctor of Philophy, 1988, pp. 143.

② 见 Vijaya Jayant Deshpande, *Alchemy in India and China*, A thesis (Revised Version) submitted to Panjab University, Chandigarh, for the Degree of Doctor of Philophy, 1988, pp. 132-136.

③ 关于博加尔的介绍据 P. Ray, *History of Chemistry in Ancient and Medieval India*, p. 126。

是中国炼丹术传入印度的一个证据。此外,她还对一部题名为博加尔的泰米尔炼丹著作 *Bogar Karpam-Three Hundred* 进行过研究,发现书中一些炼丹方法、药物使用等与《周易参同契》和《抱朴子内篇》的一些内容很相似,尤其书中记载了一种名为“中国银”的炼银技术,这说明博加尔很可能的确来自中国,并将中国炼丹术传播到了印度。① 这种基于文献的炼丹比较研究是另外一项有待深入进行的重要工作。

泰米尔大师们的著作还给我们提供了另外一条重要线索,即道教炼丹术向印度传播过程中,密教很可能起到举足轻重的作用。在这个问题上,印度著名学者德·恰托巴底亚耶持相当肯定的看法,他说:“所以泰米尔大师们这些著作的特殊关系有两方面。第一,它们指明印度和中国之间科学或原科学思想和技术的某种交流。……第二,根据这些泰米尔资料的证明,这些科学知识的交流是通过密教的媒介才发生的。”②李约瑟早先曾怀疑唐代中土密教僧人可能与炼丹术有关涉,但苦于难以求证。他说僧一行是当时最伟大的中国天文学家和数学家,“仅仅这一事实就要使我们停下来考虑一番,因为它提供的线索说明这种形式的佛教对于各种观测和实验科学可能具有的意义。如果没有和炼丹术方面的联系,那就会使人惊奇了,但是这个题目是很难研究的,因为由于明显的原因,密教徒并不大肆宣扬他们的方法”。③ 事实上,印度来华僧人对道教方术并非一味排斥。长期以来我们多关注佛道之间的尖锐对立,神仙方术尤为佛教所不齿。本章第三节的讨论表明,在佛道交锋激烈的六朝时期,西域来华僧人竟然多以术显,其通晓道教神仙方术如尸解、辟谷、服气、服饵、房中者多与密教有涉。至于中土佛教融摄道术者在六朝后期同样大有人在。如梁净土宗大师昙鸾不仅注意到印度有长生不死之法,他本人也没有放弃道术修炼,精通练气,并著有多种练气著作。天台宗二祖慧思更是提出“欲安众生先自安”的极端思想,认为护法须先求长寿命,其方法竟是“得好芝草及神丹”、“藉外丹力修内丹”④等等。总之,我们可以确信,在六朝时期道教神仙方术向印度传播过程中,道

① Vijaya Deshpande, “Medieval Transmission of Alchemical and Chemical Ideas between India and China”, *Indian Journal of History of Science*, 22(1): 15-28, 1987.

② [印度]德·恰托巴底亚耶著、王世安译:《顺世论——古印度唯物主义研究》,页427。

③ [英]李约瑟:《中国科学技术史》第二卷科学思想史,页456。

④ 《誓愿文》,《大正藏》第46册,页791。

释二教与印度密教往往交融在一起形成合力，其中密教很可能起到枢纽作用。这种似乎颇为隐秘的文化传播行为实际上在持续地进行，其影响很快在唐初汉译印度密教典籍中露出踪迹。

三　唐译密典所见印度炼丹术的道教影响

印度陀罗尼密教早在魏晋南北朝时便传入中土，唐初时持明密教又流传开来，但长期以来密教在中土一直未能形成宗派体系，直到唐玄宗开元（713—741 年）初期，印度密教高僧善无畏（637—735 年）和金刚智（671—741 年）先后来到中国传法译经，才最终创立了密宗一派。8 世纪左右是印度炼丹术形成的时期，但当时炼丹文献流传下来的仅有一部，而唐代密教大师们翻译的印度密教典籍中保存有一些关于炼丹术的材料，我们期望从这些 8 世纪初的译作中能够发现初期印度炼丹术一些特点，特别是受道教炼丹术影响的痕迹。

题善无畏译《慈氏菩萨略修俞誐念诵法》卷下提到长生药，其中包括道教炼丹术最常用的丹砂、水银和雄黄，此长生药还可点铜铁铅锡成金。其文云：

> 其药物者，一朱砂，二牛黄，三雄黄，四龙脑，五水银。上件药等皆具三种悉地。若得火焰现飞空自在者，得驮啰尼仙，证入五地菩萨之位。若得烟者，隐形仙中为王。若得暖者，得世间一切所求善事无不随意，多闻、辩才、他心、道眼无所不通。若求长生不死，唤神仙索仙药吃，亦得如意自在。或得伏藏悉地，或得合炼悉地，点化无穷，所点铜铁铅锡皆成为金，贫乏众生广施利益。①

以上药方中丹砂和水银的使用，以及炼制的仙药可以用来点化普通金属成金，这些观念与印度中古以前主要使用植物药的长年方和单纯的炼金术有本质不同，成为名副其实的炼丹术。类似记载如《大佛顶广聚陀罗尼经》②卷二“造珍宝品”的作金方与作银方均用到延寿药，其法如下：

---

① 《大正藏》第 20 册，页 599。

② 萧登福认为该经由善无畏译出，说见萧氏著《道教术仪与密教典籍》，台湾新文丰出版公司，1994 年，页 89—90。

作金方及药。铜百两(成练好者),合灰一分,延寿药一两,诃利多罗(黄如金色好者新明为上)坚故瑟咤一两,摩咤罗娑一两,蜜二两,膏油一两,并向土堝中取前膏油及延寿药涂铜上及诸药上,取前咒竟,芥子膏油一分并不在处蜜覆之,取合灰一分,梵云菩脂迦灰,亦云乞沙(二合)罗。总和着,即须结界作坛祭火神,种种饮食乳酪杂果及供养佛顶。咒师着新净衣裳,坛前诵咒守之。妇人孝六畜狗等并不得见,见即不成,慎之大吉。欲熟之时,即点延寿药少许。欲熟时,状如日色,即出向郁金汁中写着,变金色如日,即成紫磨金,作任意所用,千练不坏。

作白银方及药。锡百两,铜三百两,延寿药三两,螺蚬五两,油王三两,金矿三两(好者),银矿二十两,合灰三两,阿迦吏罗三两,罗娑嚩吒二两,多罗二十两。右以上准前和合,欲熟时光如月色,即知是熟,于器中著牛乳一升写置,具紫矿三两(取汁),蚌蛤末百两(杂明好者),白琉璃末百两(明净者),延寿药一两,膏油王一两,多罗一分,细樢为末,密和化丸,取多罗一分相和作珠,随意大小,置土堝中,微着火令熟。欲熟之时有紫色光出,即写向石密水中,即成好宝珠,任意所用。[1]

以上作金银方中延寿药亦作为点金药使用,检索该经前文,此延寿药乃以牛乳、牛苏、天门冬与眼药方和丸而成,虽无金石成分,但人工炼制的长生药作为点金药使用,在印度中古以前未见先例。相反,丹药点金却是道教炼丹术最早的重要特征之一,在汉代《黄帝九鼎神丹经》中点金便被视为检验神丹的方法:“作丹华成当试以作金,金成者药成也,金不成者药不成。”[2]作金方中的“妇人孝六畜狗等并不得见,见即不成”,此禁忌在道教炼丹术最初时是必须严格遵守的原则,正如唐初《黄帝九鼎神丹经诀》卷十“炼药禁忌法”所云:“凡炼一切药石,经云皆斋戒,忌妇人六畜丧孝产乳。”[3]此外,作银方中用蚌蛤末,此物在印度炼金术或长年方中的使用不知始于何时,在中国自汉代始炼丹家即经常使用类似药物牡蛎粉。

武周时来唐的南天竺僧菩提流志译《不空羂索神变真言经》卷十三记载了一种包含金石成分的药方,亦可使人长生,亦可点铜成金,其方亦不乏

① 《大正藏》第19册,页165。
② 《道藏》第18册,页796。
③ 《道藏》第18册,页826

道教炼丹术常用药物：

> 应以雄黄、密陀僧、紧俣瑟诧、郁金香、旖叔迦花、上雌黄、杜仲树汁、上牛黄、惹暮娜那、紫磨金、菩提树汁、赤牛乳、素韈啰拏讫使罗、半努捺罗弭耶药、塞努歌乞使罗药、毗瑟努羯摩使罗等数精治。白月十五日，净治涂地严曼拏罗，置十一面观世音像，置药坛上，以诸香花香水饮食灯明随力供养……当和合治，加持赤蜜、石蜜，和合盛赤铜合，复置坛上，结印作法……现煖相烟相光相，时真言者身出光焰，坛地震動，应自欢喜，证验药成。……若药一两，点化赤铜百两成金。①

唐译密典中的炼丹术不仅大量使用道教炼丹家常用药物，十分崇尚水银，其修行或合药过程亦可见明显的道教影响。道教炼丹首先须择大山等无人之处造作丹屋，然后沐浴斋戒等，如汉代《黄帝九鼎神丹经》云："欲合神丹，当于深山大泽，若穷里旷野无人之处。若于人中作之，必于高墙厚壁，令中外不见，亦可也。结伴不过二三人耳。先斋七日，沐浴五香，置加精洁，勿经秽污、丧死、嫁女之家相往来。"②又如《黄帝九鼎神丹经诀》卷七"飞丹作屋法"云，"先择得深山临水悬岩静处，人畜绝迹，施带符印，清心洁斋"，然后才能起土作屋。③ 题名不空（705—774 年）译《如意宝珠转轮秘密现身成佛金轮咒王经》之"放钵品第一"所记佛教修行有类似记载：

> 若有善男子善女人欲飞空钵行佛圣道利益众生者，先撰高山及以深谷，若如覆钵，若如仰钵，寂寞无人最胜境界，作造庵室，唯好独住此清净道场所，断语无言，断五谷粒，餐食松叶，吞水吸气，禅定静思……尔时金翅鸟王及娑伽罗大龙王等乘其风轮，顶载空钵，臻于天上诸龙王宫及阿修罗宫，即取长年仙药施与行人，行者服已住寿一千岁，神通如意，能堪修行佛妙法道。若亲近女色及食肉类，不得飞钵，神力顿止。是则先佛修行要术神仙秘法。④

① 《大正藏》第 20 册，页 293—294。
② 《道藏》第 18 册，页 795。
③ 《道藏》第 18 册，页 813。
④ 《大正藏》第 19 册，页 330—331。

四　藏梵文献所见印度炼丹术的道教来源

当然,鉴于汉译佛经文本的复杂性,我们应当考虑到其中的炼丹术内容是否完全来源于原印度文献。幸运的是,藏文文献一定程度上为汉译佛经记载的可信性提供了旁证。密教传入西藏后,大量梵文经典被翻译为藏文,故藏文大藏经中保存有一些与炼丹术有关的内容。张晟曾对藏文佛经中的炼丹术资料做过整理和研究,他发现藏文大藏经《丹珠尔》工巧明部有一篇古印度学者跋里巴(Bha li pa)原作,由藏族学者邬坚巴·仁钦贝(u rgyn pa rin chen dpal)译为藏文并验证过的关于"去水银毒之法"的文章《水银成就论》(藏文转写为 Dngul chu grub pavi bstan bcos zhes bya ba),其去水银毒法操作如下:

> 将水银和酸性物质放入陶制容器中,再反扣一陶制容器为上盖,外部涂泥密封,封泥外用布缠裹,稍用水打湿,下面用火加热,上部容器内壁就有水银凝结,注意收集上部凝结之水银,下部容器中余下的水银会变干。

张晟指出,藏族医学中酸性物质一般指酸酒、矾、醋柳等。[①] 邬坚巴·仁钦贝(1230—1309 年)为藏传佛教僧人,主要活动于元代前期,曾应忽必烈之诏至大都为之授时轮曼陀罗灌顶,由此可以判断跋里巴的原作最晚也应在元代以前。

《水银成就论》所述操作是将水银升炼制成氧化汞以"去"其毒,这种思想和方法与唐初炼丹著作《黄帝九鼎神丹经诀》的记载完全一致。例如该书卷三云,"五金三汞九铅八石皆有毒",又引早期炼丹家狐刚子的话说,"五金尽火毒,若不调炼其毒作粉,假令变化得成神丹大药,其毒未尽去者,久事服饵,少违诫禁,即返杀人"。[②] 其卷十一专论水银长生及调炼去毒之术,去毒的要旨便是狐刚子强调的"调炼其毒作粉",具体方法有很多种,醋是必需之物,然后加入一些其他药物,其中有两种方法只用醋和水银一起加

---

① 以上内容见张晟《藏文典籍中的一些炼丹史料》一文,《中国科技史料》1998 年第 3 期。

② 《道藏》第 18 册,页 804。

热,汞凝干后即堪用,其操作为:

> 又方云:以(汞)铁器中,以上醋,微火煑之,数添勿令竭,三十六日不凝,更煑满百日已来凝下之。又方云:取上汞纳铁器中,以淳苦酒泊汞上,微火煑之,其苦酒消更添之,恒令不竭,三十六日以汞凝干可用,不尔徒自苦也。①

很明显,与上述思路相近,《水银成就论》将水银和酸性物质一起加热制取氧化汞,从而去水银之毒。至于它使用的器具以及操作方法,也与《黄帝九鼎神丹经诀》卷一非常相似。《黄帝九鼎神丹经诀》卷一主要内容为汉代《黄帝九鼎神丹经》,其九种神丹的炼制均用一对土釜,一个作反应器,一个扣在上面作盖,缝隙处用封泥密封,其中第四神丹还特别提到用湿布加在釜上,"常以湿布加釜上,令药不飞。视布干,取复濡湿之。凡八十一日止,寒之一日发之,药皆飞着上釜……以鸡羽扫取之"。② 此操作中湿布除防止药飞外,还起到降温作用,有助于氧化汞的凝结。《水银成就论》用两个陶制容器、外部涂泥密封,与九鼎丹的制法完全相同,而封泥外用湿布缠裹显然也是为了防止药飞,同时也可起到冷凝作用。

张晟等还提到西藏著名药物学家帝玛·丹增彭措(生于1672年)在《帝玛·丹增彭措医著选集》中记载了15种伏水银的方法,帝玛·丹增彭措说其中邬坚巴·仁钦贝的伏玄珠法来自印度学者跋里巴,张晟猜测此人与上文所言《水银成就论》的作者为同一人。在进一步将邬坚巴的方法与《黄帝九鼎神丹经诀》中所载狐刚子等方法比较后,张晟等发现,二者有很多相似之处,具体包括三个方面:(1)狐刚子与邬坚巴的伏玄珠法都是用煮伏之法,狐刚子是以凝白为制伏的限度,而邬坚巴是以白如月色,能竖立小木棍为度,也是凝白之意;(2)邬坚巴伏玄珠法所用原料多数都见于狐刚子方法中;(3)狐刚子与邬坚巴对某些伏玄珠所用原料和术语的称谓出奇的相似。根据以上几点,张晟等认为不能将它们解释为水银自身的性质使各地炼丹家采用了基本相同的原料、去毒方法和术语,这很可能是古代中印文

① 《道藏》第18册,页829。
② 《道藏》第18册,页798。

化交流的反应,邬坚巴的伏玄珠法是由内地传到古印度,再由古印度传入西藏。①

以上藏文文献提到的印度炼丹资料不论其作者是否同一人,其内容都与《黄帝九鼎神丹经诀》具有重要关系。《黄帝九鼎神丹经诀》编撰于唐高宗初期,约在649—659年间,是一位炼丹家进呈皇帝阅览之作,辑录了大量唐初以前的炼丹资料。② 道教炼丹术自唐代开始出现重要转变,原本非常朴素实用的技术逐渐被一些哲学或神学思想僵化桎梏,渐趋形而上之空泛,自唐末以降内丹术兴盛后此风尤甚。《黄帝九鼎神丹经诀》出现在这一转型起点附近,其承前有余但启后不足,长于资料汇集,秉承唐前炼丹术风格而注重实用技术,于炼丹理论少有发明,因此它虽然具有重要的学术价值,但历史上影响不大,其它炼丹著作很少有引用它的。从这一情况来推测,《黄帝九鼎神丹经诀》对印度产生影响很可能就发生在唐代。高宗不仅在宫中供养多位印度长年方士,而且还广征道士合炼金丹,最盛时有近百人之多。《旧唐书》卷一百九十一载:"道士叶法善,括州括苍县人。自曾祖三代为道士,皆有摄养占卜之术。……显庆中,高宗闻其名,征诣京师,将加爵位,固辞不受。求为道士,因留在内道场,供待甚厚。时高宗令广征诸方道术之士,合炼黄白。法善上言:'金丹难就,徒费财物,有亏政理,请核其真伪。'帝然其言,因令法善试之,由是乃出九十余人,因一切罢之。"③在这种氛围中,胡僧道士相互交流切磋是很自然的事情。麟德甲子岁(664年)来唐的长年僧支法林,他介绍硝石时说"众石得之,尽变成水",他说的其实是道教的水法,众水皆须硝石而成之,这是汉代三十六水制作的关键,可见他对道教炼丹术很熟悉。这是一个来唐印度长年方士通晓道教炼丹术的典型例证。

事实上,印度最早的炼丹著作龙树《汞宝的制作》很可能也受到道教炼丹术的影响,它记载的唯一一种丹药的制作方法为:

将水银与等量的金合捣,再和以硫黄、硼砂等,将此混合物放入坩

① 以上内容见张晟、包锦渊:《邬坚巴·仁钦贝的伏玄珠法》,《青海民族学院学报(社会科学版)》1999年第1期。

② 参见韩吉绍:《黄帝九鼎神丹经诀校释·前言》,中华书局,2015年。

③ 《旧唐书》,页5107。

埚内合上盖，然后以文火加热。服食此金丹（即升华物），虔信者便获得不朽的躯体。[1]

西藏医学中有类似药方，如编撰于8世纪下半叶的藏医巨著《四部医典》第四部第十一章珍宝药物中治疗热性疾病的配方，首先将金、银、铜、铁锤打成蜂翅般的薄片，切成小块，注入水银，再加入硼砂和硫黄，然后放在容器中，其口用牛粪灰密封，其上再用泥糊，用炭火加热煅烧至粉状，最后再加入其他药物配成药方。[2] 道教炼丹家很早就将黄金用于神仙服食。葛洪《抱朴子内篇·仙药》中记载有两种炼饵黄金的方法，不过未使用水银和煅烧法。但狐刚子指出五金尽有毒，必须炼令毒尽，作粉方可服饵。《黄帝九鼎神丹经诀》卷九记载有多种炼金法，其一种用水银、盐加热制成粉：

……打为薄，细剪下，投无毒水银为泥，率金一两配水银六两，加麦饭半盏许，合水于铁臼中捣千杵，候细好倾着盆中，以水沙去石，详审存意，勿令金随石去。以帛两重绞去半汞，取残汞泥置瓷器中，以白盐末少少渐着，研令碎，着盐可至一盏许即止。研讫筛粗物，更研令细，惣置土釜中，覆荐以盐末，飞之半日许，飞去汞讫，沙去盐，即自然成粉。[3]

此法首先将水银和金制成汞泥，再加入盐末研碎，然后放入磁器中加热，飞汞去盐后制得金粉。《汞宝的制作》其丹药系在密闭容器中缓缓加热制得，最后得到的产物应该当是金粉、氧化汞以及硼砂粉的混合物，此法将飞汞作丹和金粉制作融合在一起，这两种技术都是此前印度所无而道教早已成熟的重要炼丹方法。

---

① P. Ray, *History of Chemistry in Ancient and Mediaeval India*, Calcutta: Indian Chemical Society, 1956, p. 132.

② 《四部医典》目前有两个汉译本，此据李永年译本，人民卫生出版社，1983年，页433。原文为："珍宝热剂金银铜铁四，捶如蜂翅切割为小块，难摧注于铸模浇水银，再加硼砂硫黄浇注之，其口当用牛粪灰密封，其上再用泥糊煤火烧。"另一个译本稍有出入，其译文为："将金、银、铜、铁锤打成蜂翅般的薄片，切成碎块，放入坚固的器皿中，注入水银，加硼砂、硫磺严密封闭容器，用火煅至粉状。"马世林等译，上海科学技术出版社，1987年，页280。

③ 《道藏》第18册，页824。

第五节 唐宋炼丹术中的印度文化痕迹

中国炼丹术不是一个孤立的文化系统，在长期发展过程中，它既不断向外散发出灿烂光辉，同时又注意融摄教外和域外的文化养分，其中域外养分主要包括两个方面。第一个方面是最主要的，即炼丹家对外来药物的大量使用。由于炼丹药物种类繁多，而且道地性要求严格，中国炼丹家对质地优良的外来药物采取开放的态度，大量使用舶来品，仅金石类的数量就多至数十种，几乎涵盖了炼丹药物的所有重要类型。这些舶来药物的来源地范围十分广泛，但有几个中心区域，如南海周边地区、印度及周边地区、阿拉伯及周边地区等。尤其在唐宋时期，由于炼丹术盛行、对外贸易繁荣等有利因素的推动，炼丹术对外来药物的需求非常旺盛，一定程度上刺激了海外有关药物的输入，促进了中国与印度、阿拉伯等地区的文化交流。关于这个方面的详情我们将在第三章讨论，此处从略。第二个方面，是炼丹家对一些外来技术或外来文化的利用。总体上而言，中国炼丹家对外来药物的使用是在中国炼丹理论体系中进行的，这些药物基本是作为纯粹原料来使用，很少涉及它们原来的文化背景。事实上，自中国炼丹术诞生以后，它接受外来理论影响的情况很罕见。不过，这并不意味着中国炼丹术中不存在外来技术或者外来文化的痕迹。例如本章第二节关于印度长年方的讨论表明，长年方在中土尽管如昙花一现，但在炼丹术中多少留下一些足迹。除此以外，唐宋炼丹术中还有一些与印度炼丹术及相关文化内容存在。

早在东晋，葛洪就曾提到道士中“或有颇闻金丹，而不谓今世复有得之者，皆言唯上古已度仙人，乃当晓之。或有得方外说，不得其真经”。[①] 如果说“方外”未必就指域外世间的话，那么到了唐宋时期，关于外来丹法有了明确记载。金陵子《龙虎还丹诀》卷上《龙虎还丹诀》云：“自古还丹有黄帝九鼎丹、老君还丹、琅玕、曲晨、神符、白雪、五灵二十四丹等，亦有从西国而来者，虽流教于世，并无正方。”[②]容字号无名氏《周易参同契注》卷上“雌阴

① 王明：《抱朴子内篇校释》，页70—71。

② 《道藏》第19册，页111。

化黄包”句注云:“西国贵黄丹,中国贵朱汞为铅丹。中国所出,故号中丹。”卷下“色转更为紫,赫然成还丹”句注云:“还丹紫色,一名紫金砂……六名大流灵砂,谓老君度关津往流沙西国,故留此法授与尹喜,名曰流灵砂。”[①]《阴真君金石五相类·配合同炁别名相类门第二十》云:“玄元上教,出自流沙,为配名配铅。东方是汉国铅,汉国铅虽有华轻,不得纯体,不同西国流沙铅。”[②]以上丹经所言“西国”,主要即指印度地区。又梅彪《石药尔雅》(撰于806年)卷下“叙诸经传歌诀名目”中有《胡王冶葛论》、《婆落魔地神伏火论》、《五明论》等。[③] 按冶葛即野葛,即钩吻,是一种中土草药,“胡王”具体不明。“婆落魔”不知是否即“婆罗门”。五明指印度古代的五种学科,如玄奘曰:“七岁之后,渐授五明大论。一曰声明,释诂训字,诠目流别;二工巧明,伎术机关,阴阳历数;三医方明,禁咒闲邪,药石针艾;四谓因明,考定正邪,研核真伪;五曰内明,究畅五乘,因果妙理。”[④]伏火、五明等内容表明,道教炼丹家对印度知识的汲取并不仅限于金丹药物本身。孙思邈《太清丹经要诀》中的《添离用兑法》使用了多种外来药物,最后一法还说所炼之物“为梵天宝也”。[⑤] 此法在技术上不知是否与印度文化有关。此外,抱腹山人杨在于北宋皇佑四年(1052年)所集《还丹众仙论》引述了《龙树歌》一书,不知其源自印度,还是中土佛教徒撰作,歌文内容述黄白之法:“黄龙黑精三十斤,得火不飞名最神。底小炉形阔二分,上开星路通天津。是故白虎作脑,黄芽为根,经营一周,得成黄银。”[⑥]而《铅汞甲庚至宝集成》卷一《匮法补遗》末尾则有一段咒语,其后半部分明显为梵语音译词,[⑦]不知具体含义为何。

另外,印度学者 Vijaya Deshpande 提出过一个印度黄白术在中国被广

① 《道藏》第20册,页167、189。

② 《道藏》第19册,页100。

③ 《道藏》第19册,页65。

④ [唐]玄奘、辩机著,季羡林等校注:《大唐西域记校注》,上册页185—186。

⑤ 《云笈七签》,《道藏》第22册,页498—499。

⑥ 《道藏》第4册,页334。

⑦ 咒语为:“天罡万丈速降临,河魁金刚速降临。天也速运转,地也速运转,日月山川俱运转,人也转,鬼也转,树木寒林皆变转,万物闻之疾速转。嚩嗟嚩呢唵吒唵啹鸣嗟嗟嚌咩咩婆诃。”《道藏》第19册,页251。

泛应用的例子，即宋代的鸦嘴金。[①] 因为这是一个还需要探讨的例证，所以这里有必要作一些解释。据北宋沈括《梦溪笔谈》卷二十记载，方士王捷能制作一种"鸦嘴金"，此金在当时颇为流行：

祥符中方士王捷，本黥卒，尝以罪配沙门岛，能作黄金。有老锻工毕升，曾在禁中为捷锻金，升云："其法为炉灶，使人隔墙鼓鞴，盖不欲人觇其启闭也。其金，铁为之，初自冶中出，色尚黑。凡百余两为一饼，每饼辐解，凿为八片，谓之'鸦觜金'者是也。"今人尚有藏者。上令尚方铸为金龟、金牌各数百，龟以赐近臣，人一枚，时受赐者除戚里外，在庭者十有七人，余悉埋玉清昭应宫宝符阁及殿基之下以为宝镇；牌赐天下州、府、军、监各一，今谓之"金宝牌"者是也。洪州李简夫家有一龟，乃其伯祖虚己所得者，盖十七人之数也。其龟夜中往往出游，烂然有光，掩之则无所得，其家至今椟藏。[②]

王捷的事迹早先见于王辟之《渑水燕谈录》记载，但该书仅言王捷作金，未提及其金名称。该书卷九云：

汀州王捷，少商江、淮间，咸平初，遇一人于南康逆旅，衣道士服，仪状奇俊。后屡见之，授以黄金术，仍付以神剑，且戒之曰："非遇人君，不可妄泄。"后佯狂，叫呼上饶市中，配流岭南。逃归京，挝登闻鼓自陈。上召与语，悦之，命之官，更名中正。寓居中官刘承珪家，珪上言："数闻中正与人语，声如童子。云：'我，司命真君也。'中正亟迁神武大将军、康州团练使。常以药、金、银献上，以助国费。卒，赠岭南节度使，世谓之"烧金王先生"，建祠永宁院西。至今御府犹有中正所献金及炉钳残药。[③]

北宋吴处厚《青箱杂记》卷十亦有相似记载，但王捷被误记为王犍：

---

① Vijaya Jayant Deshpande, *Alchemy in India and China*, A thesis (Revised Version) submitted to Panjab University, Chandigarh, for the Degree of Doctor of Philophy, 1988, pp. 171-178.

② [宋]沈括：《梦溪笔谈》，上海书店出版社，2003年，页175。

③ [宋]王辟之撰、吕友仁点校：《渑水燕谈录》，中华书局，1981年，页114。

真宗朝有王犍者，汀州长汀人。少时薄游江界，至星子县，夜宿逆旅，遇道士，授黄白术，未尽其要。后再遇其人于茅山，相携至历阳，指示灵草，并传以合和密诀，试皆有验。仍别付灵方环剑缄縢之书，戒曰："非遇人君，慎勿轻述。"犍后以佯狂抵禁，配流岭南，时供奉官阁门祇候谢德权适总巡兵，颇闻其异。犍后窜归阙下，德权乃馆于私第，炼成药银，上进。真宗异之，命解军籍，使刘承珪诘其事。犍以师戒甚严，终不敢泄，唯愿见至尊面陈。于是承珪乃为犍改名中正，俾诣登闻，始得召见，即授许州散掾，留止京师。寻授神武将军，致仕，仍给全俸，迁高州刺史、康州团练使。前后贡药金银累巨万数，辉彩绝异，不类世宝，当时赐天下天庆观金宝牌，即其金所铸也。然中正亦不敢妄费，唯周济贫乏，崇奉仙释而已。今汀州开元寺，乃其施财所建也。卒赠镇南军节度使，此近古所未闻也。①

以上记载都说王捷的炼金技术得自一位道士，但对于具体的炼制方法则说法不一，《梦溪笔谈》说鸦觜金以铁为之，《青箱杂记》则暗示合炼需要用历阳所产灵草。Vijaya Deshpande 指出，印度炼丹著作《汞宝集》(*Rasaratnasamuccaya*)记载说黄铜有两种，其中有一种称为 kākatuṇḍi，因其表面呈铁一般的色泽，它可能并非真正的黄铜。另一部炼丹著作《汞海的多种功效》(*Rasāravakalpa*)记载了一种使用植物 uccaṭā(Abrus precatorius Linn 相思子②)的造伪金方法，该植物有多个异名，其中包括 kākaçiça 与 kākatuṇḍi。她认为，"黄铜"kākatuṇḍi 便是使用相思子制造的伪黄金，从铁一般的色泽与炼制过程使用植物这两个特征来看，此金与王捷的鸦觜金颇为相似。有意思的是，"鸦觜"一词的梵文正为 kākatuṇḍa 或 kākaçançū，如撰于九世纪初的藏梵词典《翻译名义大集》(*Mahāvyutpatti*)即将 kākaçanç ukam 翻译为"鸦嘴刀"。根据上述分析，她认为王捷的鸦觜金技术应当来自印度，途径是通过一位经常来华的印度佛教炼金术士，但王捷本人对此保

① ［宋］吴处厚撰、李裕民点校：《青箱杂记》，中华书局，1985 年，页 106。

② 据 *Rasārṇavakalpa*, edited and translated by Mira Roy, New Delhi: Indian National Science Academy, 1993, p. 127。

密。以上分析看似颇有道理,不过有明显牵强之处,因为《渑水燕谈录》和《青箱杂记》明确指出王捷的技术得自一位道士而非和尚,况且黄白术使用草木药在宋代已很常见。

Vijaya Deshpande 在论文中还用很多篇幅将北宋末何薳《春渚纪闻》中的一些黄白技术(如瓢内出汞成宝、草制汞铁皆成庚、变铁器为金)与印度炼丹典籍《汞海》、《汞海的多种功效》中的相关内容进行比较,认为《春渚纪闻》中这些炼丹技术当源于印度。① 不过仔细推敲后发现,她的这些讨论缺乏确凿的证据和必要的论证,而且她对中国炼丹术还存在不少明显的错误认识,所以这个论断难以成立。印度炼丹术固然非常重视草木药的使用,但不少人对中国炼丹术使用草木药的情况有一些片面认识,这里略作解释。早期炼丹术中,金丹大药的炼制(例如九鼎丹、太清丹、金液丹等)和黄白术基本都不使用草木药作为原料,只是金丹服饵等环节时常和以草木药或动物药。但一些小丹方炼制过程中使用草木药或动物药较为常见,例如《抱朴子内篇·金丹》中所载的赤松子丹法、石先生丹法、李文丹法、采女丹法、刘生丹法、韩终丹法等。南北朝时期,炼丹家对草木药的使用明显增多,除了传统用途以外,越来越受到重视的金石药物的去毒处理过程需要使用很多草木药及酒、醋或动物药。当然,相对金石药而言,非金石药物在整个炼丹术中主要起辅助作用,但却是不可或缺的。唐代时,草木药的使用进一步增多,逐渐成为炼丹术的重要组成部分。唐代中期梅彪撰《石药尔雅》,著录的金石药有六十余种,而草木药、动物药等则多达近百种。唐宋之际,由于炼丹理论的变化,草木药的地位明显提高,应用范围也更加广泛,甚至在黄白术中草木药也成为不可或缺的部分。陈国符很早就注意到这一现象,撰有《中国外丹黄白术所用草木药录》,总结了炼丹家使用过的大量草木药,还指出它们的用途主要有贴身、外贴身、膏、饼、毬子等。② 祝亚平对草木炼丹的历史沿革、草木药的品类和用法、草木药在炼丹术中的作用等问题进行了更深入的探讨。③

像《春渚纪闻》中记载的草制汞铁成金的故事,Vijaya Deshpande 以为

---

① Vijaya Jayant Deshpande, *Alchemy in India and China*, A thesis (Revised Version) submitted to Panjab University, Chandigarh, for the Degree of Doctor of Philophy, 1988, pp. 179-209.

② 陈国符:《陈国符道藏研究论文集》,上海古籍出版社,2004 年,页 218。

③ 祝亚平:《道家文化与科学》,中国科学技术大学出版社,1995 年,页 224—240。

这种传统在中国炼丹术中非常罕见而在印度炼丹术中却很普遍，故而认定这种技术当源于印度，殊不知在《汞海》、《汞海的多种功效》等印度炼丹著作出现之前，唐五代炼丹家早已发明了这种技术，而且习之者甚众。五代道书《金液还丹百问诀》对草药用于外丹黄白术的现象有概括介绍，其中即包括草药结水银成金，其文云："切见世上之人，多求草药，将结水银，指岭南不是远途，言塞北只同户外，遍求藁卉，散采芳枝，赤芹、莴苣之徒盈诸兜笼，章柳、瓦松之类尽满箧箱，或捣末、油煎、水煮多时，或用地胆杵自然之汁，采田公草，则洗了除根，人苋与马苋相兼，龙胆共兔丝共使，未成砂子，早望黄金。如此之流，如麻似蚁，至使资财散荡，役心力以荒狂，究竟无成，却怨天而恨地。"[①]另外该书还提到"三黄柜中以草结砂子，罨之成金"等，诸如此类都是与《春渚纪闻》中草制汞铁成庚类似的技术，何以说它们一定源自印度呢？

以上我们介绍了唐宋炼丹术与印度文化交流的一些现象。实际上，中古时期中国和印度围绕炼丹术进行的文化交流应当相当广泛而深入，限于资料等原因所限，本节所论只是其中一个小的方面。仅就中印炼丹术对草木药的使用这一问题，即有必要做一些深入的比较研究，方有可能揭示清楚如此双方的影响究竟如何。

---

① 《道藏》第4册，页901。

第三章　道教炼丹药物与外来文化

中国炼丹术主要使用各种金石药物来炼制丹药和黄白，在长期实践过程中，炼丹家们使用过的金石药种类极其丰富，多达一百余种。尽管这些原料药物大部分中国均有出产，但炼丹家们并不满足于此，为了制得最完美的金丹药，他们对药物产地有严格要求，极力追求道地原料，为此不惜放眼四海，大量购置异域药物。据本章统计，各时代炼丹家使用过的外来金石药物一共多达四十余种，来源地十分广泛，涉及南亚、中亚、西亚、东南亚、东亚以及欧洲等地区许多国家。而且除了金石药物外，在那些种类更加丰富庞杂的辅助炼丹药物中，还有很多外来草木药。草木药在炼丹术早期使用不是很多，且主要作为辅助药物，唐宋时其地位明显提高，使用趋于广泛，炼丹家崇尚外来药物的风尚亦波及于此。关于中国古代的外来药物，学术界研究较多的当属各种医用药物、香料等，对道教炼丹药物几无关注，这一领域长期以来为中外学术界忽视。在那些外来炼丹药物中，有的属于各时代常见的舶来品，有的则主要用于炼丹，道教之外很少使用，所以道经以外其他载籍很少或根本没有记载，兼之炼丹术在古代尤其是唐宋时期是一种普遍现象，所以道教使用外来药物是一个值得重视的重要问题，它对促进中外药物贸易以及文化交流所起的作用应当引起充分重视。明代《正统道藏》中保存有汉代至明代之间出现的大量炼丹著作，其中包含很多外来药物资料，本章即以这些资料为中心，广泛参考历代本草及其他相关文献，对历史上道教炼丹术使用外来药物的情况作详细梳理考论。

第一节 外来金石药概说

中国炼丹术正式出现于西汉前期,至东汉时已有初步规模。由于汉代国势强盛,疆域辽阔,所以炼丹所需各种药物相对而言容易采置,而且汉朝与周边诸国建立了密切联系,文化交流频繁,很多外来药物及作物输入中国,这些因素客观上都为炼丹术的发展提供了便利条件。据学者研究,汉代的外来药物和作物大多来自西域地区,种类如肉苁蓉、葡萄、胡麻、雌黄、水银、麻黄、戎盐、青琅玕、胡桐、苜蓿、珊瑚、琥珀、朱丹、犀角、玳瑁、胡椒、诸番、黑盐、姜、石榴、芝麻、胡桃、象牙等,也有来自东南亚地区的,如龙眼、荔枝、犀角、羚羊、麝香、琥珀、薏苡等。[①] 以上药物中朱丹、水银、戎盐、雌黄等都是炼丹关键药物。不过总的来看,由于汉代炼丹术尚处于初步发展阶段,所用药物种类不是特别多,而且汉地大都有出产,因此,炼丹家们对外来药物的需求并不强烈。

三国两晋时期,尽管政局大多时候处于割据或混乱状态,不过炼丹术继续发展,更多道士或方士致力于此。迄至东晋,葛洪对道教进行理论总结,公开倡导金丹黄白,并将其视为仙道之极,使得炼丹术在道教中的地位大大提高,其流行渐趋广泛。不过在这一时期内,由于国家不统一,各种割据势力长期存在,这种局面给炼丹家置办药物带来很大困难。以东晋为例,葛洪虽然得到师傅郑隐传授的一批重要丹经,但他一直未能据方合药,其原因之一便是"道路梗塞"致使药物难得。《抱朴子内篇·黄白》如是记载:"而余贫苦无财力,又遭多难之运,有不已之无赖,兼以道路梗塞,药物不可得,竟不遑合作之。"又云:"但患知此道者多贫,而药或至贱而生远方,非乱世所得也。若戎盐、卤咸皆贱物,清平时了不直钱,今时不限价直而买之无也。羌里石胆,千万求一斤,亦不可得。徒知其方,而与不知者正同,可为长叹者也。"《金丹》篇亦云:"九丹诚为仙药之上法,然合作之,所用杂药甚多。若四方清通者,市之可具。若九域分隔,则物不可得也。"[②]由于药物难得的问

① 王孝先:《丝绸之路医药学交流研究》,新疆人民出版社,1994 年,页 28—47。

② 王明:《抱朴子内篇校释》,中华书局,1985 年,页 283、287、84。

题长期得不到解决,葛洪晚年时竟试图求为句扇县令(句扇县治所在今越南河山平省石室县),原因是那里出产丹砂。《晋史·葛洪传》记载:“干宝深相亲友,荐洪才堪国史,选为散骑常侍,领大著作,洪固辞不就。以年老,欲炼丹以祈遐寿,闻交阯出丹,求为句扇令。帝以洪资高,不许。洪曰:‘非欲为荣,以有丹耳。’帝从之。洪遂将子侄俱行。至广州,刺史邓岳留不听去,洪乃止罗浮山炼丹。”①葛洪之举在当时并非特立独行,又有张礼正、冶明期者,二人为获得丹砂,竟然到边陲广州作和尚,以求便利。《真诰·稽神枢第四》载:“衡山中有学道者张礼正、冶明期二人。礼正以汉末在山中服黄精,颜色丁壮,常如年四十。时明期以魏末入山,服泽泻柏实丸,乃共同止岩中,后俱授西城王君虹景丹方,从来服此丹已四十三年。中患丹砂之难得,俱出广州为沙门。”②

进入南北朝,政权割据以及更迭频繁的情况更趋严重,很多炼丹药物的采置变得更加困难。据说陶弘景为梁武帝合丹而未能成功,便将原因归咎于此。《隋书》卷三十五记载,陶弘景“言神丹可成,服之则能长生,与天地永毕。帝令弘景试合神丹,竟不能就,乃言中原隔绝,药物不精故也。帝以为然,敬之尤甚”。③ 陶弘景所言并非完全托辞,这一段时期炼丹药物的流通的确面临重重困难,相关情况在陶弘景所撰《本草经集注》中有很多记载。在中国本草学发展史上,《本草经集注》(始撰于492年,完成于500年前,以下简称《集注》)是一部影响深远的著作,自其出世以后,唐《新修本草》、宋《证类本草》等代表性本草著作均以《集注》为蓝本。《集注》之所以能够取得如此巨大的成功,固然与陶弘景深厚的医药学知识有直接关系,但除此以外,他精通道教药物知识也是一个重要因素,故今人常将陶弘景视为道医。在《集注》中,陶弘景将传统药物知识和道教药物知识紧密结合在一起,援道入医,大大丰富了本草学的内容。早在汉代时,《神农本草经》就包含有很多神仙服食知识。东汉至南北朝,由于道教炼丹术及普通服食方术的迅速发展,道教内积累了大量药物知识。这一段时期内,本草学虽然也有很大发展,先后出现多种著作,但直到陶弘景时才真正有意识地援引道教药物知识进入本草著作,将本草学与道教的融合提高到一个新阶段。因此,

① [唐]房玄龄等撰:《晋书》,中华书局,1974年,页1911。
② 《道藏》第20册,页574。
③ [唐]魏徵等撰:《隋书》,中华书局,1973年,页1093。

《集注》是了解梁代以前道教药物知识的重要资料。如果再考虑到这一阶段出现的很多炼丹著作早已亡佚,《集注》的价值就更显重要了。

《集注》[①]的内容来源包括三部分,《神农本草经》文、名医副品文(即《名医别录》)与陶弘景注文。陶氏在《序录》中这样概括道:"今辄苞综诸经,研括烦省。以《神农本经》三品,合三百六十五为主,又进名医副品,亦三百六十五,合七百卅种。精粗皆取,无复遗落,分别科条,区畛物类,兼注詺世用,土地所出,及仙经道术所须,并此序录,合为三卷。"汉代《神农本草经》载药物365种,其后魏晋医家又新增365种,陶弘景称之为"名医副品",也即后来常说的《名医别录》。陶弘景将以上730种药物进行编排,然后自己增加注文,"兼注詺世用,土地所出,及仙经道术所须",合为三卷,撰成《本草经集注》。陶弘景特别强调注文中包括"仙经道术所须",其中主要是炼丹服食药物知识。陶弘景认为,炼丹服食药物知识与传统本草学实殊途同归,甚至前者在很多地方要超越后者,《序录》说:"道经、仙方、服食、断谷、延年、却老,乃至飞丹转石之奇,云腾羽化之妙,莫不以药导为先。用药之理,又壹同本草,但制御之途,小异世法。犹如粱、肉,主于济命,华夷禽兽,皆共仰资,其为主理即同,其为性灵则异耳。大略所用不多,远至廿余物,或单行数种,便致大益,是其深练岁积,即本草所云久服之效,不如世人微觉便止,故能臻其所极,以致遐龄,岂但充体愈疾而已哉!"

《神农本草经》与《名医别录》中都包含有部分炼丹服食药物知识,但《集注》陶氏注文中更多,而且注文对哪些内容来自道经一般都有明确说明,有时候甚至具体到道经名称。在《集注》中,陶弘景以朱字书写《神农本草经》,以墨字书写"名医副品",自己的注文则以小字书写。注文中凡涉及与"道经、仙方、服食、断谷、延年、却老,乃至飞丹转石之奇,云腾羽化之妙"等有关的药物知识时,陶弘景皆记出处,一般笼统称之为仙经、丹方或黄白术。[②] 尤其可贵的是,陶弘景对很多金石药在当时的使用范围作了说明与比较,如医学、俗世还是炼丹术中,为我们了解当时的炼丹药物知识情况提供了很大便利。关于南北朝时期炼丹药物采置面临的诸多困难,《集注》的

① [梁]陶弘景撰,尚志钧、尚元胜辑校:《本草经集注》,人民卫生出版社,1994年。以下同。

② 这种分类方法实际上秉承自葛洪。《抱朴子内篇》在介绍药物知识时分成《金丹》、《黄白》与《仙药》三部分,《仙药》中也包含很多金石药知识。由此可见在道教早期历史上,三者之间界限明显,此后方渐趋模糊,金丹、黄白及服石等常常都被笼统地称为炼丹术。

记载主要见于银屑、雄黄、代赭、卤咸、戎盐等几种金石药的注文中，现摘略如下，并作简要分析。

银屑　味辛，平，有毒。主治安五藏，定心神，止惊悸，除邪气，久服轻身长年。生永昌。采无时。

银所出处，亦与金同，但皆是生石中耳……永昌本属益州，今属宁州，绝远，不复宾附。《仙经》又有服炼法，此当无正主治，故不为《本草》所载……①

银与金均可用于炼丹及服食，《神农本草经》不载，而《名医别录》中服食金银长生的内容显然来自神仙服食方术。银屑产地永昌，根据陶弘景言可知，此当指东汉时始置永昌郡，其治所屡经迁移，但均在今云南省境内。当时永昌属宁州，但由于地处偏远，朝廷已难以掌控，故陶弘景云，“绝远，不复宾附”。可知，永昌银在南齐时已难以获得。

雄黄　味苦、甘……**炼食之，轻身，神仙**。饵服之，皆飞入人脑中，胜鬼神，延年益寿，保中不饥。得铜可作金。**一名黄食石。生**武都**山谷**、燉煌山之阳。采无时。

炼服雄黄法，皆在《仙经》中。以铜为金，亦出《黄白术》中。晋末已来，氐羌中纷扰，此物绝不复通，人间时有三五两，其价如金。合丸皆用石门、始兴石黄之好者尔。始以齐初梁州互市微有所得，将至都下，余最先见于使人陈典签处，捡获见十余片。伊辈不识此物是何等，见有挟雌黄，或谓是丹沙。吾示语并更属觅，于是渐渐而来，好者作鸡冠色，不臭而坚实。若黯黑及虚软者，不好也。武都、氐羌是为仇池。宕昌亦有，与仇池正同而小劣。燉煌在凉州西数千里，所出者未尝得来。江东不知，当复云何？此药最要，无所不入也。

雄黄是“五石”之一，汉晋时期除用作医药、神仙服食药物、镇墓药物等用途以外，它还是炼丹的重要原料之一。《名医别录》记载雄黄生于武都、燉煌，二者皆地处西北边陲。由于晋末以来南北割据，致使南方地区很难得到这种西北药物，其价飞涨，堪比黄金，为此甚至出现用“石门、始兴石黄之好者”代替雄黄的现象。按石黄本来也是雄黄，但《集注》尚不能分辨，到了

---

① 引文中，黑体字为《神农本草经》文，小字为陶弘景注文，其余为《名医别录》文。以下同。

唐代,《新修本草》才说:“出石门名石黄者,亦是雄黄,而通名黄食石。”[①]又宋贾嵩《华阳陶隐居内传》卷中记载,陶弘景“眇寻上道,究括纲领,若梯景辔云之速,无如刀圭潜心注想,惟朱黄为阙”。注文云:“营九转丹,丹砂、雄黄最为主领,于时后魏及宇文泰强盛,武都路梗,雄黄不可致也。”[②]

代赭　味苦……一名须丸。出姑幕者名须丸,出代郡者名代赭。一名血师。生齐国山谷,赤红青色,如鸡冠有泽……

旧说云是代郡城门下土。江东久绝,顷魏国所献,犹是彼间赤土耳,非复真物,此于世用乃疏,而为丹方之要,并与戎盐、卤咸皆是急须。

陶弘景指出,代赭在当时俗世中很少使用,但为丹方之要。《名医别录》云其生于齐国,陶弘景说“江东久绝,顷魏国所献,犹是彼间赤土耳,非复真物”,可知南方不产此物,即使北方魏国所献也非真物,故得之殊难。

卤咸　味苦……主治大热,消渴,狂烦,除邪及吐下蛊毒,柔肌肤……生河东盐池。

戎盐　主明目,目痛,益气,坚肌骨,去毒虫……一名胡盐。生胡盐山,及西羌北地,及酒泉福禄城东南角。北海青,南海赤。十月采。

今世中不复见卤咸,唯魏国所献虏盐,即是河东大盐……此戎盐又名胡盐,兼治眼痛,二、三相乱。今戎盐虏中甚有,从凉州来,芮芮河南使及北部胡客从燉煌来,亦得之,自是稀少尔……盐虽多种,而戎盐、卤咸最为要用……

卤咸、戎盐与代赭一样,都是炼丹必需之药。戎盐,《名医别录》云其一名胡盐,顾名思义,此药产于胡地,如胡盐山,及西羌北地,及酒泉福禄城东南角,均在西北边疆,南朝鞭长莫及,即使偶尔有使者胡客等携带,数量也不会多。至于卤咸干脆是“今世中不复见”。此外,陶弘景在其所作《登真隐诀》中也指出当时“卤咸、虏盐,此世难多”、“虏盐、消石为难致也矣”。[③]

---

① ［唐］苏敬等撰、尚志钧辑校:《新修本草》,安徽科学技术出版社,2004年,页59。
② 《道藏》第5册,页505。
③ 宋人贾嵩《华阳陶隐居内传》引《登真隐诀》佚文,见《道藏》第5册,页506。

以上记载皆来自《集注》,此外他处也有类似例证。例如编撰于唐初的《黄帝九鼎神丹经诀》卷八记载了多种假别药合成硝石、戎盐、石胆、石脾的方法,这些方法实际上均出自南北朝丹经。炼丹家之所以发明这些特殊方法,就是因为当时这些重要药物因地域隔绝而难以购置。如《假别药作硝石法》说,“古人以四方分隔,觅不可得,使作代用,乃胜真者”。另外卷十六《石脾硝法》也有类似说法:“往以四方分隔,莫能得者,所以古人作代用,乃胜真物也。”[①]总之,这些情况清楚地表明,南北朝时期政权割据和南北对立对寻找炼丹药物造成巨大困难。[②] 在这样的大背景下,炼丹家们对域外药物的使用自然不会太过广泛。陶弘景在《集注·序录》中提到炼丹服食等药物“大略所用不多,远至廿余物”(这个数目显然指主要药物,如果算上不常用的和辅助药物远不止此数),其中与域外国家有关的主要有玉屑、丹砂、扁青、硝石、紫石英、金屑、雌黄、石硫黄、礜石以及有名无实类中的青玉等十种左右。总的来看,这些域外药物都是一些当时比较常见的外来物品,国内一般也有出产,反映出当时道教对外来药物的使用还不广泛,而且明显受到中外交通总体紧张状况的制约。

当然,也有证据表明当时炼丹家对域外药物的渴望。观览这一时期道教志怪小说或地理著作可以发现,很多书中都会涉及异域仙药,在这方面《太清金液神丹经》卷下尤具代表性。《太清金液神丹经》卷下[③],题“抱朴子序述”,记述作者游历南海国家扶南、顿逊、林邑、杜薄、无伦五国,以及途闻东亚南、南亚、西亚、欧洲等地区近二十国的风俗、物产等情况。考诸其他载籍,没有发现葛洪曾游历过海外国家的确凿证据,故此书作者向来受到怀

---

① 分别见《道藏》第18册,页819、844。

② 实际上,南北朝时期政权割据对炼丹术的不利影响有诸多表现,除药物购置困难以外,土釜的使用也是一个明显例证。唐前炼丹术使用的土釜有南北两个系统,不同系统内的炼丹家往往过于强调其所在区域土釜的重要性。南方记载如葛洪《抱朴子内篇·黄白》:“唯长沙桂阳豫章南海土釜可用耳。彼乡土之人,作土釜以炊食,自多也。”(王明:《抱朴子内篇校释》,页289。)《抱朴子神仙金汋经》:“黄土瓯者,意是土釜也,出在广州及长沙、豫章、临川、鄱阳者皆可用之。又此诸郡皆作黄土墼,亦可用之,皆耐火不破。他处出者,如似瓦器,不堪用,得火便破也。南方黄土器者亦可,马毛若江篱合黄土,捣之千杵,以作瓯器,阴干使佳,乃烧令坚。”(《道藏》第19册,页204。)陶弘景《登真隐诀》:“欲合九转,先作神釜,当用荥阳、长沙、豫章土釜,谓瓦釜也。”(《太平御览》引,中华书局,1960年,页2990。)北方记载如《流珠九转神仙九丹经》:“土釜荥阳、河南、洛阳及颍川郡者,大多一枚直十四五钱耳。”(《道藏》第19册,页428。)

③ 《道藏》第18册,页757—762。

疑。早年法国学者马伯乐认为该书为六世纪时托名葛洪之作，[①]陈国符则信葛洪于“光熙元年（二十四岁）往广州，遂停南土，尝由日南（即今越南之顺化一带）往扶南。（扶南国即今柬埔寨与越南极南部。）（其后因所闻见，记晋代南洋产丹砂之国，附于《太清金液神丹经》之后。）后返里”。[②] 饶宗颐对书中海外地理内容进行过详细考论，认为它大半抄自万震《南州异物志》，其资料所据之素材，当来源于三世纪的纪录，其中没有羼入刘宋以后的南海事迹。又据书中用韵情况判断它绝对不晚至宋、梁以后，但对作者真伪一事未下定论。[③] 后来冯汉镛从葛洪著作中的印支特产、土俗、文字等方面进行考证，认为葛洪确有印支之行。[④] 丁宏武进一步推断葛洪《太清金液神丹经》当作于三国后期至东晋初。[⑤] 最近王家葵考论认为，该书作者没有海外之旅，全篇都是依托万震《南州异物志》而成，作者虽不能确定，但出于葛洪后学的可能性较大。[⑥] 汉魏时期中国与南海诸国交往增多，出现多种南海地理著作，譬如朱应《扶南异物志》、康泰《吴时外国传》、万震《南州异物志》等，但是这些著述早已散失，仅存少量他书引文。[⑦] 由于《太清金液神丹经》卷下内容较早，因此无论其作者是否葛洪，其内容是否根据作者亲身经历，该书的地理学价值都不应忽视。更值得注意的是，此书编撰目的不同于一般地理著作，而对域外诸国出产的金石矿物尤为关心，因为书的撰作目的便是“撰生丹之国，纪识外邦，并申愚心，附于金液之后，常藏宝秘，则洪辞永全”。因此，该书实际上是一部炼丹药物地理著作。书中称作者因家贫石贵而合丹不成，曾见人撰南方之异同，记外域之奇生，虽粗该近实，而所履盖浅，甚不足甄四遐之妖逸，铭殊方于内目，于是亲自扶南、顿逊、林邑、杜薄、无伦五国，惊叹于其朱砂、硫黄、曾青、石精之所出，诸导仙服食之药，长生所保之石，实无求不有，不能复缕其别名也，称丹砂如东沤之瓦石，履流丹若甄陶之灰壤，触地比目，不可称量，而五国却因不见服用之方、莫知长延之

① 饶宗颐《〈太清金液神丹经〉（卷下）与南海地理》，《选堂集林·史林》中册，中华书局香港分局，1982年，页572。

② 陈国符：《道藏源流考》，中华书局，1963年，页378。

③ 饶宗颐：《〈太清金液神丹经〉（卷下）与南海地理》，《选堂集林·史林》中册，页510—586。

④ 冯汉镛：《葛洪曾去印支考》，《文史》第39辑，中华书局，1994年，页59—69。

⑤ 丁宏武：《葛洪扶南之行补证》，《宗教学研究》2005年第4期。

⑥ 见姜生、汤伟侠主编：《中国道教科学技术史·南北朝隋唐五代卷》，科学出版社，2010年，页864—879。

⑦ 参见冯承钧：《中国南洋交通史》，上海古籍出版社，2005年，正文页1—14。

道而弃宝不用,遂立志欲结以民力,求其通路耳,欲盘桓于丹砂之郊,而修于潜藏之事,并呼吁欲学道者何不抱灵方游其地,则何忧丹石之匮乏也? 记述五国之后,作者又根据传闻记述了其他十余国地理及矿产。该卷涉及的矿物有丹砂、曾青、空青、硫黄、紫石英、白石英、慈石、朱丹、珍石、金、玉、锡、铁等十余种,其中不乏炼丹急需药物。

唐朝时期,由于国家空前统一,疆域辽阔,六朝时期因政权割据而导致求药困难的现象一去不复返了。以雄黄为例,晋末以来由于氐羌纷扰,造成南方雄黄极其匮乏,其价如金,但到了唐初,这种局面便彻底改观,由于边疆雄黄大量输入内地,其价格竟变得如同瓦石一般。《黄帝九鼎神丹经诀》卷十四云:"雄黄生武都山谷、燉煌山阳……燉煌在凉州西数千里,古以为药最要奇难得也,昔与赤金同价。今圣朝一统寰宇,九域无虞,地不藏珍,山不秘宝。武都崇岫,一旦山崩,雄黄曜日,令驼运而至京者,不得雇脚之直,瓦石同价。"[①]孙思邈《千金要方》卷十二记载,他曾在隋大业年间(605—617)数次合炼太一神精丹,但苦于雄黄、曾青两种药物难得,试炼很不顺利。后来他到蜀地行医,恰巧碰上雄黄大贱,又在飞乌玄武大获曾青,终于合成,用其治病,效果神验。[②] "雄黄大贱",正是唐初的情形。又段成式《酉阳杂俎》云:"玄宗幸蜀,梦思邈乞武都雄黄,乃命中使赍雄黄十斤,送于峨眉顶上。"[③]这条记载同样反映出唐代药物贸易渠道畅通的状况。

唐代外丹发达,炼丹者不计其数,炼丹药物的种类也大为增加,仅梅彪《石药尔雅》(撰于唐宪宗元和元年,即806年)卷上"释诸药隐名"即著录金石药六十余种,非金石药近百种。而五代道经《金液还丹百问诀》明确说炼丹金石药物有一百余种:"且药石者大约七十二件,多至一百余般。"[④]由于金石药的广泛使用,唐代出世的外丹黄白经一般都会附带介绍金石药物的相关知识,如佚名《黄帝九鼎神丹经诀》、陈少微《大洞炼真宝经九还金丹妙诀》、张果《玉洞大神丹砂真要诀》、张隐居《张真人金石灵砂论》、金陵子《龙虎还丹诀》、楚泽先生《太清石壁记》等重要丹经中,均包含有金石药物

---

① 《道藏》第18册,页837。

② [唐]孙思邈:《备急千金要方》,人民卫生出版社,1955年,页231。

③ [唐]段成式撰、方南生点校:《酉阳杂俎》,中华书局,1981年,页19。

④ 《道藏》第4册,页898。

性状、品质、产地等方面的知识。与汉魏两晋南北朝炼丹术相比，唐代炼丹术的用药风格为之一变，在充分挖掘国内药物资源的基础上，对域外药物的追求达到了空前的程度。如《金液还丹百问诀》在批评外丹术时说，炼丹家“更有用尽囊中众石，海内诸矾、铜精、铁精、石绿、土绿，罄竭资金，皆无所就……谓灵丹不在此间，言至药生于海外，便向波斯国内而求白矾、紫矾，或向回纥域中寻访金刚、玉屑”。[①] 根据各种资料来看，当时炼丹家获得外来药物主要有两条通道：其一为西域，也即陆上丝绸之路；其二为南方沿海港口，也即海上丝绸之路。

关于陆上丝绸之路，陈国符曾指出：“有唐一代，外丹术最为盛行。唐宋二代黄白术又皆流行。是时中西交通颇为频繁。故外丹黄白，常用由西域输入之药物……”[②]作为古代中西交通主要通道之一的西域，自古以来便是中外药物贸易的枢纽，唐宋时期这一地区的药物贸易尤其繁荣。[③] 有意思的是，当时竟有西域胡商专司炼丹药物贸易。北宋初李昉等所编《太平广记》（完成于978年）卷三十五引述了《集异记》的一个故事，说唐洛阳尉王琚有一侄，名四郎。琚赴调入京，经过天津桥时，四郎忽于马前跪拜，布衣草履，形貌山野，对琚说：“叔今赴选，费用固多，少物奉献，以助其费。”随即取出一金，重五两许，色如鸡冠，并嘱咐王琚说，此不可与常者等价也，到京后但于金市访张蓬子付之，当得二百千。后来王琚果然在京中金市找到张蓬子，遂出金示之，蓬子惊喜道：“此王四郎所货化金也。西域商胡，专此伺买，且无定价，但四郎本约多少耳，逾则不必受也。”[④]这则故事被多种道书引述，如《三洞群仙录》卷十九和《历世真仙体道通鉴》卷三十五等，唯文字稍有出入。西域胡商既购买中国炼丹家的产品，同时又大量输入域外相关药物。《太平广记》卷二十八记载了另外一个故事，说唐定襄令段勑有一子曰晳，少好清虚慕道，立志寻名山访异人求道。天宝五年，晳在过魏郡时，在旅馆遇见一异人，自驾一驴，市药数十斤，皆养生辟谷之物。而其药有难求未备者，日日于市邸谒胡商觅之。[⑤] 向胡商觅之，可证难求之药多为外来药

---

① 《道藏》第4册，页898。

② 陈国符：《道藏源流考》，页397。

③ 相关介绍可参见李经纬主编《中外医学交流史》（湖南教育出版社，1998年）、王孝先《丝绸之路医药学交流研究》等相关内容。

④ ［宋］李昉等编：《太平广记》，中华书局，1961年，第1册页223—224。

⑤ 《太平广记》，第1册页182。

物。以上两则故事的具体情节虽然未必都是信史,但它们反映的胡商药物贸易情况应当予以特别注意。

唐代中后期,由于陆上丝绸之路阻塞,海上丝绸之路的地位变得重要起来,南方沿海一些港口遂成为中西交通要冲,尤其是广州,唐代时已成为最重要的对外贸易港口。《唐大和上东征传》(撰于779年)记载当时广州停泊的外来商船非常多,"江中有婆罗门、波斯、昆仑等舶,不知其数;并载香药、珍宝,积载如山。其舶深六七丈。师子国、大石国、骨唐国、白蛮、赤蛮等往来居[住],种类极多"。[①] 当时外商大量寓居广州,方豪引述阿拉伯游历家阿布赛特·哈桑的记载说,唐末庞勋之乱中广州外侨被杀害者竟达十二万至二十万人之巨![②] 该数据虽未必属实,但至少反映出当时外商很多的事实。进入宋代以后,广州的对外贸易更为繁荣,开宝四年朝廷于此地设立市舶司,掌管海上贸易。唐宋时由广州输入外来商品的种类和数量均非常多,其中即包括很多不被人注意的炼丹药物。根据丹经《太极真人杂丹药方》记载,该书使用的红矾、大期矾、金线矾、柳絮矾、鸡屎矾、昆仑矾、紫矾等多为广州输入的舶来品,这些药物的原产地包括南海诸岛国以及阿拉伯地区,其中尤以波斯药物为多。唐宋时期的中外炼丹药物贸易,波斯商人和波斯药物在其中扮演着重要角色,西域陆路和海上通道莫不如此。于是我们看到,道教与波斯等国胡商之间的密切关系常常成为神仙感遇小说的素材,种种生动的故事不仅见于内陆城市,亦常发生在沿海港口。譬如《太平广记》卷十七卢、李二生的故事,说二人曾共隐太白山读书习道,李生不甘寒苦,弃道从俗,后被吏所欺,折官钱数万贯,穷困潦倒。后来他在扬州偶然遇见已成为神仙的卢生。卢待李甚厚,并赠给他一根拄杖,说将此到波斯店内取钱。李生携拄杖到波斯店,果然得钱(又见《云笈七签》卷一百一十三上)。[③] 又卷三十四崔炜的故事,言崔炜居南海,因缘遇到神仙,得赠一宝物阳燧珠。后来炜回到广州,遵神仙所嘱,到波斯店卖宝珠,一老胡人见之,立即毕恭毕敬,说这是大食国宝阳燧珠也。[④]

随着外来药物越来越广泛地被用于炼丹,炼丹家中出现崇尚外来药物

---

① [日]真人元开著、汪向荣校注:《唐大和上东征传》,中华书局,2000年,页74。

② 方豪:《中西交通史》上册,上海人民出版社,2008年,页183。

③ 《太平广记》,页118—119。

④ 《太平广记》,页216—220。

的倾向。《黄帝九鼎神丹经诀》卷十一有"去玄珠毒法",云玄珠(水银)有毒,若服之当先去其毒,法用甜黄,因水银畏甜黄,甜黄一名玄黄土,出自西方胡国。也有用黄丹、胡粉或黄硇砂、石盐之类的,但作者称这些药都是俗间杂用,非正本口诀。在接下来的"别伏水银法"中,当作者指出水银亦畏磁石后批评说:"明彼甜黄亦是水银之所畏者,一种有畏,何必外国之物胜于中华乎?欲人不审磁石之可必用,故奇说化物,欲令志诚者思而以取意焉。"[①]又《云笈七签》卷七十八《上品颐神保命篇第一·论胤功能第一》,作者提到一种铁胤丹方后补充说:"又近代有增损此方,加诸胡药,云益心力,不强阳道。余观其方,多用胡椒、毕拨、苏蜜、干姜、荜澄茄等总十余味,和胤丹服。寻其药性,热而且补,又兼下气,宁有不强阳道乎?应是矫俗之人,故述斯诈,以惑凡庶矣。嗟乎!莫不由贵远贱近之所致也。"[②]这段话提到的胡药虽然没有金石成分,但仍明显反映出当时存在崇拜外来药物的现象。唐宋时期,社会上普遍存在崇尚外来药物的风气,由上可见道教亦未能脱俗。

上文已经指出,唐代出世的外丹黄白著作常附记金石药物知识,其中不少药物来自域外。除这部分道书以外,唐宋时期还出现多种专门的炼丹药物著作,其中与金石药有关的如《石药尔雅》、《金石簿五九数诀》、《丹方鉴源》、《阴真君金石五相类》等几种。《石药尔雅》[③]上文已经提到,作于唐宪宗元和元年(806年),作者为西蜀梅彪。该书仿照《尔雅》,重在训释,述诸药隐名(包括部分非金石药)、丹名及别名异号、诸经传歌诀名目、诸经记中所造药物明目等。《金石簿五九数诀》[④]为炼丹本草著作,《通志·艺文略》著录,共记载四十多种金石药的性状、产地、炼丹功能等内容,是研究炼丹金石药的重要资料。其中十余种药物记载有域外产地,如雄黄、石硫黄、石脑、绛矾、鸡屎矾、天明砂、黄花石、不灰木、石盐产自波斯,**砫**矾产自安南,硝石产自乌长国。该书不题撰者及编撰年代,早先陈国符根据文中"近唐麟德甲子岁"一句,认为该书当为初唐人所撰。[⑤] 这个意见后来被孟乃昌否定,

① 《道藏》第18册,页830。

② 《道藏》第22册,页551。

③ 见《道藏》第19册,页61—66。

④ 见《道藏》第19册,页102—105。

⑤ 陈国符:《〈道藏〉经中外丹黄白法经诀出世朝代考》,《陈国符道藏研究论文集》,上海古籍出版社,2004年,页104。

他认为“近唐”之说应是以后朝代对唐朝的提法，这个朝代最可能是后晋，故该书应当撰于十世纪前叶。[①] 不过这个观点还需要进一步修正。书中黄花石条云“诸路有铜矿之处皆有”，此处“路”应当为行政单位，始设于北宋初年，再结合“近唐”之称，该书最可能撰于北宋时期。《丹方鉴源》[②]题“紫閤山叟独孤滔撰”，释炼丹药物（包括一百多种金石药）的产地、性质、功能以及炼丹用途等，其中提到多种外来药物。何丙郁对此书有详考，认为当撰于五代南唐。此外，宋《证类本草》所引《丹房镜源》、明《本草纲目》所引《丹房鉴源》、《道藏》之《铅汞甲庚至宝集成》中有残卷《丹房镜源》，这些书都与《丹方鉴源》有关系，何丙郁亦有详细分析。[③]

除道教典籍以外，唐宋医家本草著作中也有很多与外来炼丹药物有关的内容。唐高宗显庆四年（659 年），唐政府颁布施行世界上第一部国家药典，名曰《新修本草》，至北宋初《开宝本草》撰成以前，此书一直在全国流行，影响相当大。与此前的《本草经集注》相比，《新修本草》新增药物 120 种，其中有 20 多种为外来药物，常用于炼丹者如绿盐、密陀僧与紫矿麒麟竭、硇砂及胡桐泪等。不过总体而言，《新修本草》对药物的收录和注释不似陶弘景一般大量援引道经内容，更少涉及炼丹药物知识。《新修本草》之后，唐代再未出现综合性的大型本草著作，整个唐代炼丹术积累的大量药物知识直到宋代时方才被本草学家总结吸收。宋太祖开宝六年（973 年），由刘翰、道士马志等九人撰修的《开宝本草》完成。该书较《新修本草》新增药物 133 种，其中金石药 19 种，大都见于《金石簿五九数诀》、《丹房镜源》等炼丹著作。《开宝本草》以后又出现多种本草著作，其中集大成者当属唐慎微所撰《经史政类备急本草》，简称《证类本草》。唐慎微，字审元，四川蜀州崇庆府晋原人，行医多年，医道高明，以个人之力撰成《政类本草》，于北宋末期行世。[④]《政类本草》辑录了大量文献，按编撰时代先后排列，且原文转

① 孟乃昌：《道教与中国炼丹术》，北京燕山出版社，1993 年，页 54。

② 见《道藏》第 19 册，页 298—303。

③ 何丙郁：《〈丹房镜源〉考》，此据《何丙郁中国科技史论集》，辽宁教育出版社，2001 年，页 1—25。

④ 关于《政类本草》的成书年代历代学者有不同意见，大致有三种意见：1108 年、1082 年及 1097—1100 年，一般认为第三种较准确。参见尚志钧点校：《大观本草》附录Ⅰ·九“《政类本草》成书年代、卷次及药物分类”，安徽科学技术出版社，2004 年印刷，页 857。

录，明确注明出处，其中既包括唐宋医家著述，又包括大量道教资料。[①] 因此，《政类本草》为我们考察外来药物在炼丹术中的应用情况提供了很多重要资料。

此外，五代时还出现一部专记外来药物的本草著作，即李珣所撰《海药本草》。李珣，字德润，出生于四川梓州，祖先为波斯人，约生活在五代时期，少有诗名。李珣曾到岭南一带游历，对那里的乡土风物很熟悉，加之其家经营香药生意，对海外药物非常熟悉，故能撰成《海药本草》。该书共六卷，主要记载外来药物，也包括一些已经移植到中国南方的，故药物产地多为外国地名。原书至南宋末期时已亡佚，有赖宋人傅肱《蟹谱》、洪刍《香谱》、唐慎微《证类本草》、刘昉《幼幼新书》等征引，方得以保存部分内容。《海药本草》记载有不少炼丹资料。如金钱矾条云"打破内有金钱文者为上，多入烧家用"，波斯白矾条云"多入丹灶家"，银屑条云"今时烧炼家，每一斤生铅，只煎得一、二铢"，石流黄条云"并宜烧炼服"等。"烧家"、"丹灶家"、"烧炼家"皆为炼丹家别称。李珣晚年过着隐居生活，其弟李玹更是好摄养，以金丹延驻为务。北宋黄休复《茅亭客话》卷二云，李四郎（名玹）"好摄养，以金丹延驻为务，暮年以炉鼎之费，家无余财，唯道书药囊而已"。[②] 由此可见，《海药本草》重视炼丹内容渊源有自。

唐代以后，炼丹术步入衰落通道，宋代虽承其余绪，但宋以降颓势已无可挽回，以致明代撰修《正统道藏》时甚至没有收录明代新出外丹著述，元代也极少，这是外丹术败落状况的反映。因此，元明时期中外文化交流虽然更加繁荣，越来越多的外来物产输入中国，但炼丹术在域外药物应用方面成绩不甚显著。这一时期有一部道书对考察外来炼丹药物应予以注意，即明代宁献王朱权所编《庚辛玉册》。明李时珍《本草纲目》卷一记载："宣德中，宁献王取崔昉《外丹本草》、土宿真君《造化指南》、独孤滔《丹房镜源》、轩

---

① 《政类本草》征引的道教典籍包括《庄子》、《列子》、《淮南子》、《抱朴子》、《仙方》、《太上八帝玄变经》、《三洞要录》、《青霞子》、《道书八帝圣化经》、《神仙秘旨》、《宝藏论》、《太清服炼灵砂法》、《丹房镜源》、《神仙传》、《东华真人煮石经》、《列仙传》、《马明先生金丹诀》、《修真秘旨》、《神异经》、《叶天师枕中记》、《房室经》、《修真秘诀》、《左慈秘诀》、《神仙芝草经》、《夏禹神仙经》、《灵芝瑞草经》、《神仙服饵法》、《太清草木记》、《太清石壁记》、《紫灵元君传》、《感应神仙传》、《白泽图》、《狐刚子粉图》等，其中多为炼丹服食道书。此外，它还从《酉阳杂俎》中引用了许多与炼丹有关的内容。

② ［宋］黄休复：《茅亭客话》，文渊阁《四库全书》本。

辕《述宝藏论》、青霞子《丹台录》诸书所载金石草木可备丹炉者，以成此书。分为金石部、灵苗部、灵植部、羽毛部、鳞甲部、饮馔部、鼎器部，通计二卷，凡五百四十一品。所说出产形状，分别阴阳，亦可考据焉。王号臞仙，该通百家，所著医、卜、农、圃、琴、棋、仙学、诗家诸书，凡数百卷。《造化指南》三十三篇，载灵草五十三种，云是土宿昆元真君所说，抱朴子注解，盖亦宋、元时方士假托者尔。古有《太清草木方》、《太清服食经》、《太清丹药录》、《黄白秘法》、《三十六水法》、《伏制草石论》诸书，皆此类也。”①可惜该书已经失传，从《本草纲目》等书中保存的一些佚文来看，其中有不少外来金石药的使用记载。何丙郁对该书有讨论，并辑有部分佚文。②

第二节　外来金石药考释

上一节对炼丹术使用外来金石药物的历史作了概要介绍，本节将对这些药物进行详细考释。为免于繁琐，将一些引用频率高的本草著作和丹经的名称、成书年代、简称及版本情况列如下表，征引这些文献时不再注明具体页码：

文献名称	作者及成书时间	简称	所据版本
神农本草经	东汉初	本草经	［清］孙星衍、孙冯翼辑，人民卫生出版社，1963 年
名医别录	陶弘景	别录	尚志钧辑校，人民卫生出版社，1986 年
本草经集注	陶弘景，公元 500 年前	集注	尚志钧、尚元胜辑校，人民卫生出版社，1994 年
新修本草	苏敬等，公元 659 年	——	尚志钧辑校，安徽科学技术出版社，2004 年
本草拾遗	陈藏器，公元 739 年	——	尚志钧辑释，安徽科学技术出版社，2002 年

① ［明］李时珍：《本草纲目》（校点本上册），人民卫生出版社，2009 年第 2 版，页 10。

② 何丙郁：《〈庚辛玉册〉：中国炼丹术在历史上的最后一部巨著》，《自然科学史研究》2000 年第 4 期。

（续）

文献名称	作者及成书时间	简称	所据版本
海药本草	李珣，五代	——	尚志钧辑校，人民卫生出版社，1997 年
开宝本草	马志等，公元 973 年	——	尚志钧辑校，安徽科学技术出版社，1998 年
本草图经	苏颂，公元 1061 年	——	尚志钧辑校，安徽科学技术出版社，1994 年
经史证类备用本草	唐慎微，公元 1097—1100 年间	证类	《重修政和经史证类备用本草》，人民卫生出版社，1957 年
本草纲目	李时珍，公元 1596 年	纲目	人民卫生出版社，2009 年第 2 版
黄帝九鼎神丹经诀	约 649—659 年间	九鼎丹经诀	《道藏》第 18 册，页 795—859
金石簿五九数诀	北宋	金石簿	《道藏》第 19 册，页 102—105
丹方鉴源	独孤滔，南唐	鉴源	《道藏》第 19 册，页 298—303
大洞炼真宝经九还金丹妙诀	陈少微，公元 712—713 或 686—741 年间	大洞金丹妙诀	《道藏》第 19 册，页 22—27
太清金液神丹经	南北朝	金液经	《道藏》第 18 册，页 746—762
龙虎还丹诀	金陵子，公元 686—741 年间	龙虎诀	《道藏》第 19 册，页 107—127

说明：本节对各种金石药性状及成分的介绍主要引自郭兰忠主编《矿物本草》（江西科学技术出版社，1995 年）和李鸿超统编《中国矿物药》（地质出版社，1988 年）二书。

丹砂

丹砂，主要化学成分为 HgS，呈片状、块状或细小颗粒状，颜色为鲜红或暗红。丹砂的医药功能很早就引起古人重视，它在本草药物中占有重要地位，也是炼丹最关键的药物之一。中国上古时期即盛产丹砂，商代墓中多有出土。先秦文献如《山海经》中提到多处丹砂产地。《说文解字》云：“丹，巴越之赤石也。”《史记·货殖列传》记载巴寡妇清世代经营丹砂，获利无数，表明先秦丹砂矿的开采已经有相当规模。历代本草所记丹砂之产地，《本草经》为山谷，《别录》为符陵。《集注》云符陵在巴郡南部，其时已无丹砂可采，乃出武陵、西川诸蛮夷中，又云越砂亦可用。《新修本草》未增丹砂新产地。宋代本草所增产地较多，如《开宝本草》增辰州、锦州，《本草图经》提到辰州、宜州、阶州、锦州、春州、融州等，但均无国外地名。

唐代炼丹家对丹砂的了解在一些方面要超过本草学家，正如《九鼎丹经诀》卷十三所云，丹砂“虽同出一郡县中，亦有好恶，拣饵之法备载长生之宝，非本草之所详究也”。早先陶弘景引入本草的越砂即来自道教。《九鼎丹经诀》云丹砂以辰州麻阳县出者为上，兴州者亦好，这是唐初炼丹家新增的产地。此后唐代丹经对丹砂产地有许多介绍，如陈少微《大洞炼真宝经修伏灵砂妙诀》、张果《玉洞大神丹砂真要诀》、金陵子《龙虎还丹诀》等均提到辰州、锦州、交州、桂州、衡州、邵州等，这些地名直到宋代才被本草学家广泛提及。

由于中国盛产丹砂，故炼丹家较少使用舶来品。不过，《金液经》卷下提到多处域外丹砂产地，该书主要记“生丹之国”，提到的域外炼丹矿物有丹砂、硫黄、曾青、空青、紫石英、白石英、磁石、石精等，涉及多个国家，现将相关文字摘录如下：

> 奚自扶南、顿逊，逮于林邑、杜薄、无伦，五国之中，朱砂、琉黄、曾青、石精之所出，诸导仙服食之药，长生所保之石，实无求不有，不能复缕其别名也。称丹砂如东沤之瓦石，履流丹若甄陶之灰壤，触地比目，不可称量。
>
> 象林……今则别为西图国，国至多丹砂如土。
>
> 扶南地多朱砂珍石。从扶南北至林邑三千里，其地丰饶，多朱丹、硫黄。
>
> 典逊……出丹砂、曾青、硫黄、紫白石英。
>
> 杜薄……土地饶金及锡、铁，丹砂如土。
>
> 句稚国……水浅而多慈石。
>
> 林杨……多丹砂、硫黄、曾青、空青、紫石英。
>
> 师汉国……民万余，家多金、玉、硫黄之物。
>
> 斯调国……多出珍奇、金银、白珠、琉璃、水精及马珂，又有火珠……

《金液经》卷下文字确如饶宗颐先生所言多钞自万震《南州异物志》等地理著作，但上述矿产内容几乎全都不见于这些著作的佚文。王家葵发现

《南州异物志》佚文中既有记物产内容,又有记地理内容,而《金液经》卷下则主要采录其地理内容,几乎不取物产,偶然涉及民俗。又指出该书作者有篡改《南州异物志》以符合道教目的的现象。① 那么,以上域外矿物知识是否也出于作者杜撰呢?唐前史籍对南海诸国矿产仅有简单介绍。如《晋书》卷九十七云扶南"食器多以银为之,贡赋以金银珠香"。②《南齐书》卷五十八云"林邑有金山,金汁流出于浦"。又云元嘉二十二年,交州刺史檀和之伐林邑,林邑王杨迈欲输金万斤、银十万斤、铜三十万斤。③《南史》卷七十八云林邑"有金山,石皆赤色,其中生金。金夜则出飞,状如萤火。又出玳瑁、贝齿、古贝、沉木香"。又云扶南"出金、银、铜、锡、沉木香、象、犀、孔翠、五色鹦鹉"。④ 这些正史记载均言南海诸国盛产金银,并没有提及丹砂、曾青、硫黄、石英、磁石等炼丹药物。不过,如果就此认为《金液经》中的炼丹药物内容属作者杜撰,则有失武断。譬如葛洪既然为炼丹求为句扇县令,可见越南北部盛产丹砂,这说明《金液经》卷下记生丹之国并非凭空捏造。而句稚国多磁石见于《南州异物志》,盖《金液经》钞自《南州异物志》。《太平御览》卷七百九十引《南州异物志》云:"句稚去典游八百里,有江口西南向,东北行,极大崎头出涨海中,浅而多磁石。"同书卷九百八十八引《南州异物志》云:"涨海崎头水浅而多磁石。外徼人乘大舶,皆以铁鍱鍱之,至此关,以磁石不得过。"⑤再如扶南、林邑所产硫黄在南齐时被医家及炼丹家视为上品硫黄,胜于国内产者。《集注》云,硫黄"今第一出扶南林邑,色如鹅子初出壳,名昆仑黄"。综上所述,《金液经》所言矿产知识应该有所本。

另外,明代《庚辛玉册》记载有多处域外丹砂产地,《纲目》卷九丹砂条引其文云:"丹砂石以五溪山峒中产者,得正南之气为上。麻阳诸山与五溪相接者,次之。云南、波斯、西胡砂,并光洁可用。"可见,明代炼丹家曾用波斯、西胡丹砂。波斯盛产丹砂早在北魏就有记载,《魏书·西域传》云:"波斯国……出金、银、鍮石……铜、锡、朱砂、水银……盐绿、雌黄等物。"⑥

① 姜生、汤伟侠主编:《中国道教科学技术史·南北朝隋唐五代卷》,页874—877。
② [唐]房玄龄等撰:《晋书》,中华书局,1974年,页2547。
③ [梁]萧子显撰:《南齐书》,中华书局,1972年,页1013。
④ [唐]李延寿撰:《南史》,1975年,中华书局,页1948、1951。
⑤ [宋]李昉等撰:《太平御览》,中华书局影印,1960年,页3501、4372。
⑥ [北齐]魏收撰:《魏书》,中华书局,1974年,页2270—2271。

石硫黄

石硫黄为自然硫(S),呈不规则块状,含少量杂质,全体呈黄绿色。据赵匡华介绍,中国古代所用硫黄来源有两种:一种是在焙烧黄铁矿(涅石)制造皂矾的同时,由焙烧窑上部烟道中冷凝出来的人工硫黄,又叫"矾石液";另一种是来自火山区的天然硫黄或膏盐层中的石膏由硫细菌作用还原出来的单质硫,往往称之为石硫黄。[①]《本草经》将石硫黄列入玉石中品,云其生山谷。《别录》云其生东海牧羊及太山、河西山。《集注》提到两种域外硫黄,并云仙经颇用之。第一出扶南、林邑(《金液经》亦云扶南、林邑多硫黄),色如鹅子初出壳,名昆仑黄。次出外国,从蜀中来,色深而煌煌。后者所谓"外国"不知具体指何国。《海药本草》引《广州记》云,石硫黄"生昆仑日脚下,颗块莹净,不夹石者良……并宜烧炼服。仙方谓之黄硇砂,能坏五金,亦能造作金色,人能制伏归本色,服而能除万病……蜀中雅州亦出,光腻甚好,功力不及舶上来者"。[②] 按"昆仑"一词在唐代常指南海诸国卷发黑身居民。[③] 如义净《南海寄归内法传》卷一云:"南海诸洲有十余国……诸国周围,或可百里,或数百里,或可百驿。大海虽难计里,商舶惯者准知。良为掘伦初至交广,遂使总唤昆仑国焉。唯此昆仑,头卷体黑,自余诸国,与神州不殊。"[④]又如《旧唐书》卷一百九十七云:"自林邑以南,皆卷发黑身,通号为'昆仑'。"[⑤]因此,昆仑矾当出自南海诸国。《本草图经》亦云,硫黄"今惟出南海诸蕃。岭外州郡或有,而不甚佳。以色如鹅子初出壳者为真,谓之昆仑黄"。可见,宋代仍以南海诸国硫黄为佳。

唐宋炼丹家频繁使用舶来硫黄。如《铅汞甲庚至宝集成》卷一《涌泉匮

---

① 赵匡华、周嘉华:《中国科学技术史·化学卷》,科学出版社,1998年,页359。

② 《纲目》卷十一引《广州记》文云石硫黄"生昆仑及波斯国西方明之境",该书校点者以及《海药》辑本均认为"波斯国西方明之境"系衍文,出自道经《太清伏炼灵砂法》。从之。

③ 法国学者费琅早在1919年就对中国古代"昆仑"一词有详细讨论,认为它作为地名所指有七处,多位于南海地区。参见[法]费琅著、冯承钧译:《昆仑及南海古代航行考》,中华书局,2002年。此外,王邦维指出:"昆仑本指南海诸岛,包括今南亚及东非海岸地区之部分土著居民,今称尼格罗—澳大利亚种之黑人。后又以此名泛称南海中诸岛及诸地,其居民之语言遂被称作'昆仑语'或'昆仑音'、'骨仑语'。"参见[唐]义净著、王邦维校注:《大唐西域求法高僧传校注》,中华书局,1988年,页82—83注释(二)。

④ [唐]义净著、王邦维校注:《南海寄归内法传校注》,中华书局,1995年,正文部分页12—17。

⑤ 《旧唐书》,页5270。

法丹·圣鼎长生涌泉匮法》(撰于唐乾宁三年,896 年)用舶上硫黄二两,《点毛秘诀·又煮胶法》用舶上硫黄二两;卷二所辑《太上圣祖金丹秘诀》(撰于唐元和三年,808 年)中的"修炼秘诀"用生麸金一两二钱与舶上硫黄二两;卷三《十六变·转为四神丹又取明窗尘第四》用舶上硫黄半两。[①] 宋代《神仙养生秘术》中"其二七宝温凉硫黄盏"用舶上硫黄一斤(十六两)。[②] 宋代《诸家神品丹法》卷五《葛仙翁紫霄丹经法·伏火硫黄法》用"舶上或僧祚[③]皆得一斤",卷六《金丹法》用"白(舶)上硫黄一斤,通明者",《悬胎》用"白(舶)上硫黄一两半"。[④] 宋元丹经《庚道集》卷二《神仙大药四神匮》用"舶上生硫一觔(斤),透明无砂石者",《蒲真人上品大药》用舶上硫黄一觔;卷三《升灵砂丹法》"第一炒灵砂法"用"硫黄四两,舶上者,选透明不夹石最好者","第六立艮硫匮法"用舶上硫黄八钱;卷四《太上洞玄大丹诀》"四黄须用四砂扶"一句注文云,"四黄者,水窟雄黄、舶上硫黄、叶子雌黄、砒黄";卷六中的"伏三黄法"用舶上硫黄;卷九《九转十六变灵砂大丹》第一转用舶上硫黄半斤,第一变也用到舶上硫黄;[⑤]等等。

要注意的是,有多部丹经明确提到波斯硫黄。如《大洞金丹妙诀》云:"石硫黄本出波斯南明之境,禀纯阳火石之精气结而成质。"《证类》引《太清服炼灵砂法》文字与此相同。又《金石簿》云:"石硫黄　出荆南、林邑者名昆仑黄,光如琉璃者上。波斯国亦堪所事,用特生。"按唐前载籍对西域硫黄有记载,但均未提及波斯有出产。如《魏书·西域传》云:"悦般国,在乌孙西北,去代一万九百三十里……其国南界有火山,山傍石皆焦镕,流地数十里乃凝坚,人取为药,即石流黄也。"[⑥]晋张华《博物志》卷二云:"徐公曰:西域使王畅说石流黄出足弥山,去高昌八百里,有石流黄数十丈,从广五六十亩。有取流黄昼视孔中,上状如烟而高数尺。夜视皆如灯光明,高尺余,畅所亲见之也。"[⑦]

---

① 分别见《道藏》第 19 册,页 251、254、255、263。

② 《道藏》第 19 册,页 384。

③ 僧祚,疑为"僧祇"之讹。《中国历史地名大辞典》(中国社会科学出版社,2005 年,页 2801)云,僧祇一作僧祗,在今马来西亚马来半岛之宋卡。亦译僧耆、层期,或以为专指非洲东岸的黑种人。

④ 《道藏》第 19 册,页 238、242、244。

⑤ 分别见《道藏》第 19 册,页 445、446、449、450、463、476、501。

⑥ 《魏书》,页 2268。

⑦ [晋]张华撰、范宁校证:《博物志校证》,中华书局,1980 年,页 26。

此外,宋代丹经有使用倭硫黄的例子。如《金华冲碧丹经秘旨》卷下“铅汞之法”用倭硫,[①]据篇首序言,此书撰于宋理宗宝庆元年(1225年)。《九转灵砂大丹》之“六转通玄丹法”则用倭黄。[②] 明代关于倭硫黄的记载明显增多,其产地包括琉球、日本、吕宋等国。如《纲目》引《庚辛玉册》云:“硫黄有二种:石硫黄,生南海硫球山中;土硫黄,生于广南。以嚼之无声者为佳,舶上倭硫黄亦佳。”《本草纲目拾遗》卷二石部对倭硫黄有进一步解释,云:“出东洋琉球、日本、吕宋等国,以日本者佳。其色白似蜜,气不臭烈,光润而嫩。高濂《四时修合方》云:舶上硫黄,倭夷海船上作灰涂缝者佳。人不多见,俱以市硫有油者用。舶硫色如蜜者,黄中有金红处,如七月石榴皮,打开俨若水晶有光,全非松脆性如石硬者真。按硫出内地者,取土与油煎熬而成,气腥触鼻,作老黄色。倭产者嫩白。《濒湖集解》但引《庚辛玉册》所载石土二种,于倭硫却无考据,仅云倭舶者佳,不知倭硫黄与内地迥别也。”[③]

矾石(黄矾、砗矾、鸡屎矾、金线矾、白矾、绿矾、绛矾、期矾、紫矾、昆仑矾/黑矾)

矾石是古代一种非常重要的本草药物,但实际上它不是一种物质,不同种类的矾其化学成分往往相差很大。据王家葵考证,历代本草所载矾石中,《本草经》者为绿矾,《别录》者为胆矾;六朝至唐代,矾石成为多种矿物的总名,而宋代以后,矾石则专指白矾;绿矾、黄矾、胆矾等成为单独药物,不再列入矾石条目下。[④] 古人对矾石的认识相当早,《山海经·西山经》即记载云:“女床之山……其阴多涅石。”郭璞注云涅石即矾石。[⑤]《本草经》将矾石列为玉石上品,云其能令人“轻身、不老、增年”。《别录》云矾石生河西及陇西、武都、石门。《集注》根据颜色不同将矾石分为三种,色青白者名马齿矾,已炼成绝白者名白矾,黄黑者名鸡屎矾。《新修本草》增矾为五种,仍以颜色别之,青矾、白矾、黄矾、黑矾、绛矾,皆产于国内。《本草图经》中矾的

---

① 《道藏》第19册,页162。

② 《道藏》第19册,页32。

③ [清]赵学敏撰:《本草纲目拾遗》,人民卫生出版社影印本,1957年,页59。

④ 王家葵、张瑞贤:《神农本草经研究》,北京科学技术出版社,2001年,页198—201。

⑤ 引自[清]孙星衍、孙冯翼辑:《神农本草经》,人民卫生出版社,1963年,页6。

种类更多，有白矾、绿矾、黄矾、黑矾、绛矾、矾精、矾蝴蝶、柳絮矾等，但以上诸矾惟黑矾出西戎，其他均产于国内。《纲目》对矾石的分辨更为精细，并将绿矾（绛矾包含其中）、黄矾、胆矾另立条目。其矾石条云："矾石析而辨之，不止于五种也。白矾，方士谓之白君，出晋地者上，青州、吴中者次之。洁白者为雪矾；光明者为明矾，亦名云母矾；文如束针，状如粉扑者，为波斯白矾，并入药为良。黑矾，铅矾也，出晋地，其状如黑泥者，为昆仑矾；其状如赤石脂有金星者，为铁矾；其状如紫石英，火引之成金线，画刀上即紫赤色者，为波斯紫矾，并不入服饵药，惟丹灶及疮家用之。绿矾、绛矾、黄矾俱见本条。其杂色者，则有鸡屎矾、鸭屎矾、鸡毛矾、粥矾，皆下品，亦入外丹家用。"这段话中涉及一些外来矾石内容。

矾石在炼丹术中应用很广，被视为"八石之上药"。最初时炼丹家对各种矾石不作区分，后来发现其功能各不相同，遂用之有别，其中黄矾与白矾是最重要的两种。《金石簿》云："此物（指矾石）有五种，合炼道中多用黄白，余者不多入用。"又唐《太清石壁记》云："矾石有五种，有黄、白、青、黑、赤色者，但世人唯用黄白矾二种，自外不堪多用。"[①]医家用法与炼丹术有不同，最重视白矾。如《新修本草》云："矾石有五种：青矾、白矾、黄矾、黑矾、绛矾，然白矾多入药用；青黑二矾，疗疳及诸疮；黄矾亦疗疮生肉，兼染皮用之。"《本草图经》亦云："白矾则入药，及染人所用者；绿矾亦入咽喉口齿药及染色；黄矾丹灶家所须，时亦入药；黑矾惟出西戎，亦谓之皂矾，染须鬓药或用之……"关于矾石的分类，炼丹本草所载更加细致繁多。如《金石簿》列黄矾、白矾、绛矾、鸡屎矾、**硇**矾五种矾，而《鉴源》则列黄矾、紫矾、白矾、波斯白矾、青矾、绿矾、皂矾、鸡屎矾、昆仑矾、铁矾、柳絮矾、绛矾、云母矾、胆子矾、雪矾、天漏矾、粥矾、鸭屎矾、鸡毛矾、句容矾、宣州期矾，多达 21 种。古代曾有多种外来矾石输入中国被用来炼丹，下面按矾石类型分别述之。

1、黄矾、**硇**矾、鸡屎矾、金线矾

黄矾是绿矾经空气氧化而生成的硫酸铁矿，主要化学成分为 $Fe_2(SO_4)_3 \cdot 9H_2O$，所以自然界中常与绿矾共生。[②] 黄矾色淡黄，呈绢丝或珍珠光泽，微透明。其含硫酸成分能熔融与化合其他金属物，故为炼丹家所重。

---

① 《道藏》第 18 册，页 775。

② 《中国科学技术史 · 化学卷》，页 347。

现存丹经对黄矾有很多介绍。产地方面如《太清石壁记》云“但是燉煌出者皆好”。[①]《九鼎丹经诀》卷十六提到吴地亦产黄矾：“五色山脂，一解即云吴黄矾是也，非别五种之物也。”《金石簿》对黄矾的性状、功能有概述：“黄矾　出瓜州……形如金，打破有金星叶点文，揩着银上，便为黄色。能制水银住汞，汞即着上不落。似马牙形，烧色上，碎末者不堪用。”这里提到黄矾的两个重要物理特征，一是“打破有金星叶点文”，二是“似马牙形”。

《金石簿》载安南及呵陵**砳**矾。按“**砳**”字不见各种字典收录，其义不详。该矾的特点是打破有金星点：“**砳**矾　出安南及呵陵，形赤黄黑色。此物五矾数内，事须得此为使，打破有金星点是真。”“形赤黄黑色”说明**砳**矾应该是一种混合矾。其中，“打破有金星点是真”指的应该就是黄矾。安南即交趾，唐时始称安南，为唐政府统辖。《旧唐书·地理志四》云：“安南都督府　隋交趾郡。武德五年，改为交州总管府……调露元年八月，改交州都督府为安南都护府……至德二年九月，改为镇南都护府，后为安南府。”[②]宋初安南仍依附于中国，太祖封其王为交趾郡王，至淳熙元年二月，孝宗进封李天祚为安南国王，安南国名自此始。[③] 呵陵，一般作诃陵，宋元嘉时始朝中国，《宋书》称之为阇婆婆达国，唐义净《大唐西域求法高僧传》及《南海寄归内法传》首次载其国名为诃陵，或以为其地在今印尼爪哇岛，或以为在今加里曼丹岛西部。[④] 关于诃陵物产，《新唐书》卷二百二十二下云：“诃陵，亦曰社婆，曰阇婆，在南海中。东距婆利，西堕婆登，南濒海，北真腊……出瑇瑁、黄白金、犀、象，国最富。有穴自涌盐。”[⑤]《宋史》卷四百八十九云：“阇婆国在南海中。其国东至海一月，泛海半月至昆仑国；西至海四十五日，南至海三日，泛海五日至大食国；北至海四日，西北泛海十五日至勃泥国，又十五日至三佛齐国，又七日至古逻国，又七日至柴历亭，抵交阯，达广州……出金银、犀牙、笺沉檀香、茴香、胡椒、槟榔、硫黄、红花、苏木。”[⑥]以上所记均未

---

① 《道藏》第18册，页775。

② ［后晋］刘昫等撰：《旧唐书》，中华书局，1975年，页1749。

③ 参见［元］脱脱等撰：《宋史》，中华书局，1985年，页14057—14072。但《安南志略》云，李天祚于孝宗隆兴二年受封为安南国王。见［越］黎崱著、武尚清点校：《安南志略》，中华书局，2000年，页14。

④ 参见［唐］义净著、王邦维校注：《大唐西域求法高僧传校注》，页54—55注释（六）。

⑤ ［宋］欧阳修等撰：《新唐书》，中华书局，1975年，页6302。

⑥ 《宋史》，页14091。

言呵陵产矾石。另外,王进玉注意到五代时敦煌曾向朝廷进献类似矾石,史书称其为"金星矾",但他误将金线矾也视为金星矾。[①]

与𥐟矾相似,鸡屎矾也呈黄黑色,《集注》云:"其黄黑色名鸡屎矾,不入药,惟堪镀作以合熟铜。投苦酒中,涂铁皆作铜色。外虽铜色,内质不变。"赵匡华据此推测,陶弘景所云应当是一种含铜(胆矾)的黄矾,诸色间杂如鸡屎,大概是黄铜矿经氧化而生成的一种次生矿石。[②] 据此可知,鸡屎矾实际上也是一种混合矾。因其成分不一,或认为是黄矾,如《事类绀珠》云:"黄矾一名鸡屎矾。"[③]或认为是青矾,如《九鼎丹经诀》卷十七云:"诀曰:青矾石者,吴白矾中择取青黄者,是本草谓之鸡矢矾也。"唐时有波斯国鸡屎矾输入,并为炼丹家所重。《金石簿》云:"鸡屎矾　出波斯国,形如鸡屎,色亦带青黄白,于此道中深为秘要。"《太极真人杂丹药方》大量使用鸡屎矾,该书可能出于唐代,其"用匮法"最后一种方注文曰:"鸡(屎矾)舶上妙。"[④]至于马牙形一般不用来描述黄矾,常用于青矾,因其呈马牙形,故又名马齿矾,如《集注》云:"色青白,生者名马齿矾。"

《鉴源》提到黄矾的另一个物理特征,即"金线",其文曰:"黄矾:舶上者好,瓜州者上,文、会者次,西川于皂矾中拣黄者,将出不出,堪引得金线起者为上。可化水银为金,亦能化铁。"黄矾打破内有金线纹者被称为金线矾,来自波斯,主要用来炼丹。《海药本草》云:"金线矾　《广州志》云:生波斯国……打破内有金线文者为上,多入烧家用。"《纲目》黄矾条亦云:"黄矾出陕西瓜州、沙州及舶上来者为上,黄色状如胡桐泪……波斯出者,打破中有金丝文,谓之金线矾,磨刀剑显花文。"法国国家图书馆所藏敦煌卷子P. 3093V 记载多种道教药方,《敦煌古医籍考释》称其为《杂术方》,该卷子所抄金石药方之庚辛加妊丸中即用到"金线黄矾"。[⑤]

2、白矾

---

① 王进玉:《敦煌学和科技史》,甘肃教育出版社,2011 年,页 210—213。

② 《中国科学技术史·化学卷》,页 347。

③ [清]陈元龙:《格致镜原》,江苏广陵古籍刻印社,1989 年,页 571。

④ 《道藏》第 19 册,页 371。

⑤ 该卷首尾残缺,不详书名及撰者姓名,《敦煌古医籍考释》认为书中有六朝时"饭"的讳字,推断它可能为隋唐以前写本。(参见马继兴主编:《敦煌古医籍考释》,江西科学技术出版社,1988 年,页 485。)但李应存等根据该卷正面文中有中唐刘禹锡诗句来判断,背面药方应为中唐后晚唐写本。(见李应存、史正刚:《敦煌佛儒道相关医书释要》,民族出版社,2006 年,页 278。)金线矾传入中国的时间与后一种观点比较一致,隋唐以前说尚缺乏确证。

白矾为明矾矿,主要化学成分为含水硫酸钾铝[$K_2SO_4 \cdot Al_2(SO_4)_3 \cdot 24H_2O$,或 $KAl(SO_4)_2 \cdot 12H_2O$],一般为无色或白色,亦常带淡黄和淡红等颜色,条痕白色,呈玻璃样光泽,块状者光泽暗淡或稍带蜡状光泽,透明至半透明。《金石簿》云:"白矾　出吴地者上,赵地者次,余处者不堪使用。"《鉴源》云:"白矾:干汞用,可淬锡,可制诸黄。"该书紧接着提到一种波斯白矾:"波斯白矾:形如棘针,能干汞。"《海药本草》亦收此药,且对其形状的描述与《鉴源》相同,但增加产地等内容:"波斯白矾　《广州记》云:出大秦国,其色白而莹净,内有棘针纹……火炼之良,恶牡蛎。多入丹灶家,功力逾于河西石门者。近日文州(今甘肃文县)诸番往往亦有,可用也。"此条佚文出自宋《大观本草》及《政和本草》,而《纲目》所引稍有不同:"(珣曰:)波斯、大秦所出白矾,色白而莹净,内有束针文,入丹灶家,功力逾于河西、石门者。近日文州诸番往往有之。"又《龙虎诀》卷下《爂出砂子红银晕法》用波斯白矾。①

3、绿矾、绛矾、期矾

绿矾是一种浅绿色半透明至透明晶体,化学成分主要为硫酸亚铁($FeSO_4 \cdot 7H_2O$),在空气中易风化,成为白色粉末状。而绛矾是赤铁矿与五水绿矾至无水绿矾的混合物,细粒疏松集合体,绛红色,土状光泽。古人认识到绿矾与绛矾具有密切关系,如《新修本草》云:"其绛矾本来绿色,新出窟未见风者,正如琉璃,陶及今人谓之石胆,烧之赤色,故名绛矾矣,出瓜州。"《本草图经》云:"绛矾本来绿色,亦谓之石胆,烧之赤色,故有绛名。"《纲目》云:"绿矾……煅过变赤,则为绛矾。"又云:"煅赤者俗名矾红,以别朱红。"《鉴源》云绛矾可以用来结砂子。还有一种期矾,亦出于绿矾中,本草不见载,《鉴源》列宣州期矾,云:"出绿矾中,深青莹净者可为匮。"

炼丹家有用波斯绛矾者。如《金石簿》云:"绛矾　出波斯国,形如碧琉璃,明净者则为上好,余所出并不堪用。"《太极真人杂丹药方》中大量使用诸矾,其中绛矾称作红矾。书中一处红矾记为"舶上红矾"。② 又《铅汞甲庚至宝集成》卷四引《丹房镜源》云:"红皮礬石能伏丹砂,养汞、砒霜,化铜干汞。"③此处"红皮礬石"当为"红皮礜石"之误,因《鉴源》中无红皮矾,而有

① 《道藏》第 19 册,页 126。
② 《道藏》第 19 册,页 369。
③ 《道藏》第 19 册,页 267。

红皮礜,其功能正是“伏丹砂养汞”。《证类》引《丹房镜源》文作“红皮礜石能伏丹砂,养汞”,是为确证。期矾也有外来者,同样见于《太极真人杂丹药方》,原文作“大期矾舶上者”可为证。①

4、紫矾

现代化学里的紫矾为十二水硫酸铬钾[$KCr(SO_4)_2 \cdot 12H_2O$],古代紫矾成分不明,历代医家本草鲜有记载,但它却是唐代炼丹家常用的一种外来矾石,其产地据称亦为波斯。《金液还丹百问诀》云炼丹家“向波斯国内而求白矾、紫矾,或向回纥域中寻访金刚、玉屑”。②《鉴源》于黄矾后列紫矾条,云:“紫矾:波斯者如紫石,能化银为金,亦干汞。文州者如黑锡块。”《纲目》的记载较为详细:“其状如紫石英,火引之成金线,画刀上即紫赤色者,为波斯紫矾,并不入服饵药,惟丹灶及疮家用之。”又唐代丹经《太古土兑经》卷下还提到吐蕃亦出紫矾:“夫硫黄用吐番紫矾一味,立制汞为黄金。”③

5、昆仑矾(黑矾)

《鉴源》中有昆仑矾,能“制汞养丹砂”,这是一种来自南海的药物。医家本草中《纲目》对昆仑矾有记载,云:“黑矾,铅矾也,出晋地,其状如黑泥者,为昆仑矾。”据此可知,昆仑矾是一种黑矾。黑矾又称皂矾,成分主要是硫酸亚铁。

通过以上讨论可以看出,外来矾石在唐宋炼丹术中应用非常普遍,甚至在一部五代房中道书《大还丹照鉴》中,其所述“真水”异号也包括昆仑矾、波斯矾这样的名称。④ 概而言之,当时外来矾石的来源主要有二:一是今南海诸国,如砷矾、昆仑矾;二个是波斯及欧洲,尤以波斯矾为多,如鸡屎矾、金线矾、白矾、绛矾、紫矾等。大秦白矾之所以被称为波斯白矾,当与波斯商人有关。丹经记载表明,唐代外来矾石多走海路,最后从广州进入中国内地。如《太极真人杂丹药方》中大量使用红矾、大期矾、金线矾、柳絮矾、鸡屎矾、昆仑矾、紫矾等,书中最后一段说这些药均“出在广州”,而其他药物则各记国内具体产地。⑤ 据此可知,这里所说的“出在广州”是说这些药物

① 《道藏》第19册,页369。
② 《道藏》第4册,页898。
③ 《道藏》第19册,页395。
④ 《道藏》第19册,页304。
⑤ 《道藏》第19册,页373。

是出在广州的舶来品。这一推测有两个旁证。第一,书中有时直接用舶上红矾、大期矾舶上者、波斯(白矾)等说法。第二,广州在当时是一个非常繁荣的贸易港口,如《海药本草》介绍的外来金石药信息很多引自《广州记》一书,说明唐代时广州的确大量输入药物。

硝石

《本草经》收录消石,云其"炼之如膏,久服轻身"。又载朴消,云其"能化七十二种石。炼饵服之,轻身神仙"。有研究认为,《本草经》中的消石主要成分为含水硫酸钠,朴硝主要成分为硝酸钾(火消),二者和今日通用名称恰好相反,自《别录》开始,消石与朴硝的成分发生置换,消石变成火消,朴硝变成含水硫酸钠。[①] 消石又写作硝石,其成分除硝酸钾外,还含有少量硝酸钠和氯化钠,为无色透明晶体,或白色晶状粉末。《集注》说仙经多用硝石消化诸石,《三十六水法》中有多种硝石水法,其他水法、丹方等也大量使用硝石,可见硝石在炼丹术中是一种非常重要的辅助性药物。历代医家所记硝石均产于国内,但道经多次提及乌长国硝石。如《金石簿》硝石条云:

> 硝石　本出益州,羌武都、陇西,今乌长国者良。近唐麟德年甲子岁,有中人婆罗门支法林负梵甲来此翻译,请往五台山巡礼。行至汾州灵石县,问云:此大有硝石,何不采用。当时有赵如珪、杜法亮等一十二人随梵僧共采试用,全不堪,不如乌长者。又行至泽州,见山茂秀,又云:此亦有硝石,岂能还不堪用?故将汉僧灵悟共采之。得而烧之,紫烟烽烟,曰:此之灵药,能变五金,众石得之,尽变成水。校量与乌长,今方知泽州者堪用。金频试炼,实表其灵。若比乌长国,乃泽州者稍软。

乌长国为古代中亚地区一佛教国家,梵文名为 Udyāna, Uḍḍiyāna, Oḍiyāna, Oddiyāna,巴利文名为 Uyyāna, Ujjāna。中国古代载籍多次提到该国,其中《法显传》、《魏书》作乌苌,《洛阳伽蓝记》卷五作乌苌或乌场,《大唐西域记》卷三作乌仗那,《大唐西域求法高僧传》作乌长那,《新唐书》卷二百二十一下《西域传》作乌苌,又作越底延,《开元释教录》作邬荼,《梵语杂

---

① 郭兰忠主编:《矿物本草》,江西科学技术出版社,1995 年,页 312。

名》作乌僪也囊。该国在巴基斯坦北部斯瓦特河(Swāt)上,五世纪法显称它"是正北天竺也,尽作中天竺语"。《北史》卷九十七乌苌国条云:"乌苌国在赊弥南,北有葱岭,南至天竺。"宋云也称它"北接葱岭(此指兴都库什山),南连天竺"。① 《金石簿》提到的这位支法林懂得鉴别硝石之真伪,其法与陶弘景所记相同,为火烧硝石法。陶氏之法见于《集注》硝石条:

先时有人得一种物,其色理与朴硝在大同小异,朏朏如握盐雪不冰,强烧之,紫青烟起,仍成灰,不停沸如朴硝,云是真硝石也。

而支法林所谓硝石"众石得之,尽变成水",指的明显是道教水法中硝石的功能,三十六水法中大多数均需硝石而成之。富安敦(Antonino Forte)认为,这位支法林当即狮子国长年婆罗门释迦弥多罗(Śākyamitra),麟德元年(664年)来华,受到高宗礼待。后因寻圣迹访问过五台山,并与为唐高宗合炼长年药的长年婆罗门卢伽阿逸多同处禁中。②

《太清石壁记》卷下的一段文字表明,道经中关于乌场国硝石的知识来自于一本印度典籍:

又按《岐婆论》云:硝石本出乌场国,其气臭,飞鸟闻其气则不敢上过。直尔单服之,则能使人身内所有虫其药入口立化为水。又炼一切金石,服之者皆可长生。③

孙思邈《千金翼方》卷二十一"耆婆治恶病第三"记载硝石性状、功能、产地等,亦提到乌场国硝石:

论曰:……黄消石出龙窟,其状有三种:一者黄消石,二者青消石,三者白消石。其形如盐雪体濡,烧之融似曲蟮,见盐为水。消石真者烧

---

① 以上关于乌长国的介绍据[唐]玄奘、辩机著,季羡林等校注:《大唐西域记校注》,中华书局,2000年,上册页271注释(一)。

② Antonino Forte,"Fazang and Śakyamitra, a Seventh-century Singhalese Alchemist at the Chinese Court",载邢义田主编:《中世纪以前的地域文化、宗教与艺术》(第三届国际汉学会议论文集·历史组),中研院历史语言研究所,2002年,页369—419。

③ 《道藏》第18册,页775。

炼皆融,真伪可知。三种消石,黄者为上,青者为中,白者为下。用之杀虫,皆不如黄者最良。黄消石立杀人身中横虫,去虫至速,除大风大强药。青消石者,至神大药,出在乌场国,石孔中自然流出,气至恶大臭,蜂蛇飞虫皆共宗之,其气杀虫。

论曰:黄青白消石等是百药之王,能杀诸虫,可以长生,出自乌场国,采无时。此方出《耆婆医方论》治疾风品法中……①

此段文字与《太清石壁记》引《岐婆论》内容相近,但更详细,盖《岐婆论》即《耆婆医方论》。需要注意的是,孙思邈说用青硝石去人身中横虫乃道士之法,这是道教药方使用乌长国硝石的一个例证:

硝石与苦参酒相入,治热至良,去风至速,方稀有用时,乃胜于白硝石,此青硝石体状也。如似世间胶漆,成时亦如陈蜜,亦如饧铺。少必枯,体泽又似尘污脂蜜,气味至恶,此药道士贵服,则去人身中横虫,不能得用时,先与三升酒浸之二十日,多日为佳,其势倍效,皆大验,然后与苦参同浸。②

道教认为人身中皆有三尸九虫,危害性命,若要长生,需先去尸虫。如《抱朴子内篇·微旨》引古书云,人"身中有三尸,三尸之为物,虽无形而实魂灵鬼神之属也。欲使人早死,此尸当得作鬼,自放纵游行,享人祭酹"。③ 乌长国硝石受到道教重视,除其可作为炼丹药物外,与其杀虫功能有关。

《太清石壁记》与《千金翼方》中关于乌长国硝石的内容皆出自岐婆书,以及婆罗门支法林对硝石非常熟悉等,表明该药物的传入当与印度文化有关。此外,宋人姚宽《西溪丛语》卷下引述升玄子《伏汞图》中"试乌场消石法",进一步表明道教对乌长国硝石的认识和应用程度很深。其法为:"其色青,取白石英炙令热,将点上,便消入石中。道书言出鸟场国(笔者按:"鸟"当为"乌"字之误),能消金石为水,服之,尽得长生。其石出处,气极秽恶,飞鸟不能过其上。人或单服从之过,身上诸虫尽化为水而得长生矣。形

① [唐]孙思邈著、李景荣等校释:《千金翼方校释》,人民卫生出版社,1998年,页330—331。
② [唐]孙思邈著、李景荣等校释:《千金翼方校释》,页331。
③ 王明:《抱朴子内篇校释》,页125。

若鹅管者佳。”①

雄黄

雄黄，主要化学成分为硫化砷(AsS)，柱状、粒柱状单晶，多呈放射状，一般含杂质较少，呈橙红色或深红色。作为一种矿物药，雄黄很早就为中医所认识和使用。如长沙马王堆汉墓出土的《五十二病方》(抄写年代不晚于秦汉之际)即炼雄黄傅加(痂)。② 东汉郑玄记载当时医者以“五毒方”注疮，方中即有雄黄：“今医人有五毒之药，作之，合黄埜，置石胆、丹砂、雄黄、礜石、慈石其中，烧之三日三夜，其烟上著，以鸡羽扫取之，以注创，恶肉破骨则尽出。”③《本草经》将雄黄列为玉石中品首位，地位不高，显然以其药性为重，产于山谷。《别录》云雄黄生武都、燉煌山之阳。东汉至隋代武都在今甘肃武威地区，其他时期虽有变动，但不出今甘肃范围。《后汉书·郡国五·牂牁郡》云：“夜郎出雄黄、雌黄。”④汉代时夜郎大致在今贵州地区。晋郭璞注《山海经》云：“晋太兴三年，高平郡界有山崩，其中出数千斤雄黄。”⑤晋代高平郡治所在昌邑县(今山东邹平西南)。《集注》云凉州、宕昌亦有雄黄，但苦于难得，合丸皆用石门、始兴石黄之好者。《新修本草》指出石门之石黄实际上就是雄黄。《本草图经》复增阶州、阶州接西戎界、南方近金坑冶处等产地，但强调南方雄黄“不及西来者真好耳”。此处“西来者”当指武都、阶州等地所产雄黄，与外来药无关。

雄黄为五石之一，为炼丹急需药物之一，但通常炼丹家对雄黄产地的认识与本草著作相近，无外来雄黄。如《抱朴子内篇·仙药》云：“又雄黄当得武都山所出者，纯而无杂，其赤如鸡冠，光明晔晔者，乃可用耳。”⑥《九鼎丹经诀》卷十四云唐初武都雄黄大量出产，与瓦石同价。《鉴源》提到有“西蕃”雄黄：“诀曰：雄黄千年化为黄金。黄帝曰：雄黄化铜。武都者上，西蕃者次。铁色者上，鸡冠色者次。沉水银。脚铁末上拭了，旋有黄衣生者上。”可惜此“西蕃”不知具体所指。《金石簿》明确记载有波斯雄黄，惟云质

① [宋]姚宽撰、孔凡礼点校：《西溪丛语》，中华书局，1993年，页110。
② 马王堆汉墓帛书整理小组：《五十二病方》，文物出版社，1979年，页106。
③ 《周礼·天官冢宰·疡医》卷五，《十三经注疏》，中华书局，1980年，页668。
④ 《后汉书》，页3510。
⑤ [清]孙星衍、孙冯翼辑：《神农本草经》，页59。
⑥ 王明：《抱朴子内篇校释》，页203。

量不如武都者："雄黄 出武都，色如鸡冠，细腻红润者上。波斯国赤色者为下。"波斯雄黄其他载籍鲜有记载，现存丹经也未发现有使用的例子，《金石簿》所言不知是否属实。不过，《魏书·西域传》曾记载波斯产雌黄，而雄黄常与雌黄共生。此外，《三国志》卷三十引《魏略·西戎传》云波斯西邻大秦国产雄黄。①

此外，英国学者韦利曾注意到唐代丹经《石药尔雅》中雄黄有一个异名为"迄利迦"，Vijaya Deshpande 指出，雄黄的梵文名称有 Pita，Pitaka，Haritāl，Tālaka 等，迄利迦可能是一个梵文汉译名称。② 由此可知，印度雄黄知识在唐代时也可能传入中土。

雌黄

雌黄，主要化学成分为三硫化二砷（As_2S_3），通常含有杂质，如硫化锑（Sb_2S_3）、二硫化铁（FeS_2）、氧化硅（SiO_2）等，呈不规则块状，全体为桔黄色，杂有灰绿色。《本草经》将雌黄列为玉石中品，云："炼之，久服，轻身增年不老。"《别录》云其生武都，与雄黄同山生。《集注》介绍了两种雌黄，一者出武都仇池，谓之武都仇池黄，色小赤；二者出扶南、林邑，谓之昆仑黄，色如金，而似云母甲错，为画家所重，并指出仙经中无单服雌黄法，唯与丹砂、雄黄等飞炼合丹用。宋代时似乎已无南海雌黄输入，因为《本草图经》记载说"雌黄生武都山谷，与雄黄同山……今出阶州，以其色如金，又似云母，甲错可析者为佳。其夹石及黑如铁色者，不可用。"《金石簿》载雌黄，其鉴别法与《本草图经》相似，同样不记域外产地："雌黄 出武都，颜色黄明如金簿，破看如云母光，无夹石者为上。"《鉴源》记载了两种不同的鉴别方法，云："试法但于甲上磨，上甲者好。又热烧熨斗底，以雌划之，如赤黄线一道者好。"但它提到当时有舶来雌黄，惜未记产地："雌黄：背阴者雌也，能柔五金，亦可干汞。舶上如噀血者上，湘南者次，青者尤佳。叶子上可转硫黄，可伏粉霜。"此段文字与《证类》引《丹房镜源》文基本一致。"如噀血"的特点与《集注》所言扶南、林邑雌黄"色如金，而似云母甲错"不同，故此舶上雌黄或许来自其他国家。现存丹经中《上清经真丹秘诀》见有使用"舶上雌黄"

---

① 《三国志》，页 861。

② Vijaya Jayant Deshpande, *Alchemy in India and China*, A thesis (Revised Version) submitted to Panjab University, Chandigarh, for the Degree of Doctor of Philophy, 1988, pp. 136—138.

的例子。[1]

石脑

石脑,《本草经》中有太一禹余粮,云一名石脑。《别录》另立石脑条,云其生名山土石中。《集注》认为石脑即石钟乳(主要成分为碳酸钙),且仅用于道教:"此石亦钟乳之类,形如曾青而白色黑斑,软脆易破,今茅山东及西平山并有,凿土堪取之。世方不见用,《仙经》有刘君导仙散用之。又《真诰》云:李愸(整)采服,治风痹虚损,而得长生也。"李整,河内人,昔受守一法并洞房得道成仙,他服石脑一事见《真诰·稽神枢第三》,服者又有姜伯真与繁阳子:"罡山东北有穴,通大句曲南之方山之南穴,姜伯真数在此山上取石脑。石脑在方山北穴下,繁阳子昔亦取服。此北伫山中亦有此物。石脑故如石,但小斑色而软耳,所在有之。服此,时时使人发热,又使人不渴。李整昔未入山时,得风痹疾,久久乃愈耳。此人先多房内事,殆不同今者疾之轻薄也。"陶弘景注文云:"石脑,今大茅东亦有。形状圆小如曾青,而质色似钟乳床,下乃皎白,时有黑斑而虚软。服之乃热,为治亦似钟乳也。"[2]此段注文与《集注》注文一致。《新修本草》记载了另外一个方士服徐州石脑而成仙的故事:"隋时有化公者,所服亦名石脑,出徐州宗里山,初在烂石中,入土一丈已下得之,大如鸡卵,或如枣许,触着即散如面,黄白色,土人号为握雪礜石,云服之长生。与李整相会也。"《龙虎诀》卷下"点红银晕方法"中用徐州石脑。宋代掌禹锡指出握雪礜石主疗与石脑不同,批评苏敬妄引握雪礜石注解释石脑。《纲目》从之,并认为石脑即葛洪所说的石脑芝,乃石芝之一。《抱朴子内篇·仙药》云:"石脑芝,生滑石中,亦如石中黄子状,但不皆有耳。打破大滑石千许,乃可得一枚。初破之,其在石中,五色光明而自动,服一升得千岁矣。"[3]

《金石簿》记载有波斯石脑:"石脑　本出茅山四(西)平,色亦多种,但取蒲州出者,其色如握雪者即堪入用。波斯国者为上。"

---

① 《道藏》第18册,页505。
② 《道藏》第20册,页567。
③ 王明:《抱朴子内篇校释》,页199。

不灰木

不灰木，一般认为是石棉，主要成分为水化硅酸镁，常夹杂石灰、氧化亚铁等物质，全体呈细纤维状，浅青绿色，具有光泽，是热和电的不良导体，由于烧之不燃，故名不灰木。但《中国矿物药》指出，从历代记述看，色青白的石棉可为阳起石石棉或蛇纹石石棉，甚至为滑石、水镁石质石棉，所以不灰木的原矿物不止一种。[①] 孙思邈《千金翼方》卷一"药出州土第三"记载潞州出不灰木。不过，本草著作正式收录该药始于唐《本草拾遗》，云："要烧成灰，即斫破，以牛乳煮了，便烧黄牛粪，烧之成灰。"《开宝本草》亦著录，但描述与《本草拾遗》完全不同："不灰木　大寒。主热痱疮，和枣叶、石灰为粉，傅身。出上党，如烂木，烧之不燃，石类也。"《本草图经》进一步指出不灰木有多种："不灰木，出上党，今泽、潞山中皆有之，盖石类也。其色青白如烂木，烧之不燃，以此得名，或云滑石之根也，出滑石处皆有，亦名无灰木。"《纲目》的介绍更为详尽："不灰木有木、石二种……《开山图》云：徐无山出不灰之木，生火之石。山在今顺天府玉田县东北。《庚辛玉册》云：不灰木，阴石也。生西南蛮夷中，黎州、茂州者好，形如针，文全若木，烧之无烟。此皆言石者也。"以上所记不灰木产地中没有域外国家。

以上虽然指出不灰木有多种，但南北朝至唐代，炼丹术中还有另外一种特殊的不灰木，即理石。《太清经天师口诀》所附《赤松子肘后药诀》云："理石，世云不灰木，烧之不灰，唯牛屎火烧立成灰也。其理石似腐木，名山有之，长理，硬者非。"[②]《石药尔雅》亦云："理石……一名不灰木。"[③]理石为石膏中之长文细直如丝而明洁色带微青者，其成分为二水硫酸钙与硫酸钙的集合体，《本草经》中即已记载。然而历代医家本草均未言理石又名不灰木，故此异名或许仅在道教中使用。《本草拾遗》所言之不灰木以黄牛粪烧之能成灰，显然符合炼丹家对理石特性的记述。《九鼎丹经诀》卷十一记载有不灰木（理石）烧成灰并炼汞之法，其"去玄珠毒法"云："先作黄矾石水一斗，著铜铛中，煮伏火玄珠上可五斤，下可二斤，令矾石水尽。更别烧牛粪，烧不灰木作灰。取磁石破如小豆，汤中煮，使极沸，用汤淋二灰，取汁着铛

---

① 李鸿超统编：《中国矿物药》，地质出版社，1988 年，页 33—34。

② 《道藏》第 18 册，页 789。

③ 《道藏》第 19 册，页 62。

中,煮玄珠一日夜……”

此外,《鉴源》云不灰木灰可“煮汞”,《证类》引《丹房镜源》文为“不灰木煮汞”。《纲目》引独孤滔言曰:“煮汞,结草砂,煅三黄,匮五金。”此不灰木成分不明,但宋代以来,炼丹术中再未见到称理石为不灰木者。宋代编撰的《铅汞甲庚至宝集成》卷四云:“不灰木可煮汞,潞州者妙。”①宋代潞州出不灰木而无理石。《金石簿》著录不灰木,根据其描述,当为石棉无误也。该书首次提到有波斯不灰木传入:“不灰木　出波斯国。是银石之根,形如烂木,久烧无变,烧而无灰,色青似木。能制水银。余所出处不堪所用,波斯者为上。”

石盐

石盐即光明盐,为《新修本草》新增药物,为天然的食盐结晶,多呈不规则的块状,大小不等,全体呈暗白色,有时表面附有微量泥土或微有光泽。据《新修本草》记载,光明盐“生盐州五原,盐池下凿取之。大者如升,皆正方光澈。一名石盐”。《本草图经》云:“又阶州出一种石盐,生山石中,不由煎炼,自然成盐,色甚明莹,彼人甚贵之,云即光明盐也。医方所不用,故不能尽分别也。”以上皆无外来石盐记载。而《纲目》提到多处域外石盐,其中有产自波斯者:“石盐有山产、水产二种。山产者即厓盐也,一名生盐,生山厓之间,状如白矾,出于阶、成、陵、凤、永、康诸处。水产者生池底,状如水晶、石英,出西域诸处。《吴录》云:天竺有新淘水,味甘美,下有石盐,白如水晶。又波斯出自然白盐,如细石子。”

唐代前期,《大洞金丹妙诀》等丹经在介绍石盐时未言有域外石盐,但《金石簿》记载有波斯石盐,且品质为上,其石盐条云:“出平州、北奚界之中,形状似黑云母,光润者为上。盐州亦有,气力稍软。波斯国者为上。”可见在此之前,炼丹家已经使用波斯石盐。

《证类》载宋代掌禹锡引《蜀本草》注云,光明盐“亦呼为圣石”。《纲目》引雷敩《炮炙论序》云:“圣石开盲,明目而如云离日。则光明者,乃兼形色与功而名也。”圣石之名常用于道教。

---

① 《道藏》第19册,页267。

赤盐

赤盐在古代为戎盐的一种,即含红色杂质(如氧化铁)的石盐,主要成分为氯化钠。戎主要指西域中今之中国西北地区,如《别录》云,戎盐"一名胡盐。生胡盐山,及西羌北地,及酒泉福禄城东南角。北海青,南海赤"。《纲目》戎盐条李时珍补充说:"所谓南海、北海者,指西海之南北而言,非炎方之南海也。"

魏晋时期赤盐便被用于炼丹。如《抱朴子内篇·黄白》中有"治作赤盐法":"用寒盐一斤,又作寒水石一斤,又作寒羽涅一斤,又作白矾一斤,合内铁器中,以炭火火之,皆消而色赤,乃出之可用也。"[①]又《九鼎丹经诀》卷九有一类似方法:"黄矾石一斤,石盐八两,并捣作末,铁器中消镕,看色赤足即停下,成赤盐,研为末用。"赵匡华指出,二者对照可知前法中寒盐即石盐,白矾乃黄矾之误。[②]

唐代一些炼丹家很重视赤盐,如《大洞金丹妙诀》云:"赤戎盐所出西戎之上,味禀自然水土之气结而成质。其方王土气本黄而赤,其盐亦随王气而生,号言戎盐。味微淡于石盐,力则能炼伏阳精,增明光辉。"《鉴源》云:"戎盐:赤、黑二色出西戎,垒卵,制丹砂,干汞。"又云:"蛮盐:可伏雄、雌作金用,红盐为上也。"历代本草及道书均未言曾有波斯赤盐输入,惟《太古土兑经》卷下云炼丹家用波斯赤盐制作伪黄金:"夫硫黄用吐番紫矾一味,立制汞为黄金。波斯赤盐亦然,俱不用诸药,并成上宝。"[③]据劳费尔介绍,波斯地区出产五色盐,包括白、黄、绿、黑、红五色。[④] 按《隋书·西域传》记载,隋炀帝曾派遣使者出使安国,得五色盐而返。[⑤] 又《册府元龟》卷九百七十一载,天宝五年,突骑施、石、史、米、罽宾国献红盐、黑盐、白戎盐等物。五色盐在唐初被炼丹家视为神盐,《九鼎丹经诀》卷八"假别药作戎盐法"云:"若作五色神盐,五帝精投之即成。"中古时期阿拉伯、波斯医药中亦常用红盐,但宋岘根据伊本·贝塔尔《药典》的记载指出,这种红盐实为印度盐,印度人

① 王明:《抱朴子内篇校释》,页289—290。
② 赵匡华、周嘉华:《中国科学技术史·化学卷》,页379。
③ 《道藏》第19册,页395。
④ [美]劳费尔著、林筠因译:《中国伊朗编》,商务印书馆,1964年,页340。
⑤ 《隋书》,页1849。

用红盐为药的历史悠久，其法为阿拉伯医学继承。[①] 玄奘《大唐西域记》卷十一云："信度国……多出赤盐，色如赤石，白盐、黑盐及白石盐等，异域远方以之为药。"[②]《大慈恩寺三藏法师传》卷四亦云："（玄奘）至信度国。土出金、银……赤盐、白盐、黑盐等，余处取以为药。"[③]印度医典及佛教经籍中有很多关于赤盐以及其他诸色盐的记载。

黑盐

黑盐是五种盐之一，炼丹家使用不多，《石药尔雅》记其异名有黑帝味、玄武味、玄武脑、北帝髓、北帝根五种。[④]《太清石壁记》只记黑帝味一种。

黄盐

唐代炼丹有用黄盐者。例如《太清石壁记》，其卷上"太一金英神丹方"中水银一味如是记载："水银一斤，以黄盐相得真水银。"[⑤]又如《太古土兑经》卷下"明性灵"云："夫朱砂好者入赤盐、黄盐，覆籍磁器，火养十日，名曰立制神粉，点汞成紫庚，五石为软金，亦号曰神妙。又点上真庚，合之固神。"[⑥]据《鉴源》记载，黄盐出新罗："新罗黄盐：化汞成金，可养丹砂、煮汞。"

绿盐

绿盐，又称盐绿，全体呈绿色、柱状，主要成分为氯化铜。也有人认为绿盐即铜绿、铜锈，主要成分为碱性碳酸铜或硫酸铜。[⑦] 绿盐亦为《新修本草》新增药，"真者，出焉耆国，水中石下取之，状若扁青、空青，为眼药之要。"后来多云绿盐产自波斯。如《海药本草》引《古今录》云："波斯国在石上生……按舶上将来，为之石绿，装色久而不变。中国以铜错造者，不堪入药，色亦不久。"《纲目》云："方家言波斯绿盐色青，阴雨中干而不湿者为真。"劳费

---

① 宋岘：《回回药方考释》上，中华书局，2000 年，页 13—14、230。
② ［唐］玄奘、辩机著，季羡林等校注：《大唐西域记校注》，下册页 928。
③ ［唐］慧立、彦悰著，孙毓棠、谢方点校：《大慈恩寺三藏法师传》，中华书局，2000 年，页 94。
④ 《道藏》第 19 册，页 62。
⑤ 《道藏》第 18 册，页 763。
⑥ 《道藏》第 19 册，页 395。
⑦ 宋岘：《古代波斯医学与中国》，经济日报出版社，2001 年，页 14、78。

尔说盐绿即波斯语的 zingār(阿拉伯语 zinjar),托名亚理斯多德的《石谱》上说它是用醋放到铜或黄铜里而提炼出来的。[①] 宋岘引伊本·贝塔尔《药典》云:"据说,绿盐生于矿藏中,或者生于塞浦路斯的含铜石头上。"[②]

唐代医家一般将波斯绿盐作为眼药使用。如孙思邈《备急千金要方》卷六上"七窍病上"载有"治眼暗赤冷泪方"用"波斯盐",宋岘以为即波斯绿盐。[③]《外台秘要方》卷二十一"眼闇令明方"中引《近效方》、"眼杂疗方"中引兵部侍郎卢英所传等药方均使用波斯盐绿。但孙思邈又将此药用于炼丹,《太清丹经要诀》中"添离用兑法"之三用波斯盐绿、赤土、胡同律与硇砂合炼。[④]

绿青、扁青

绿青,又作碌青、石碌等,其成分主要是孔雀石类。它在炼丹术中使用并不多,且一般出于国内,但孙思邈提到有自南海舶来者。《千金要方》卷十二"太一神精丹"用到曾青,孙氏云:"曾青如蚯蚓屎,如黄连佳,世少此者,好昆仑碌亦得差病。"[⑤]《九鼎丹经诀》卷十五"炼石碌法"引述《千金要方》时说,"若无曾青,以昆仑石碌研沙取用。"因绿青常与扁青共生,故《新修本草》扁青条误认为扁青即绿青,此言虽谬,但该书提到扁青在南海的具体产地,从侧面证明了孙思邈言之有据,其文曰,"朱崖巴南及林邑、扶南舶上来者,形块大如拳,其色又青,腹中亦时有空者。"

鍮石

鍮石是中国古代一种常见舶来品,自汉代到明代被广泛使用。但如矾石类似,鍮石实际上也不是一种物质,因化学成分不同,很容易造成歧义。赵匡华指出,鍮石最初指一些金黄色的石头,如黄铜矿($CuFeS_2$)、黄铁矿(FeS_2)等,后来出现了锌黄铜,同样被称为鍮石。[⑥]"鍮石"虽然是一个外来词汇,但由于古代波斯与印度均曾向中国输入鍮石,因此学术界对其语源有

① 《中国伊朗编》,页340。
② 宋岘:《古代波斯医学与中国》,页14—15。
③ 宋岘:《古代波斯医学与中国》,页78。
④ 《道藏》第22册,页499。
⑤ [唐]孙思邈:《备急千金要方》,页231。
⑥ 《中国科学技术史·化学卷》,页184。

争议。劳费尔最早提出“鍮”是波斯语 tūtiya 的音译，后来李约瑟则主张“鍮”译自梵语 tāmra（铜）。林梅村认为以上两种观点都是错误的，“鍮石”当系伊朗语借词，借自婆罗钵语的 rōd（黄铜），它最初为古波斯人对红铜的称谓，当他们掌握了黄铜冶炼技术以后，又用该词表示黄铜。波斯人对鍮石的称谓大概经粟特语间接借入汉语。①

鍮石在隋唐时广受推崇，同样也得到炼丹家重视，常被用于炼丹。隋苏元朗《宝藏论》记载二十种药金中包括“硧石金”，②此段文字与《铅汞甲庚至宝集成》卷四引《本草金石论》文相同，后者作“鍮石金”。③ 唐初《九鼎丹经诀》中很多金丹黄白方使用鍮石，一些地方更是明确使用波斯鍮石。如卷十八有“去鍮石及铁恶物法”云：“又去鍮铁二物恶秽，亦与铜法不殊。鍮铜欲打为叶，先须预小炼三遍，其体益净，其水必须净而且暖，不得全投，恐致散失。所为鍱者，阔一寸，长六七寸，厚可二分。烧讫，冷拍胶盐使尽，若热即折，不终百遍之功。烧十两秽铜，可得五两以下净体。鍮亦准此作。”卷十九“杀鍮石毒法”云：“取真波斯马舌色上鍮，依此上卷，以盐胶百炼石令净，滤之为屑。其用煮蒸方法，一与丹阳铜杀法无异也。”孙思邈《太清丹经要诀》中“波斯用苦楝子添鍮法”需“波斯鍮二斤”，“素真用鍮要法”需“成炼波斯鍮二两”。④ 唐宋其他丹经中使用鍮石的例子非常多，其中《参同契五相类秘要》中明确提到“波斯折鍮”。⑤

黄花石

《金石簿》载黄花石，云其为本草中有名无用药物，出波斯者为上：“黄花石　本有名无用中有黄花石。出波斯国者上，江东、北亭、虔州者次，诸路有铜矿之处皆有，最下，不堪用。其形似铜矿，质有金星点，赤色，重烧有腥烟之气，研水银便上。波斯国生即是真也。又云似紫矿，欲似麒麟竭，此说非真，真者颜色甚光润耳。”按历代本草有名无用药物中并无黄花石，它可能指《集注》有名无实玉石类中的黄石华，系陶弘景引自《别录》，其文为：

---

① 林梅村：《古道西风——考古新发现所见中西文化交流》，生活·读书·新知三联书店，2000 年，页 218—219。

② ［宋］唐慎微：《重修政和经史证类备用本草》，人民卫生出版社影印本，1957 年，页 109。

③ 《道藏》第 19 册，页 266。

④ 《云笈七签》卷七一，《道藏》第 22 册，页 500。

⑤ 《道藏》第 19 册，页 87。

“黄石华 味甘,无毒。主治阴萎,消渴,膈中热,去百毒。生液北山,黄色,采无时。”但自陶弘景始,无人知晓黄石华为何物,故历代本草均将其置于有名无实类。《金石簿》所谓黄花石生于铜矿之处,根据其性状描述,颇类似鍮石。按《石药尔雅》云,鍮石一名黄石。[①]《金石簿》无鍮石条,可能将黄花石与鍮石看作一类药物。赵匡华认为,黄花石与自然铜均属黄铜矿石,主要成分为 $CuFeS_2$。[②]

炉甘石、脱梯牙

炉甘石是菱锌矿石或水锌矿石,二者的化学成分分别为 $ZnCO_3$ 和 $Zn_5(CO_3)_2(OH)_6$,主要产于原生铅锌矿床的氧化带,是闪锌矿(ZnS)氧化所生成的易溶性硫酸锌与碳酸盐围岩或原生矿石中的方解石发生复分解反应而形成的,呈不规则块状,整体为淡黄色,不平坦,有很多小孔,质较轻而稍硬,可打碎,断面呈淡红与白色相间的海绵状。在我国,很可能是炼丹家最早使用炉甘石,陈国符认为时间在唐代。[③] 宋代黄白术经常使用此物,医家罕用,直到明代医家本草才正式收录。《纲目》卷九炉甘石条释名云:“(土宿真君曰:)此物点化为神药绝妙,九天三清俱尊之曰炉先生,非小药也。(时珍曰:)炉火所重,其味甘,故名。”集解云:“(时珍曰:)炉甘石,所在坑冶处皆有,川蜀、湘东最多,而太原、泽州、阳城、高平、灵丘、融县及云南者为胜,金银之苗也。其块大小不一,状似羊脑,松如石脂,亦粘舌。产于金坑者,其色微黄,为上。产于银坑者,其色白,或带青,或带绿,或粉红。赤铜得之,即变为黄,今之黄铜,皆此物点化也。《造化指南》云:炉甘石受黄金、白银之气熏陶,三十年方能结成。以大秽浸及砒煮过,皆可点化,不减三黄。崔昉《外丹本草》云:用铜一斤,炉甘石一斤,炼之即成鍮石一斤半。非石中物取出乎?”由上可见,即便《纲目》收录炉甘石,其记载大部分也来自炼丹著作。不过,《纲目》没有提及该药的国外产地。

现存宋元丹经如《诸家神品丹法》、《修炼大丹要旨》、《庚道集》等记载有多种使用炉甘石来炼制伪金银的方法。如《诸家神品丹法》卷六“日华子

---

① 《道藏》第 19 册,页 62。

② 《中国科学技术史 · 化学卷》,页 346—347。

③ 陈国符:《〈石药尔雅〉补与注》(增订本),《陈国符道藏研究论文集》,页 173—174。

点庚法"用太原炉甘石、纯铜和木炭制作黄色鍮铜(锌铜合金)。[①]《庚道集》则用外来炉甘石,其卷二"关庚法"云:"又关法,用北卢甘石一两,即回回名脱梯牙,枣肉、小麦、柏叶三味,不拘多少。右入酽醋,同捣如泥,裹前干汞,用鞴炉煅两个时辰,取出,炉倾于齑水内,即成上色庚。道卢甘石紫色者,成紫色。用死硇、死硼作贴身,入砒黄少许亦妙。"卷四"丹阳换骨法"又法云:"……死砒,以菠菜叶捣自然汁,煮砒一伏时,立死。以脱梯牙,即北回回卢甘石为末,和北枣肉捣匀为膏,涂泥甘锅底,亦作锅样,瞰干。却入骨头一两,死砒一钱,盖面在脱梯牙枣肉锅内,上又用枣脱梯膏盖上,又用盐满锅。火从微至猛,一煅锅通红,取出即上等白银。"[②]

脱梯牙,或作朵梯牙,在一部14世纪下半叶写成的汉文伊斯兰医药典籍《回回药方》中有记载,写作"脱体牙"。宋岘认为,脱体牙乃波斯词语 Tootiyā 的音译汉文名,其含义有二,一指天然氧化锌,二指天然硫酸锌,即皓矾。自古以来,波斯人将皓矾当作眼药。此外,波斯语、阿拉伯语中还有另一种脱体牙石 Sang Tūtiyā 或Ḥajar Tūtiyā,为菱锌矿(天然碳酸锌),又名异极石,中医称之为炉甘石,它有去翳明目之效,是另一种眼药。[③] 上文鍮石条指出,早先劳费尔认为"鍮"是波斯语 tūtiya 的音译。后来张星烺亦支持此观点,谓:"鍮石,乃波斯文 tutiya 也。鍮字译音,石字译义也。此物乃矿石之一种,中含亚铅(鋥或锌)。波斯起儿漫省(Kirman)邓巴汪德山(Dunbawand)产之。"[④]宋岘据此认为,朵梯牙、脱体牙、鍮石三者为同一种治眼炎的矿物药——皓矾。根据上述讨论,这种观点是不正确的,脱体牙与鍮石通常情况下不能混为一谈。

从语源来看,北回回炉甘石似乎是一种波斯矿产。赵匡华也认为,"波斯贩运来者称为北回回炉甘石,波斯语译名为脱梯牙、朵梯牙"。[⑤] 按"回回"之称始见于北宋沈括《梦溪笔谈》,但当时它指回纥或回鹘。南宋时,"回回"的含义除了指回纥或回鹘以外,还指葱岭以西的一些部落或种族。元代时,"回回"所指比较混乱,但有一种用法值得注意:一方面它特别习惯

① 《道藏》第19册,页241。
② 分别见《道藏》第19册,页444、459。
③ 宋岘:《回回药方考释》上,页303—306。
④ 张星烺编注、朱杰勤校订:《中西交通史料汇编》第二册,中华书局,2003年,页1043。
⑤ 赵匡华、周嘉华:《中国科学技术史·化学卷》,页359。

用于称呼波斯人，并出现用它来称呼信仰伊斯兰教者的显著倾向；另一方面，“回回”和“畏兀儿”、“畏吾儿”区别开来。明代时，“回回”和“畏兀儿”仍然有区别。直到17世纪中叶，畏兀儿才被称为“回回”。[①] “北回回”之称似乎未见他处记载，《庚道集》收入明《正统道藏》（始撰于1406年，1445刊成）。综合以上情况来看，“北回回”应该指元或明初时居住在中国北方的中亚西亚伊斯兰移民。陈国符根据“回回”这一名称以及其他地名特征，认为《庚道集》乃元人或明人所集，[②]是极有见地的。当然，“北回回”并非脱梯牙的原始产地，只是这种矿物的使用者。元代时，随着东西方交通之路的大畅通，大批中亚、西亚穆斯林进入中国定居下来，他们一并将伊斯兰医药学带入中国，北回回炉甘石就是北方回回使用的伊斯兰药物。

根据中世纪阿拉伯作家的记载，波斯富产脱体牙。宋岘引述波斯地理学家盖兹威尼（al-Qazwīnī，1203—1283年）《地理志》、雅古特（Yāqūt，1179—1229年）《地名辞典》等古文献记载指出，波斯东南部的克尔曼地区在古代以产脱体牙而闻名，其矿产曾输往世界各地。如《地理志》云：“黛敏当是克尔曼（起儿漫）的大城市，伊本·法基赫讲：‘那里有的金矿、银矿、铁矿、铜矿、鍮石矿、硇砂矿，共生在一座叫担巴万德（Danbāwand，邓巴汪德）的大山中。’”该书“克尔曼”一节亦言：“它有脱体牙矿。它从那里输往世界各地。”《地名辞典》的“库白扬”（Kubāyān）条目说：“它也叫‘库开扬’（Kūkayān），是克尔曼的一个镇。它同另一个叫‘比哈巴泽’（Biha bādh）的镇所出产的脱体牙被输往世界各地。这是一个克尔曼人讲给我的。”[③]然而，波斯并非脱体牙的唯一产地，伊斯兰其他地区也有出产。如盖兹威尼《地理志》“科尔多瓦”条云该地产菱锌矿：“它有山地，是银矿和鸡血石矿，它（鸡血石）是能止血的石头。它还有菱锌矿和明矾矿……”伊本·贝塔尔（1248年卒）《药典》卷一“脱体牙”条则记载脱体牙产于印度、信德（今巴基斯坦一带）及中国：“伊本·瓦菲德讲，其中，有生成于天然矿中的，也有一种是炼铜的熔炉中产生的金属渣（Iqlimiyā）。……至于矿物的，有三种。其中有白色的，绿色的，还有泛出红色的黄色的。它们的矿藏分布在印度和信德的诸海岸上。其最佳者，是纯白色的，看上去如同食盐。其次是黄色的。

---

① 白寿彝主编：《中国回回民族史》上册，中华书局，2007年，页103—104。

② 陈国符：《陈国符道藏研究论文集》，页121。

③ 引文见宋岘：《回回药方考释》上，页304。按《地理志》中的“鍮石矿”当作“脱体牙矿”。

至于绿色的，是粗糙而多孔的，是产自中国的。白色的，是其中最细腻的；绿色的，是其中最粗糙的。”[①]该段记载中产自中国的粗糙多孔脱体牙应当就是炉甘石。至于印度脱体牙，雅古特《地名辞典》中也有记载，产地为印度西南海岸的故临城，与《药典》的记载相合：“（在故临城）还有硫磺矿、铜矿，铜之烧冶可产生一种很好的图提雅。除去我们前面提到过的印度 tutiyā 是来自锡的冶炼之外，其他各种图提雅均从铜之冶炼中来。”[②]

必须注意，上述著作中的脱体牙其成分究竟为何物，需要仔细分析，不可一概而论。法国东方学者费琅辑注的一个《药典》译本中脱体牙一段文字将脱体牙直接译为氧化锌[③]，这种用化学成分取代古代矿石名称的做法很多情况下不适当。由于古人命名矿石并非基于严格的化学知识，同名矿石但其成分却未必完全一致，前面介绍的矾石与鍮石就是两个很好的例子。伊本·贝塔尔在介绍完脱体牙的种类后，又记载了它的详细炼制方法：

> 在净化铜时，有大量的锌烟尘散发出来，这样便产生了氧化锌。氧化锌从锌烟尘中来，在精炼的过程中，蒸气从锌烟尘中升起，凝结[而形成氧化锌]。氧化锌不仅能从精炼铜的过程中得到，即使不炼铜时，也可以从锌烟尘中直接获得。下面就是制氧化锌的方法：在一间两层平顶的房子里，建一个炼炉，炉子上方开一个不十分大的口，从下层平顶出去。在该房间旁边，建另一间房，由工匠及其助手们使用。该房和炉子之间有一细洞，风从细洞吹入炉膛。炉子上有一宽窄适当的窗口，以便把必要的东西加入炉膛或从炉中取出必要的物品。炉中的煤炭一旦燃烧，如果需要，工匠便连续不断地一点一点地把煤炭加到锌烟尘炉槽里；只要还有锌烟尘，工匠便加煤不止。就这样，锌烟尘变成气体，最轻最微小的成分上升到上面一层房间，附在房顶和墙壁上。该工序刚开始，人们可能会认为，好像贮气罐顶浮子在水面上形成，随后便形成了毛絮团。最粗糙、最重的部分下沉，直到地面，一部分进入炉子，另一部分则落在建有炉子的房间地面上。这些成分也被称为锌，这是最次

---

① 以上引自宋岘：《回回药方考释》上，页 305。

② ［法］G. 费琅辑注，耿昇、穆根来译：《阿拉伯波斯突厥人东方文献辑注》上册，中华书局，1989 年，页 248。

③ ［法］G. 费琅辑注，耿昇、穆根来译：《阿拉伯波斯突厥人东方文献辑注》上册，页 275。

> 的部分，因为里边杂有尘土和炉渣。有的人说，这是制作氧化锌的唯一方法。最好的氧化锌产自塞浦路斯，这种氧化锌，如果把醋倒在上面，就会发出一股铜味。[①]

根据这段描述，我们可以确定这种炼制的脱体牙为氧化锌。这种方法与马可·波罗（Marco Polo，1254—1324）记载的一种波斯人使用的方法很相似。马可·波罗行往中国途经波斯起儿漫州的忽必南城时，记载了当地人一种制眼药的方法。《马可波罗行纪》第一卷第 38 章云，忽必南"其地制造眼药，（toutie）治眼疾之良药也。并作矿滓（espodie），其法如下。掘地为长坑，置火灶于其中，上置铁格，坑中上升之烟与液，粘于格上，是为良药。火熔余物则成为滓。"[②]此眼药的化学成分，沙海昂引述 Hout. Shindler 的观点认为："是为矿质眼药，用酸化亚铅制之，最良眼药也。此酸则取于本地镕解硫化亚铅之灶炉的烟突中。"[③]实际上，此眼药应该就是波斯人常用的脱体牙（氧化锌）。

密陀僧

密陀僧，为不规则的块状，橙红色，表面粗糙，有时一面呈橙黄色而略平滑，主要成分为氧化铅（PbO），含少量砂石、金属铅及二氧化铅等杂质。密陀僧为《新修本草》新增药，并云其产地为波斯："形似黄龙齿而坚重，亦有白色者，作理石文，出波斯国。一名没多僧，并胡言也。"劳费尔认为密陀僧与没多僧二词分别为古波斯词汇 mirdāsang 与 murdāsang 的音译。[④] 宋岘认为："密陀僧、没多僧，均为波斯语对黄丹（即一氧化铅 PbO，又名铅黄）的称谓'墨尔达商'（Mordasang）的汉字音译。"[⑤]宋时内地亦有密陀僧，《本草图经》云："今岭南、闽中银铜冶处亦有之，是银铅脚。其初采矿时，银、铜相杂，先以铅同煎炼，银随铅出。又采山木叶烧灰，开地作炉，填灰其中，谓之灰池。置银铅于灰上，更加火大煅，铅渗灰下，银住灰上，罢火，候冷，出银。

① [法]G. 费琅辑注，耿昇、穆根来译：《阿拉伯波斯突厥人东方文献辑注》上册，页 275—276。

② [法]沙海昂注、冯承钧译：《马可波罗行纪》，中华书局，2004 年，页 109。

③ [法]沙海昂注、冯承钧译：页 109。

④ 《中国伊朗编》，页 338。

⑤ 《古代波斯医学与中国》，页 15。

其灰池感铅银气，置之积久成此物。今之用者，往往是此，未必胡中来也。形似黄龙齿而坚重者，佳。”

由于铅为炼丹最重要的药物之一，故密陀僧（丹经多写作蜜陀僧）也受到炼丹家重视。此药在《九鼎丹经诀》所引狐刚子《出金矿图录》中已见使用，此后地位进一步上升，甚至有炼丹家视其为黄芽。如《龙虎诀》云：“铅者，北方玄武之号，西方白虎之名……或以黄丹及密陀僧已上为金花，谬也。”《金液还丹百问诀》亦云：“或以密陀僧为黄芽。”①又《真元妙道要略》云：“有以蜜陀僧、铅黄黄花号黄芽者。”②《诸家神品丹法》卷二云：“凡用铅汞为丹，多误将黑铅为真铅，或忍（认）水银为真汞。及取铅黄华为黄芽者，亦有煎水碱炼盐采精，并水银、朱砂、铅炉、密陀僧，及二青三黄、五金八石之类。”③

波斯铅

隋唐时炼丹家常使用一种来自波斯的药物，称为波斯铅。《纲目》卷八引轩辕述《宝藏论》云铅有数种，其中，“波斯铅，坚白为天下第一”。《阴真君五相类秘要》用波斯铅，由于密陀僧也一同出现，可知二者是两种不同的药物。该书《配合波斯铅精相类门第十八》云：“波斯铅不损三才，为五符天镜，成我大丹为黄芽，是毕天之上法。波斯铅是白虎庚辛金铅，号西国黄芽……波斯铅如着水银，于猛火中炼如金色。若未至金色，须百炼取金色，然后堪点化。”以下还有波斯铅的其他烧炼方法。又《配合同炁别名相类门第二十》云：“玄元上教，出自流沙，为配名配铅。东方是汉国铅，汉国铅虽有华轻，不得纯体，不同西国流沙铅。太上因度流沙，认其真铅。得流沙铅为三品丹金，上仙第一真铅也。元教玄胎之化，号名流沙铅，此波斯铅是也。”④《金锁流珠引》卷十四“五行六纪所生下”中“方用青铅二百斤”一句注文云：“汞多者曰盃铅，泽精者曰磨，并不堪用。唯伊阳及波斯者计紫为上也，甚有力。”⑤又清初道士傅金铨辑有《外金丹》一书，其中《三元大丹秘旨》中有关

① 《道藏》第4册，页895。
② 《道藏》第19册，页291。
③ 《道藏》第19册，页220。
④ 以上分别见《道藏》第19册，页99、100。
⑤ 《道藏》第20册，页422。

于波斯铅的更多介绍。赵匡华认为波斯铅即金属锌,并据道教资料猜测,波斯在10世纪以前已经能够炼制相当优质的金属锌,而且曾传入我国。[①]

滑石

古代所谓滑石实际上是两种不同的矿物。一种是真正的滑石,呈不规则状块体,白色或略显鸭蛋青色,或略带红色调,色泽均匀,表面具珍珠光泽或绢丝光泽。其主要成分为偏硅酸镁,含少量蛇纹石、绿泥石和石英等,主要产于北方,又称硬滑石、北石。另一种为粘土质滑石,土状块体,灰白或浅黄白色,常有紫色和浅绿色,土状光泽,可捻成细面。其主要成分为含水硅酸铝,含少量石英、长石和云母等,主要产于南方,又称软滑石、南石。

滑石为《本草经》上品药,但历代医家本草未云有外来滑石,惟外丹资料记载有使用昆仑滑石者。孙思邈《太清丹经要诀》云:"滑石所出处,其石本出东华州,今人不究其根本,乃用昆仑所出者为六一泥,所谓图北向南,于理殊非所允"。[②]《金石簿》滑石条也提到昆仑滑石:"滑石　本出蔡州、青州者为上,时人错用昆仑中所出者,入六一泥用,全非所元。若用疗病,即昆仑者胜,其体柔白而色,削之如蜡者为上。"昆仑滑石应当为软滑石。这两条记载表明,唐代炼丹家制作六一泥(一种丹釜密封剂)主要用硬滑石,但也有用软滑石者。

硇砂

硇砂有白、紫两种。白硇砂(盐硇砂),为不规则的块状或粒状、大小不一的白色结晶体,有的稍带淡黄色,主要成分为氯化铵(NH_4Cl)。紫硇砂又称红硇砂,为含少量硫和锂的石盐晶体,多呈有棱角或凹凸不平的立方体,表面暗紫色,主要含氯化钠。炼丹家有时候说黄硇砂,指的是石硫黄,并非硇砂的一种。硇砂在《隋书》及《北史》中有记载,前者作铙沙,后者作硇沙,西域之康国与龟兹有出产。但硇砂至唐代始列为本草药物,《新修本草》云:"硇沙　……柔金银,可为焊药。出西戎,形如朴消,光净者良。驴马药亦用之。"此"西戎"当指康国、龟兹等西域地区。宋时内地亦有出产,但仍

① 《中国科学技术史·化学卷》,页200。

② 《云笈七签》卷七一,《道藏》第22册,页494。

以西戎出者为上。《证类》引《本草图经》云:“硇砂,出西戎,今西凉、夏国及河东、陕西近边州郡亦有之。然西戎来者,颗块光明,大者如拳,重三、五两,小者如指面,入药最紧。边界出者,杂碎如麻豆粒,又夹砂石,用之须飞,澄去土石讫,亦无力,彼人谓之气砂。此药近出唐世,而方书著古人单服一味伏火,作丸子,亦有兼硫黄、马牙消辈合饵者,不知方出何时,殊非古法。”

硇砂在唐代以前已经被炼丹家使用,如《九鼎丹经诀》卷九引述狐刚子《出金矿图录》,多次使用硇砂。稍后孙思邈《太清丹经要诀》中有数例药方使用硇砂。唐代炼丹术中硇砂异名很多,仅《石药尔雅》所记即有金贼、赤砂、狃砂、浓砂、白海精、狃砂黄、黄砂、赤狃砂八种。本草皆笼统说硇砂出西戎,很多丹经明确指出北庭产者为上。如《金石簿》云:“硇砂　但光明映彻者堪用。云火山有,不如北亭者最为上好。”《鉴源》云:“硇砂:出北庭有黄者。”《铅汞甲庚至宝集成》卷一《神仙养道术》云:“北庭白黄者,诀曰为之金贼,能制合群药。”[①]因此,炼丹所用硇砂一般均为北庭硇砂,简称为北庭砂。北庭为唐代前期行政区域。长安二年十二月十六日(703 年元月 7 日),武则天于庭州(今新疆吉木萨尔护堡子古城)置北庭都护府,神龙三年(707 年)晋级为北庭大都护府,最盛时其疆域深入中亚腹地,统辖天山北麓全境及碎叶川两岸地区,西越热海(伊塞克湖),邻界大食所占领的波斯及部分中亚地区。贞元六年(790 年),北庭都护府被吐蕃攻占。[②] 五代至宋,北庭地区虽陷于各种割据势力统治,但其硇砂仍然通过朝贡与贸易两种途径大量输入内地。朝贡途径,如高昌、龟兹等国多次向内地进献硇砂等物品。贸易途径,如回鹘人入贡途中曾在宋地出售硇砂等商品。《宋史》卷二百七十《段思恭传》记载:“俄而回鹘入贡,路出灵州,交易于市,思恭遣吏市硇砂,吏争直,与之竞。思恭释吏,械其使,数日贳之。使还愬其主,复遣使赍牒诣灵州问故,思恭理屈不报。自是数年,回鹘不复朝贡。”[③]按高昌硇砂的具体产处《宋史》卷四百九十《高昌传》有记载,云:“北廷北山中出硇砂,山中常有烟气涌起,无云雾,至夕光焰若炬火,照见禽鼠皆赤。采者着木底鞵取之,皮者即焦。下有穴生青泥,出穴外即变为砂石,土人取以治皮。”[④]

① 《道藏》第 19 册,页 252。
② 薛宗正:《丝绸之路北庭研究》,新疆人民出版社,2008 年,页 274、316。
③ [元]脱脱等撰:《宋史》,中华书局,1985 年,页 9272。
④ 《宋史》,页 14113。

由于硇砂能制五金，故在炼丹中应用很广，位列八石[①]之一。如《证类》引隋代道经《宝藏论》云："硇砂为五金贼也。若石药并灰霜伏得者，不堪用也。"《大洞金丹妙诀》云："北庭砂所禀阴石之气，性含阳毒之精，功能销败五石之金，各遣证于本性，能成能败，力颇并于硫黄，去秽益阳，其功甚著。本质亦作颗生，而浅红色光明通透为上。"《鉴源》："诀曰：谓之金贼，能制合群药之中使也，亦有制雄、雌之力也。"《证类》引《药性论》云："道门中有伏炼法。"《道藏》中应用硇砂的例子非常多，不再详细列举。

古代中国与阿拉伯均出产硇砂，而且两国的炼丹家均大量使用该矿物，这给确定"硇砂"一词的来源造成很大困难，学术界对此争论不一。一些学者认为波斯语与梵语中的硇砂一词来自中国，李约瑟更认为是中国人向阿拉伯人介绍了硇砂知识。[②] 反对意见则认为，汉语硇砂才是一个音译词。如劳费尔根据《隋书》中铙沙产自康国与库车，认为该词源于康国语。他还根据雅古特引述10世纪著作中的记载，说伊朗起尔曼（即克尔曼）地区的迪明登在当时盛产硇砂，销往很多地区，其文曰："此物主要产于当巴温德山，山高约三法沙，离居瓦昔尔七法沙，顶上有一深洞，从洞中发出轰轰之声，涌出浓烟。这烟是硇砂的来源。当它附在洞壁上到相当数量时，就凝结成硇砂。城里和附近居民每隔一月或两月就来采集一次。波斯王派人到那里去征税。以五分之一归国库，其余归居民分配，运销到全国各地。"[③]盖兹威尼《地理志》也记载当巴温德山出产硇砂："黛敏当是克尔曼（起儿漫）的大城市，伊本·法基赫讲：'那里有的金矿、银矿、铁矿、铜矿、鍮石矿、硇砂矿，共生在一座叫担巴万德（Danbāwand，邓巴汪德）的大山中。'"[④]另外，伊本·贝塔尔《药典》卷四记载，伊朗东部的呼罗珊地区也出产优良硇砂："硇砂（Nūshādir）：伊本·梯勒密兹（Ibn al-Tilmīdh）讲：它有两种，即自然生成的和人工制成的。自然的那种产于呼罗珊山地中的诸烂泥井中。据说，其井水汹涌翻腾。自然生的质量最佳者为呼罗珊产的，它透明得像水晶石（Ballwar）一样。"[⑤]

---

① 八石所指不一，或谓朱砂、汞、鹏砂、硇砂、硝石、盐、矾石、石胆（《太古土兑经》），或谓曾青、空青、石胆、砒霜、硇砂、盐、白矾、马牙硝（《诸家神品丹法》）等，但一般都包括硇砂。

② ［英］李约瑟著、李彦译：《中国古代科学》，上海书店出版社，2001年，页83—84。

③ 《中国伊朗编》，页333—337。

④ 宋岘：《回回药方考释》上，页304。

⑤ 宋岘：《古代波斯医学与中国》，页16。

硼砂、天明砂

硼砂为透明或半透明不整齐块状，大小不一，呈玻璃或油脂样光泽，主要成分为四硼酸二钠。劳费尔猜测《隋书·西域传》所记波斯物产中的“呼洛”即硼砂。[①] 唐代本草始对硼砂有记载，最初纯粹为外来药物。《本草拾遗》首记特蓬杀，云其“主飞金石用之，炼丹亦须用。生西国，似石脂、蛎粉之类，能透金、石、铁，无碍下通出”。五代《日华子本草》载录蓬砂，《证类》引文云：“及焊金银用。或名硼砂。”《本草图经》硇砂条云：“今人作焊药，乃用硼砂，硼砂出于南海，性温、平。今医家治咽喉，最为要切，其状甚光莹，亦有极大块者，诸方亦稀用。”又宋《本草衍义》记载硼砂有两处域外产地，《证类》引文云：“南番者，色重褐，其味和，其效速。西戎者，其色白，其味焦，其功缓，亦不堪作焊。”《纲目》亦云：“硼砂生西南番，有黄白二种。西者白如明矾，南者黄如桃胶，皆是炼结成，如硇砂之类。西者柔物去垢，杀五金，与消石同功，与砒石相得也。”以上本草记载所言硼砂产地有南海（或作南番）与西国（或西戎、西番），皆为地域范围，没有提到具体国名。

从《本草拾遗》的记载我们知道，硼砂是唐代炼丹的重要药物。又《大洞金丹妙诀》云：“大鹏砂者，虽禀阳精，从阴所养，体如琥珀，质似桃胶。其性和而能消漉阳金，革阴滞质。若合硫黄、赤盐变炼，其阳精转转，增光益色。七篇之中，用御正阳之气，复归真元，其功甚大矣！”现存丹经使用硼砂（或作朋砂、大鹏砂、大朋砂或蓬砂）的例子很多，其中很多明确注明使用西硼砂，如《庚道集》卷四“四黄须用四砂扶”一句注文云：“四砂者，辰锦朱砂、精光硇砂、莹净西朋砂、针砂。”[②]也有用南硼砂的，如《庚道集》卷七“四白头五刻点化法”。[③]《鉴源》记载硼砂出果州：“大朋砂出果州，可结砂子。”赵匡华云：“按果州在今四川南充一带，但也可能来自西藏。”[④]我国西藏与波斯是世界上硼砂两大产地，如果说《鉴源》的记载可能与西藏有关，那么《金石簿》的记载则明确与波斯有关。

《金石簿》中无硼砂，而有天明砂，云：“天明砂　出波斯国，堪焊五金器

---

① 《中国伊朗编》，页332—333。
② 《道藏》第19册，页463。
③ 《道藏》第19册，页482。
④ 《中国科学技术史·化学卷》，页352。

物。此药尤多假伪,但自试之,辨取真伪。口含无苦酢酸碱,好青白色,烧之不沸,汁流如水,粘似胶粘,即真矣。若烧有紫烟气,烧上有漆者,并是真也。可择而用之。”硼砂为焊药,燃之易熔融,初则体积膨大酥松如絮状,继则熔化成透明的玻璃球状,这些特点与天明砂很相似。又《云笈七签》卷六十八引《大洞金丹妙诀》文,与单行本《大洞金丹妙诀》相比,其北庭砂条大鹏砂写作“大明砂”,大鹏砂条大鹏砂又写作“持明砂”。① 据此推断,“天明砂”有可能为“大朋砂”之讹写或另外一种名称。中古阿拉伯医方中经常使用硼砂。南宋赵汝适《诸蕃志》记载大食国与小亚细亚的芦眉国均出产硼砂。②

无名异

现代中医认为无名异是不同地质年代的浅海胶体沉积物,全体呈黑褐色,表面常附有色泽稍浅的粉末。矿物组成较复杂,主要为软锰矿、水锰矿、硬锰矿或锰土及粘土矿物。但宋岘认为,宋代所谓无名异实际上是产于阿拉伯地区的被称作木乃伊(Mūmiyā)的有机质矿物药,无名异乃木乃伊的汉字音译。③ 后来他又进一步指出,木乃伊分三种。第一种是人及动物的干尸渐变而成的,产于埃及、也门;第二种是天然沥青柏油胶(软沥青),主要产于波斯;第三种是人工造蜜制木乃伊。④ 中国本草著作中《开宝本草》最早记载无名异,称其“出大食国,生于石上,状如黑石炭。番人以油炼如黳石,嚼之如锡”。可见,无名异最初是一种舶来品,不过很快宋地亦有出产,如《本草图经》云:“无名异,出大食国,生于石上,今广州山石中及宜州南八里龙济山中亦有之。黑褐色,大者如弹丸,小者如墨石子。”《诸蕃志》提到中西亚地区的吉慈尼国与芦眉国出产无名异。⑤ 明代时外来无名异可能已很少见,李时珍所记产地均在国内:“生川、广深山中,而桂林极多,一包数百枚,小黑石子也,似蛇黄而色黑,近处山中亦有之。”据本草描述,中国所产无名异显然是一种天然矿物。

宋元时期的一些丹法有用无名异者,如《诸家神品丹法》卷五“伏汞结

---

① 《道藏》第22册,页473。

② [宋]赵汝适著、杨博文校释:《诸蕃志校释》,中华书局,2000年,页90、116。

③ 参见宋岘:《论大食国药品——无名异》,《中华医史杂志》1994年第3期。

④ 宋岘:《波斯医药与古代中国》,叶奕良编:《伊朗学在中国论文集(第二集)》,北京大学出版社,1998年,页96—98。

⑤ [宋]赵汝适著、杨博文校释:《诸蕃志校释》,中华书局,2000年,页112、116。

西方砂法"、《金华玉液大丹》之四圣丹、《庚道集》卷三"升灵砂丹法"之第六立艮硫匮法与卷六"丹阳术"之结煅粉霜丹阳换骨法等。

瑟瑟、玛瑙、琉璃、玻璃

这四种药物在古代都是著名的外来贵重宝石，将它们放在一起，纯粹是出于讨论的方便。

瑟瑟究竟是何物有很大争议。早先法国汉学家沙畹等认为瑟瑟即绿松石。劳费尔《东方绿松石考》辩之甚详，认为瑟瑟非绿松石，其不同产地者实有不同，如波斯康国出者为玫红尖晶石(balas ruby)，吐蕃、南诏出者为祖母绿，其他用以雕琢及建筑者为缟玛瑙(onyx)。章鸿钊对劳费尔的意见进行了详细辩驳，猜测瑟瑟即蓝宝石，用于建筑者乃人造琉璃。[①] 劳费尔还主张瑟瑟这个词是一个伊朗字的译音(很可能是康国语)。[②] 宋岘根据各种地理志认为，瑟瑟应该是绿松石，或许因其产地柘折(Shash，中国史籍谓石国)而得名。[③] 唐代时瑟瑟很有名，如白居易《暮江吟》诗云："一道残阳铺水中，半江瑟瑟半江红。"句中即以瑟瑟喻江之青碧。唐代时瑟瑟一般都来自石国。如《新唐书》卷一百三十五《高仙芝传》记载，仙芝攻破石国时曾获瑟瑟十余斛；又卷二百二十一下《西域下》记载，石国"西南有药杀水，入中国谓之真珠河，亦曰质河。东南有大山，生瑟瑟"。[④] 唐本土原不产瑟瑟，后来个别地方曾有零星出产。《旧唐书》卷十二记载，德宗贞元二年(786年)四月，"陕州观察使李泌奏卢氏山冶出瑟瑟，请禁以充贡奉。上曰：'瑟瑟不产中土，有则与民共之，任人采取。'"[⑤]

玛瑙为火山作用的产物，矿物学上属于石英的隐晶质变种与蛋白石的集合体。这种宝石主要来自西域，但唐时渤海靺鞨及日本亦曾进奉过成器。本草中《本草拾遗》首次提到它，作"马脑"，云："红色似马之脑，亦美石之类，重宝也。生西国玉石间，来中国者，皆以为器，亦云马脑珠，是马口中吐出，多是胡人谬言，以贵之耳。马脑出日本国，用砑木不热为上，砑木热非真

① 劳费尔《东方绿松石考》与章鸿钊文均引自章氏《石雅》一书，此据百花文艺出版社2010年版，页54—76。

② 《中国伊朗编》，页345。

③ 宋岘：《波斯医药与古代中国》，叶奕良编《伊朗学在中国论文集(第二集)》，页92。

④ 分别见《新唐书》页4578、6246。

⑤ 《旧唐书》，页353。

也。”《本草衍义》云：“马脑　非石、非玉，自是一类。有红、白、黑色三种，亦有其纹如缠丝者。出西裔者佳。彼土人以小者碾为好玩之物，大者碾为器。今古方入药，绝可用此物，西方甚重，故佛经多言之。”①

琉璃是中国古代常见的一种半透明彩色玻璃，但时常有国外输入者，被视为重宝，据说质量远胜于本土产品。宋程大昌《演繁露》卷三“流离”条云：“然中国所铸，有与西域异者。铸之中国，则色甚光鲜，而质则轻脆，沃以热酒，随手破裂。至其来自海舶者，制差朴钝，而色亦微暗，其可异者，虽百沸渴注之，与磁银无异，了不损动，是名番琉璃也。”②《本草拾遗》琉璃条云：“《南州异物志》云：‘琉璃本是石，以自然灰理之，可器，车渠、马脑并玉石类，是西国重宝。’《佛经》云：‘七宝者，谓金、银、琉璃、车渠、马脑、玻璃、真珠是也。’”

古代称为玻璃（常作颇黎、玻瓈、颇梨等）者一般指真正的透明玻璃，非常稀缺，常来自西方国家。《本草拾遗》云：“此西国之宝也。是水玉，或千年冰化为之，应玉石之类，生土石中，未必是水。”不过，有迹象表明，玻璃有时候也指天然宝石，如西安何家村出土莲瓣提梁银罐内的颇黎便是天然蓝宝石和红宝石。③ 古人分辨药物主要根据其物理特征而非化学成分，所以不同物质而被归入同一名下的现象很常见。

上述四种宝石在唐宋时常被奢侈地用于炼丹，仅现存丹经即见数例。如瑟瑟用于制作紫磨金，《铅汞甲庚至宝集成》卷四《白雪圣石经》云：“法用炼过铅十斤，打成饼子，以瑟瑟石五两，和醋煮一伏时，即成紫磨光色黄金十斤。”④用玛瑙制作太真未央丸，方见《太清经天师口诀》所附《赤松子肘后药诀》，同时使用多种贵重药物，包括白码磪粉一斤、珊瑚粉十二两、水晶粉一斤、琥珀粉一斤。⑤ 更有意思的是，炼丹家竟然发明了很多制作这些宝物的技术，盖真者稀缺或贵重难得之故也。例如《金华玉液大丹》有制作瑠璃的药方，⑥《铅汞甲庚至宝集成》卷一云关药有“硫碏关”等。⑦ 最典型的是

---

① ［宋］寇宗奭撰：《本草衍义》，人民卫生出版社，1990 年，页 35。
② ［宋］程大昌：《演繁露》，文渊阁《四库全书》本。
③ 详见《考古》1983 年第 2 期《关于〈何家村出土医药文物补证〉一文的讨论》第二封信。
④ 《道藏》第 19 册，页 269。
⑤ 药方见《道藏》第 18 册，页 790—791。
⑥ 《道藏》第 19 册，页 133。
⑦ 《道藏》第 19 册，页 248。

《铅汞甲庚至宝集成》卷四《白雪圣石经》所载诸方，其十五变可制作出十五种不同宝石，其中包括琉璃、道玻璃、瑟瑟碧玉光石、玻璃石等，并说“至于车磲、玛瑙、瑟瑟七宝，并得成矣”。[①] 炼丹家的技术虽然未必源于方外，但它们的出现与时人崇尚这些宝石的社会风气无疑密切相关。

玉

玉和黄金都是神仙服食最早使用的金石药物，并长期流行于道教，具体服饵之法见于很多道经记载。魏晋时期，外来玉颇受道教重视。例如《抱朴子内篇・仙药》云，服玉“不可用已成之器，伤人无益，当得璞玉，乃可用也，得于阗国白玉尤善。其次有南阳徐善亭部界中玉及日南卢容水中玉亦佳。”[②]日南即今越南中部地区。卢容水，《水经注》言其出日南郡卢容县西南区粟城南高山，山南长岭，连接天障。[③]《集注》亦云，服玉不得用已成器物及塚中玉璞也，好玉出蓝田及南阳徐善亭部界中，日南卢容水中，外国于阗、疏勒诸处皆善。《新修本草》对服玉也有说明，云：“饵玉，当以消作水者为佳。屑如麻豆服之，取其精润脏腑，滓秽当完出也。又为粉服之者，即使人淋壅。屑如麻豆，其义殊深。”可见，唐代时服玉之风气仍然炽盛，其时中外交流畅通，各种外来玉受到格外重视。

金

尽管中国自古以来便盛产黄金，但金一直与外来文化有密切关系。汉晋以来，道教常炼服黄金白银，在金银矿分布规律、金银提纯技术、金银粉制作技术等方面形成了很多科学认识，最具代表性的著作便是《九鼎丹经诀》卷九引录炼丹家狐刚子的《出金矿图录》。炼丹家较早便注意利用外来黄金，正如《金液经》对产金之国的关注。据《集注》金屑条陶弘景注文记载，当时服金者有用外来成器的：“高丽、扶南及西域外国成器，金皆炼熟可服。”唐宋时期，朝鲜半岛所产黄金继续为道教所重，如《鉴源》麸金条云，“新罗金带青色，怯，甚有伪者”。《海药本草》金屑条还提到大食国盛产黄

---

① 《白雪圣石经》见《道藏》第19册，页268—270。关于其产物的讨论参见祝亚平：《道家文化与科学》，中国科学技术大学出版社，1995年，页284—290。

② 王明：《抱朴子内篇校释》，页204。

③ ［北魏］郦道元著、陈桥驿校证：《水经注校证》，中华书局，2007年，页833。

金:“按《广州记》云:出大食国,彼方出金最多,凡是贸易,并使金钱。”

金精

《九鼎丹经诀》卷九金矿法中使用该药。《金石簿》有收录,不过介绍很简单,成分、产地、功能等均不明,只说“取未经炼生者,色如翠碧之状,有金星极多者良”。《周易参同契》有“白者金精,黑者水基”一句,题长生阴真人注唐代《周易参同契》注文云:“金精者,黄芽。必使水之不流逸,莫先于金精者焉。”[①]容字号唐无名氏《周易参同契注》云:“金精,汞也,为是金之孙,又号湿银,故曰金精。……又金精者,是汞入金公中吐花,号曰金精,亦名玄黄之花,亦名金花。”[②]又《石药尔雅》云锡精一名金精。《九鼎丹经诀》中的金精应当是一种天然矿物,与黄芽等显然不同。陈国符认为它是若干矿中的金色物,即金色云母。[③] 此说未必确切,因为《金石簿》明确说金精色如翠碧之状。

尽管道经没有提及金精产地,但据唐史记载,中亚地区盛产该药,并多次输入中国。如《新唐书》卷二百二十一下云:“俱兰,或曰俱罗弩,曰屈浪拏,与吐火罗接,环地三千里,南大雪山,北俱鲁河。出金精,琢石取之。”[④]据《册府元龟》统计,贞观十七年,拂菻王波多力遣使献赤颇黎、绿颇黎、石绿、金精等物;开元十二年三月,识匿国王遣使献马及金精;开元二十九年三月,吐火罗遣使献红颇梨、碧颇梨、生玛瑙、生金精及质汗等药。[⑤]

悉怪脂

晚唐沈知言在《通玄秘术》中记载有一种走马四神丹,这是一种祛病补益之方,其中用到悉怪脂。[⑥] 此药在唐宋应用很罕见,明代时《普济方》数次使用。《纲目》有收录,作“锡吝脂”,李时珍曰:“此乃波斯国银矿也。一作悉蔺脂。”

---

① 《道藏》第20册,页74。

② 《道藏》第20册,页175。

③ 陈国符:《中国外丹黄白法考》,上海古籍出版社,1997年,页258。

④ 《新唐书》,页6253。

⑤ [宋]王钦若等编纂、周勋初等校订:《册府元龟》,凤凰出版社,2006年,页11230、11239、11242。

⑥ 《道藏》第19册,页359。

铜

《诸家神品丹法》卷四“八石·石胆”记载，当时黄白术有用高丽铜者，云炼石胆诸药成汁，可点山泽、高丽铜立成至宝。[①]

甜黄

《九鼎丹经诀》卷十一“去玄珠毒法”用到甜黄，称其能使水银精不散去，一名玄黄土，出西方胡国。此物他处未见记载，具体成分及产地不明。

附：道经中的“波斯”

劳费尔很早以前发现，中国古籍所记“波斯”所指非一，他认为有两个国家，一个是伊朗波斯，另一个是位于南海的马来亚波斯。[②] 费琅进一步认为南海中称作波斯的有多个地方，一在今缅甸地区，一在今苏门答腊地区，此外勃泥、爪哇、彭家诸岛也有一些地方称为pasir，这一名称在一定限度中也可说是波斯译名的对音。[③] 按南海波斯国确实见于唐宋古籍记载。如唐末樊绰所撰《蛮书》卷十云：“骠国在蛮永昌城南七十五日程……与波斯及婆罗门邻接。”[④]骠国即古代缅甸，与其邻接的波斯显然非伊朗波斯。南宋周去非《岭外代答》卷三“外国门下”载西南海上波斯，云：“西南海上波斯国，其人肌理甚黑，鬓发皆拳，两手钤以金串，缦身以青花布。无城郭。其王早朝，以虎皮蒙杌，叠足坐，群下礼拜。出则乘软兜或骑象，从者百余人，执剑呵护。食饼肉饭，盛以瓷器，掬而啗之。”[⑤]不过，张星烺认为劳费尔的意见不足为据，中国古代实无马来波斯，所谓波斯仅指伊朗波斯，至于《岭外代答》之波斯似在非洲，因其地有波斯移民，故称之为波斯也。[⑥] 与张氏几乎同时，章鸿钊在译注劳费尔《中国伊朗编》金石部分时认为，《蛮书》等关

---

① 《道藏》第19册，页231。

② 《中国伊朗编》，页294—315。

③ ［法］费琅：《南海中之波斯》，载冯承钧译：《西域南海史地考证译丛二编》，商务印书馆，1962年，页79—95。

④ ［唐］樊绰撰、向达校注：《蛮书校注》，中华书局，1962年，页233。

⑤ ［宋］周去非著、杨武泉校注：《岭外代答校注》，中华书局，1999年，页114。

⑥ 张星烺编注、朱杰勤校订：《中西交通史料汇编》第二册，页1141—1146。

于波斯的记载存在明显讹误,实际上并不存在马来波斯。[1] 但也有学者进一步发展了劳费尔等人的意见。如杨武泉认为:"按,中国古籍所言波斯,确有西亚与南海之分,译名偶同,非一处也。惟《代答》本条,次于昆仑层期之后,同处'西南海上',则张说所言之地,似较可信。"[2]《岭外代答》文又见《诸蕃志》卷上,杨博文注云:"冯氏校注以我国载籍著录之波斯有二:一在西亚,今称伊朗者也是;一在南海,殆本书所言者是也。惟未举竟在何地。案南海之波斯,为 Besi,Basi 之对音,当在今苏门答腊岛之东北岸,其地今有河名波斯(Besi, Basi R.),疑唐义净所说之'从西数之,有婆鲁斯州(Baras)',或即其地之同名异译也,亦因河名国,似应从属于室利佛逝(或三佛齐)之国家。伊斯兰教东传后,此国为信伊斯兰教之国,并与邻国如满剌加等国联姻。至明时尚存,故此波斯绝与西亚之波斯无关。"[3]又《古代南海地名汇释》云,大抵宋以前波斯多指西亚波斯,宋以后波斯多指南海波斯。[4]

古代中国大量输入波斯药物,劳费尔认为其中相当一部分实际上来自马来亚波斯。与本章内容有关的譬如明帆,劳费尔说它不出在伊朗波斯,主要产于小亚细亚。马来亚波斯是出产不纯矾的地方,同时也是纯白矾的转运市场,把纯白矾从西亚西亚经过印度运到中国,因为马来亚波斯的土产明矾早为人所知,所以西亚产的白矾也以波斯为名。再如紫矿,劳费尔认为《酉阳杂俎》中所谓紫矿产地波斯也不可能是伊朗波斯,因为在波斯人们不知道那种漆虫。他甚至主张李珣《海药本草》中所言波斯均应指马来亚波斯。[5] 按紫矿与麒麟竭都是中古阿拉伯医学中常用药物。如成书于 14 世纪下半叶的汉文伊斯兰药典《回回药方》是在中古伊斯兰药典的基础上编撰而成,书中有明显的波斯文化痕迹,有论者认为编撰者中当有波斯人。[6]该药典所记药方中便多次使用紫矿与麒麟竭。至于李珣的先祖为伊朗波斯人当无疑义,故《海药本草》所言波斯亦当为其祖国。

---

① 章鸿钊:《洛氏中国伊兰卷金石译证》,地质专报乙种第三号,农商部地质调查所印行,1925 年,页 5—13。

② [宋]周去非著、杨武泉校注:《岭外代答校注》,页 114—115。

③ [宋]赵汝适著、杨博文校释:《诸蕃志校释》,页 132。

④ 陈佳荣等:《古代南海地名汇释》,中华书局,1986 年,页 544。

⑤ 《中国伊朗编》,页 302—307。

⑥ 参见宋岘:《回回药方考释》上之前言部分。

当然,由于唐宋社会对胡药的普遍推崇,很多胡商为了求取高额利润而在药物产地、性能、形状、颜色、质量等方面大作手脚,蕃药多伪的现象比较突出,尤其是可用于长生的石药和用途更为广泛的香药作伪情况更为严重。[①] 而且当时中国与阿拉伯之海上贸易常以南海诸岛国为中转地,如苏门答腊东南部的三佛齐国便是一个著名的商品集散中心。《诸蕃志》卷上"三佛齐国"条记载:"土地所产瑇瑁、脑子、沉速暂香、粗熟香、降真香、丁香、檀香、荳蔻,外有真珠、乳香、蔷薇水、栀子花、腽肭脐、没药、芦荟、阿魏、木香、苏合油、象牙、珊瑚树、猫儿睛、琥珀、番布、番剑等,皆大食诸蕃所产,萃于本国。……其国在海中,扼诸番舟车往来之咽喉……。"又同卷"大食国"条云:"本国所产,多运载与三佛齐贸易,贾转贩以至中国。"[②]这种贸易方式很容易混淆药物的原产地,同时也为药商作伪提供了有利条件。此外,由于波斯商人在中国与阿拉伯双方贸易中的卓越贡献,一些商品的原产地很可能被错误地归为波斯。费琅很早以前曾认为,在建立并发展波斯湾各港口和远东之间的海上关系方面,波斯人可能要早于阿拉伯人并起到关键作用,故"从四世纪末到七世纪初,中国历代王朝的史料把交趾半岛、锡兰、印度、大食以及非洲东海岸等地的产品统统称为'波斯货',说明这些物品是从波斯运到中国的。"[③]张星烺也指出,"中国史书中,所载波斯之植物,多有非伊兰波斯所产者。……伊兰波斯商人,来中国如是之众,沿途各国货物,亦必皆由之转运至东西各国也。中国人不能分辨孰为波斯土产,孰为马来产。因为波斯人经手之故,统称之为波斯物也。"[④]

由于以上历史原因的存在,唐宋文献对当时外来药物产地的记载明显存在一些谬误,道教文献中的外来药物知识尤其是与波斯有关的有不实之处也在所难免,笔者虽尽力引述其他相关材料加以佐证,但仍有很多无法断定其所言是否真实,这个问题需要特别注意。不过,从另一个角度讲,道教文献记载为鉴别外来药物的原产地及其真伪提供了很多以资比较的重要依据。为了炼成金丹黄白,炼丹家们在药物选择上具有严格要求,当国内出产无法满足其要求时,只要条件允许,他们不惜花费巨大财力、人力和物力去

① 参见陈明:《"商胡辄自夸":中古胡商的药材贸易与作伪》,《历史研究》2007 年第 4 期。
② [宋]赵汝适著、杨博文校释:《诸蕃志校释》,页 35—36、89。
③ [法]G. 费琅辑注,耿昇、穆根来译:《阿拉伯波斯突厥人东方文献辑注》上册,页 14—16。
④ 张星烺编注、朱杰勤校订:《中西交通史料汇编》第二册,页 1145—1146。

寻找域外药物。唐宋外来长生药物作伪之猖獗与当时炼丹术盛行有重要关系,正因为有旺盛的市场需求,才能产生作伪的积极动机和浓厚氛围。与纯粹追求利润的药商不同,炼丹家是外来药物的需求者和使用者,没有任何作伪的动机和必要。而且,与普通使用者不同,炼丹家毕竟通晓药物尤其是矿物药知识,故丹经对药物的介绍特别重视不同产地药物的比较,及其真伪优劣之辨别方法,这些内容为我们考察古代外来药物的情况提供了很多重要参考资料。

第三节　外来草木药概说与考释

中国炼丹术虽然以金石药物为主要原料,但草木药、动物药等辅助性药物同样十分重要,是炼丹术不可或缺的重要组成部分,有时候甚至可以影响到炼丹术的发展。例如《神仙服饵丹石行药法》(《通志》著录)中一段文字生动反映了药物对炼丹术地域发展的制约作用,其"神仙服食饵石"条云:"东方人得丹仙者少,何故耶?丹法戎盐、曾(卤)碱二物,非东地所生,故法不具,不具则药不成,不成则无丹仙矣。非都无丹仙者,得丹益者鲜也。北方得石仙者少,何故耶?煮石者用地榆、五茄二物,北方所不生也,不生则难得,难得则石不可食,是故北方少石仙也。"[①]唐代以前,草木类长生药尽管充斥于道教,但金丹黄白术中使用并不普遍,尤其是地位不高,主要是原料药物的处理、服药等环节,以及一些小丹方使用。甚至到《石药尔雅》的时代,梅彪记载的草木药也仅有二十余种。不过,最迟至晚唐五代,草木药的地位有了显著提高,有时候甚至到了能和金石药相提并论的程度,譬如唐《蓬莱山西灶还丹歌》云:"其石药等,并须上好草药,勿令错误。"[②]当然,这一转变与炼丹术理论的发展有直接关系。尽管总体而言,炼丹家对外来草木药的使用远不及金石药,但它们仍然值得引起重视。唐代以前,炼丹家虽无追求外来草木药的风气,不过,少数外来药物还是比医家本草更早得到记载和应用。例如《新修本草》新增药紫矿和麒麟竭,在南北朝时便被用于炼

① 《道藏》第6册,页602。
② 《道藏》第19册,页185。

丹。迄至唐末五代，情形则大不一样。《金液还丹百问诀》的记载表明，当时炼丹家对草木药的追求丝毫不亚于金石药，特别是在药物处理环节，草木药的作用有了突破性提高，由此也产生了崇尚外来药物的倾向，其文云："切见世上之人多求草药，将结水银，指岭南不是远途，言塞北只同户外，遍求虆卉，散采芳枝，赤芹、莴苣之徒盈诸兜笼，章柳、瓦松之类尽满箧箱，或捣末油煎水煮多时，或用地胆杵自然之汁，采田公草则洗了除根，人苋与马苋相兼，龙胆共兔丝共使，未成砂子，早望黄金。如此之流，如麻似蚁，至使资财散荡，役心力以荒狂，究竟无成，却怨天而恨地。"又云："石药尚与水银不同，草药何因而得相入？递传虚语，妄使搜寻，岭北岭南，海内海外，巧论枝叶，广说醋甜，到底至终，并为虚伪。"[①]《金液还丹百问诀》所言并非空穴来风，这在《蓬莱山西灶还丹歌》中有充分反映。《蓬莱山西灶还丹歌》，题黄玄钟撰，《通志・艺文略》和《宋史・艺文志》均著录。陈国符认为是书乃唐人撰述，有数处经宋人改窜。[②] 书中共记 172 味草木药（另有无歌诀者 85 味），绝大部分都不见于历代本草著录，其中据称产自海外的有十多种，产地包括安南、新罗、于阗、印度等国。当然，总起来说，炼丹文献对外来草木药大多没有介绍，因此这方面的成就没有金石药突出，这也反映出炼丹本草以金石药为主的特征。以下我们结合历代本草著作对炼丹术使用外来草木药的情况作进行梳理考释（正文中使用简称以及未注页码的参考文献，其版本情况同第二节表格约定）。

胡桐律

胡桐律本作胡桐泪，即胡桐树脂，乃《新修本草》新增药，因其状如石，故误附于玉石类，云："胡桐泪……又为金银焊药。出肃州川西平泽及山谷中，形似黄矾而坚实，有夹烂木者，云是胡桐树滋，沦入土，石碱卤地作之。"宋代本草将此药移入木部，《证类》引《蜀本草》云："凉州以西有之。初生似柳，大则似桑、桐之间。津下入地，与土石相染，状如姜石，极咸苦，得水便消，若矾石、类消石也。"《本草图经》云："今西番亦有商人货之者。相传，其木甚高大……状如黄矾，姜石，味极咸、苦，得水便消，如消石也。"按《海药

---

① 《道藏》第 4 册，页 901。
② 陈国符：《陈国符道藏研究论文集》，页 113。

本草》引唐代著作云，胡桐律又出波斯："谨按《岭表记》云：出波斯国，是胡桐树脂也，名胡桐泪……能软一切物。多服令人吐也。作律字非也。"

唐宋炼丹家一般将胡桐律与金石药一起使用。《金石簿》云："胡同律本自西域树中而出，有津流出，化为此药，亦名胡同泪。今人不知其意，遂妄名胡同律。律之与泪，声势相似，其有不知方之人误写作律字，以此举世共错。其物形如地下盐石，金银匠用之捍作极佳，炼金银食尤善。"《鉴源》云："胡桐律：一名胡桐泪，一名屈原苏。"外丹黄白术中使用胡桐律的例子很多，兹不赘述。

紫矿、麒麟竭

《新修本草》玉石中品中有一种新增外来药，名为紫矿麒麟竭，书中这样介绍："紫矿麒麟竭，味甘、咸，平，有小毒。主五脏邪气，带下，止痛，破积血，金创，生肉。与麒麟竭二物大同小异。紫色如胶，作赤麖皮及宝钿，用为假色，亦以胶宝物。云蚁于海畔树藤皮中为之。紫矿树名渴廪，麒麟竭树名渴留，喻如蜂造蜜，研取用之。《吴录》谓之赤胶者。"根据这段描述，此紫矿麒麟竭似乎指紫矿，是一味药物，有别于单名麒麟竭者。《新修本草》作者已经认识到此药是一种树胶类物质，既然如此，不知为何还将其列入玉石部。段成式《酉阳杂俎》前集卷十八对紫矿的描述更详细："紫鈋（矿）树，出真腊国，真腊国呼为勒佉。亦出波斯国。木长一丈，枝条郁茂，叶似橘，经冬而凋，三月开花，白色，不结子。天大雾露及雨沾濡，其树枝条即出紫鈋。波斯国使乌海及沙深所说并同。真腊国使折冲都尉沙门陀沙尼拔陀言，蚁运土上于树端作窠，蚁壤得雨露凝结而成紫鈋。昆仑国者善，波斯国者次之。"①

《开宝本草》将紫矿麒麟竭移入木部，且将其作为紫矿与麒麟竭两味药物对待，指出紫矿出于树叶，而麒麟竭出于木中，二者功效全别："紫矿、骐驎竭，二物同条，功效全别。紫矿色赤而黑，其叶大如盘，矿从叶上出。骐驎竭色黄而赤……叶如樱桃，三角成竭，从木中出，如松脂。"《本草图经》进一步指出麒麟竭为树脂，紫矿为雾露沾濡枝条或树端蚁壤而成："骐驎竭，旧不载所生州土，今出南蕃诸国及广州。木高数丈，婆娑可爱；叶似樱桃而有

---

①　[唐]段成式撰、方南生点校：《酉阳杂俎》，页178。

三角；其脂液从木中流出，滴下如胶饴状，久而坚凝，乃成竭，赤作血色，故亦谓之血竭。采无时。其味咸而气腥者是。海母血不可用。真竭微咸而甘，作栀子气味。旧说与紫鉚大都同类，而别是一物，功力亦殊。今按段成式《酉阳杂俎》云……又《交州地志》亦云：本州岁贡紫鉚，出于蚁壤。乃知与血竭虽俱出于木，而非一物，明矣。今医方亦罕用，惟染家所须耳。”但是《海药本草》认为紫矿与骐驎竭均为紫矿树脂：“紫矿，谨按《广州记》云：生南海山谷。其树紫赤色，是木中津液成也……又骐驎竭，谨按《南越志》云：是紫矿树之脂也。”麒麟竭在宋代又被称为血碣，如《诸蕃志》云：“血碣亦出大食国。其树略与没药同，但叶差大耳，采取亦如之。有莹如镜面者，乃树老脂自流溢，不犯斧凿，此为上品。”[①]《纲目》则将紫矿、麒麟竭析为两条，前者入虫部，后者入木部。麒麟竭在《纲目》中写作骐驎竭，卷三十四李时珍云：“骐驎竭是树脂，紫矿是虫造。按《一统志》云：血竭树略如没药树，其肌赤色。采法亦于树下掘坎，斧伐其树，脂流于坎，旬日取之。多出大食诸国。”紫矿在《纲目》中又名赤胶、紫梗，卷三十九李时珍云：“紫矿出南番。乃细虫如蚁、虱，缘树枝造成，正如今之冬青树上小虫造白蜡一般，故人多插枝造之。”按中古阿拉伯医药方剂中经常使用紫矿。

在唐代，麒麟竭是一种重要的炼丹药物。《大洞金丹妙诀》云：“麒麟竭出于西胡，禀于荧惑之气，生于阳石之阴，结而成质。色如紫矿，形若烂石。其功亦能添益阳精，销阴滞气，增添其彩，亦有大功。真者于火中烧之有赤汁涌流，不易本色者是其元也。”《鉴源》云：“石麒麟碣：出金色。”麒麟竭在丹经中又写作石麟竭、石麒麟碣、麒麟蝎、骐驎竭等。从各种资料来看，它往往被视为金石药，与《新修本草》相一致。紫矿在唐代也被用于炼丹，《石药尔雅》还记载了它的一个别名：“紫鉚：一名尚曰丹。”孙思邈《太清丹经要诀》中“添离用兑法”之四用“硇砂（小注：一两），紫鉚（小注：一两），石胆（小注：一分），胡同律（小注：一两）”。[②]

一般认为紫矿与石麟竭在唐代时传入中国，但实际时间可能要早得多。《九鼎丹经诀》卷九有“金矿法”，作者称出自狐刚子的《出金矿图录》，其法用金精、石胆、朱砂、雄黄、石硫黄、朴硝、硇砂、白矾、骐驎竭等各二两，又说

① ［宋］赵汝适著、杨博文校释：《诸蕃志校释》，页166。

② 《道藏》第22册，页499。

"其药分中骐驎竭不可得者，以紫矿代用，亦得矣。"本书前面数次提到狐刚子，这里一并说明。此人的确切活动时代史无记载，根据丹经中的一些零散资料，陈国符考证认为他是晋人，[①]赵匡华[②]和容志毅[③]认为他是东汉末期人。不过，笔者进一步考证发现，狐刚子的著作出于葛洪之后几无疑义，应当撰于南北朝或隋。[④] 紫矿和石麟竭不仅在唐代以前已用于炼丹，而且炼丹家已经认识到它们是两种不同的药物，但功能相似。

又《铅汞甲庚至宝集成》卷四《白雪圣石经》有膘胶一物。[⑤]《石药尔雅》鳔胶条云："鳔胶，一名骐驎竭，一名天筋缝鳔。"《石药尔雅》无麒麟竭条目，不知其所谓鳔胶与上述麒麟竭是否为同一物产。

庵摩勒(余甘子)、诃梨勒

三果或三勒(庵摩勒、诃梨勒、毗梨勒)在第二章已经做过介绍，此处不再赘述。三果中庵摩勒与诃梨勒唐宋时常被炼丹家用于丹药去毒。

庵摩勒在炼丹术中既用于服饵，又用以处理金石药物。如唐代《大洞炼真宝经修伏灵砂妙诀》之第四返丹妙化砂，若服饵，每两先须用榆甘子半两、生甘草一两、紫石英一两煎取汁，于宝器中煮二七日后，亦入淡青竹筒中，入寒泉埋之三旬，然后取出，以枣肉和为丸服饵。[⑥] 第五返处理方法与此亦类似。北宋《还丹众仙论》中的"又出火毒法"记载四种去丹火毒的方法，其中第一种使用五加皮、地榆、余甘子各一斤，以及硝石、甘草各四两，其法先将所有药物捣罗为末，和丹以水同煮，旋旋添水，煮七日七夜，取出入寒泉中一月日，即入牛乳中煮一日，然后再入瓶以重汤煮一七日，取出候干细研，以枣肉丸之即可。[⑦] 此外，唐代《悬解录》中的"辨金石药并去毒诀"还提到余甘可制河车，又"守仙五子丸方"用余甘子(五子指余甘子、覆盆子、兔丝子、五味子、车前子)。[⑧]《鉴源》云"榆甘子柔五金"。庵摩勒还有一种

---

① 陈国符：《〈道藏〉经中外丹黄白法经诀出世朝代考》，《陈国符道藏研究论文集》，页94。

② 赵匡华：《狐刚子及其对中国古代化学的卓越贡献》，《自然科学史研究》1984年第3期。

③ 姜生、汤伟侠主编：《中国道教科技技术史·汉魏两晋卷》，科学出版社，2002年，页382—391。

④ 韩吉绍：《狐刚子及其著作时代考疑》，《自然科学史研究》2013年第4期。

⑤ 《道藏》第19册，页269。

⑥ 《道藏》第19册，页18。

⑦ 《道藏》第4册，页341。

⑧ 《道藏》第19册，页316、318。

功能,即治疗丹石发动。《海药本草》"庵摩勒"条云,"凡服乳石之人,常宜服也"。"石流黄"条云,"如有发动,宜以猪肉、鸭羹,余甘子汤并解之"。

诃梨勒的使用相对较少。例如《庚道集》卷一"煮粉砒九转法·煮砒法"用诃子及远志、地肤、牛漆、苦参等,又卷六"制砒粉点化骨作骨头匮养灵砂法"用草木药多种,包括诃子。[①]

阿魏

阿魏为《新修本草》新增药,来自西番及昆仑,"苗、叶、根、茎酷似白芷。捣根汁,日煎作饼者为上,截根穿曝干者为次。体性极臭,而能止臭,亦为奇物也"。据《酉阳杂俎》记载,阿魏是一种树脂,产地包括印度和波斯:"阿魏,出伽阇那国,即北天竺也,伽阇那呼为形虞。亦出波斯国,波斯国呼为阿虞截。树长八九丈,皮色青黄,三月生叶,叶似鼠耳,无花实。断其枝,汁出如饴,久乃坚凝,名阿魏。拂林国僧弯所说同。摩伽陀国僧提婆言,取其汁和米豆屑,合成阿魏。"[②]劳费尔认为,阿魏是一种菜蔬产品,含有树脂、树胶和主要的油料,这几种成分的含量各不相同,通常树脂占一半以上。至于阿魏这个名称很可能译自吐火罗乙语或库车语 aṅkwa,此字显然是伊朗语 angu,angwa 为根据。[③]

至唐末五代,中国南方地区亦出产阿魏。如《海药本草》载:"阿魏　谨按《广志》云:生石昆仑国,是木津液,如桃胶状。其色黑者不堪,其状黄散者为上……又云南长河中亦有阿魏,与舶上来者滋味相似一般,只无黄色。"而《本草图经》则说:"阿魏,出西番及昆仑,今惟广州有之。旧说苗、叶、根极似白芷。捣根汁,日煎作饼者为上,截根穿曝干者为次。今广州出者,云是木膏液滴酿结成。二说不同。谨按段成式《酉阳杂俎》云……或云取其汁和米、豆屑,合酿而成,乃与今广州所上相近耳。"根据谢弗的意见,唐代阿魏输入有两条途径,其一是北庭每年作为土贡向朝廷进贡,其二是由南中国海舶来。[④]《本草图经》既然说"今惟广州有之",这表明北宋初时阿

---

① 《道藏》第19册,页438、474。

② [唐]段成式撰、方南生点校:《酉阳杂俎》,页178。

③ [美]劳费尔著、林筠因译:《中国伊朗编》,页179、188。

④ [美]爱德华·谢弗著、吴玉贵译:《唐代的外来文明》,陕西师范大学出版社,2005年,页244。

魏主要从广州海路舶来,陆路已阻断。另外,南宋赵汝适记载,彼时阿魏又出大食木俱兰国。[①]

阿魏在炼丹术中可用来处理水银,如《铅汞甲庚至宝集成》卷四。[②] 又《金液还丹百问诀》云:"水银者,乃天地之至精,五金之魂魄,流利为性,染杂无因,故俗士云:水银无假,阿魏非真。"[③]《还丹众仙论》引文作"水银无假,阿魏无真",说明阿魏在当时多伪。

荜茇

荜茇(梵语 Pippalī 音译),即长胡椒,又写作荜拨。《酉阳杂俎》云其"出摩伽陀国,呼为荜拨梨,拂林国呼为阿梨诃咃。苗长三四尺,茎细如箸,叶似蕺叶,子似桑椹,八月采"。[④] 其后《海药本草》载录,云"谨按徐表《南州记》,本出南海,长一指,赤褐色为上"。《开宝本草》云其"生波斯国。此药丛生,茎叶似蒟酱,子紧细,味辛于烈于蒟酱。"此药早在唐初便被炼丹家使用。例如孙思邈用荜拨伏汞,法见《云笈七签》卷七十一之《太清丹经要诀·伏汞要法》。[⑤] 另外,本书第二章提到的唐高宗开耀二年(682)苏游撰《三品颐神保命神丹方·论胤功能第一》记载的一种铁剂药方,其中用到荜拨:"又近代有增损此方,加诸胡药,云益心力,不强阳道。余观其方,多用胡椒、毕拨、苏蜜、干姜、荜澄茄等总十余味,和胤丹服。"[⑥]《太清石壁记》卷中《造铁液丹法》也用荜拨。[⑦] 此外,《庚道集》卷三《太上灵砂大丹》中使用荜拨。[⑧]

荜澄茄

本草著作中,《海药本草》始载荜澄茄,云:"谨按《广志》云:生诸海,嫩胡椒也。青时就树采摘造之,有柄粗而蒂圆是也……古方偏用染发,不用治

---

① [宋]赵汝适著、杨博文校释:《诸蕃志校释》,页 198。
② 《道藏》第 19 册,页 268。
③ 《道藏》第 4 册,页 897。
④ [唐]段成式撰、方南生点校:《酉阳杂俎》,页 179。
⑤ 《道藏》第 22 册,页 499。
⑥ 《道藏》第 22 册,页 551。
⑦ 《道藏》第 18 册,页 769。
⑧ 《道藏》第 19 册,页 451。

病也。”《开宝本草》云其“能染发及香身,生佛誓国,似梧桐子及蔓荆子,微大,亦名毗陵茄子”。此药炼丹术中使用不多见,除上述《三品颐神保命神丹方》以外,《鬼谷子天髓灵文》卷下有“知命丹”,其成分中有荜澄茄,又有乳香、安息香等外来药物。①

胡椒

胡椒为《新修本草》新增药,“生西戎,形如鼠李子。调食用之,味甚辛美,而芳香不及蜀椒”。《酉阳杂俎》云其“出摩伽陀国,呼为昧履支。其苗蔓生,茎极柔弱,叶长寸半,有细条与叶齐。条上结子,两两相对,其叶晨开暮合,合则裹其子于叶中。子形似汉椒,至辛辣,六月采,今人作胡盘肉食皆用之”。②《海药本草》则云:“谨按徐表《南州记》,生南海诸地。去胃口气虚冷,宿食不消,霍乱气逆,心腹卒痛,冷气上冲,和气。不宜多服,损肺。一云向阴者澄茄,向阳者胡椒也。”

炼丹家使用胡椒很早。唐初《九鼎丹经诀》卷十九辑录前圣杀丹毒法,其中《杀丹阳铜毒法》用到胡椒末。上文“荜茇”条提到的孙思邈《太清丹经要诀·伏汞要法》、苏游《三品颐神保命神丹方·论胤功能第一》铁剂方、《太清石壁记》卷中《造铁液丹法》等均用到胡椒。此外,《庚道集》中还有多种丹法使用胡椒。

琥珀

琥珀古已有之,多从域外输入,产地较广,东南亚、西域多国均有出产。南北朝时便用于炼丹,陶弘景云当时多从外国来,《集注》虎魄条注云:“旧说云是松脂沦入地,千年所化,今烧之亦作松气……仙经无正用,惟曲晨丹所须,以赤者为胜。今并从外国来,而出茯苓处永无有。”其实,不仅曲晨丹使用该药,例如《太清经天师口诀》所附《赤松子肘后药诀》第七方太真未央丸的炼制竟使用琥珀粉一斤。③

---

① 《道藏》第 18 册,页 689。
② ［唐］段成式撰、方南生点校:页 179。
③ 《道藏》第 18 册,页 790—791。

鹤虱

鹤虱为《新修本草》新附药，胡名鹄虱，产地记为西戎，可知当时是一种纯粹的外来药。《开宝本草》云："出波斯者为胜。今上党亦有，力势薄于波斯者。"此表明，宋初时该药在中土也有出产，而唐人所言西戎主要指波斯。约出于唐代的《轩辕黄帝水经药法》中第八玉石水、第十银晶石水用鹤虱草。①

香料（青木香、沉香、鸡舌香、薰陆香、乳香、苏合香、安息香、龙脑香、降真香）

香料的使用在中国有非常悠久的历史，商周时期就有采栽香料的记载，香被用于祭祀、插戴、避秽、祛虫、医疗等许多方面。不过，先秦时期人们使用的香料都是一些本土生长的芳香草木，如兰、蕙、椒、艾、芷、桂、茅等。秦汉大一统以后，尤其是汉代时岭南的开拓和丝绸之路的开通，边陲和域外香料开始输入内地，并很快风靡社会，促成了中国香文化的繁荣，也使得香料成为古代中外贸易的重要品类。

汉魏六朝时期，人们使用的香料种类相对较少。迄于唐宋，由于中外交通的繁荣，加上人们对香料的分类更为细致，故而文献记载的香料种类大量增加，名目极其繁多。南宋时陈敬撰《陈氏香谱》，汇集此前多部香谱于一编，总其大成，所列香料多达八十余种。古代香料大多产自域外，产地遍及世界各地，其中尤以南海是最重要的产区和集散中心。故《陈氏香谱·序》云，"汉唐以来，言香者必取南海之产"；又卷一引《香品举要》说，"香最多品类出交、广、崖州，及海南诸国"。②

在古代，道教是使用香料的重要领域之一，香的用途非常广泛，在诸如传授仪、祭祀、斋醮、辟邪、制药、炼丹等方面都不可或缺。从通真达神的角度而言，沉香、薰陆、降真等少数几种香料最受道教重视，正如宋人丁谓《天香传》引仙书所云："真仙所焚之香，皆闻百里，有积烟成云，积云成雨，然则与人间所共贵者，沉水、薰陆也，故经云'沉水坚株'。"又云："沉水香，圣降

① 《道藏》第19册，页319、320。

② 《陈氏香谱》，据文渊阁《四库全书》本，以下同。

之夕，神导从有捧炉香者，烟高丈余，其色正红，得非天上诸天之香非?”（该文载《陈氏香谱》）现存道经中有不少相关记载。例如《太上说玄天大圣真武本传神咒妙经》卷三云：“香通真达诚，唯降真沉香可。”[①]《三洞枢机杂说》之“通灵真香法”更是汇辑了多种道经资料，云：“夫香者，所以降灵通神，传言驿行，导达往来，表明远近，所以典香侍香、玉童玉女、香官使者，专司其职，不可轻也。（出《三洞备炼科》。）《流珠经》云：烧异域秽臭毒恶辛烈之香，（谓乳香、螺甲香。）此犯道禁，非真人常修行之香也。真人爱紫微幽木之香，闻者皆喜。（谓沉水、笺香。）胡香辛烈毒恶，真人恶之。（胡香谓乳香。）桐柏真人王子晋谓清虚真人王子登曰：昔苏上卿爱烧辛烈之香，炁冲于中华天尊形像之前，地府上奏，太上恶之，乃退减仙位。《神仙香谱》云：世人多以乳香供天。夫乳香者，一名胡香，上帝与五星恶闻者，盖炁味辛烈熏秽故也。螺甲麝脐，尤为所忌。沉香、笺香、降真香、白檀香、苏合香、青木香，此香上冲四十里。丁香、安息香，此香辟邪却秽。龙脑只可用生者，熟龙脑虑其木之炁间杂。”[②]当然，由于香在道教中的用途广泛，不同领域要求不尽相同，很多香品包括辛烈之香实际上都有使用。在炼丹术领域，香料使用涉及面较广，遍及炼丹的方方面面，香的种类也很多，其中有不少域外香品。以下首先对炼丹术中涉及的相关香料及其产地情况等略作介绍，然后再讨论它们的使用情况。

1、青木香

《本草经》载有木香，《别录》补充说其一名蜜香，生永昌山谷。陶弘景认为，木香即青木香，当时完全由外国输入。《集注》云：“此即青木香也。永昌不复贡，今皆从外国舶上来，乃云大秦国。以治毒肿，消恶气，有验。今皆用合香，不入药用。惟制蛀虫丸用之，常能煮以沐浴，大佳尔。”此外，据三国万震《南州异物志》记载，青木香又出日南国：“木香出日南。欲取当先斫坏树，着地积久，外白朽烂，其心中坚者置水则沉，名曰沉香。其次在心白之间，不甚坚精，置之水中，不沉不浮，与水平者，名曰栈香。其最小粗白者，名曰椠香。”（《法苑珠林》卷三十六引述[③]）由此可见，青木香最初即有南海和西域两个外来产地。《新修本草》对两类外来青木香有比较：“此有二种，

---

① 《道藏》，第17册第117页。

② 《道藏》，第18册第489页。

③ ［唐］释道世撰，周叔迦、苏晋仁校注：《法苑珠林校注》，中华书局，2003年，页1162。

当以昆仑来者为佳，出西胡来者不善。叶似羊蹄而长大，花如菊花，其实黄黑，所在亦有之。”宋代时，道地青木香仍为舶来者，如《本草图经》云：“木香，生永昌山谷，今惟广州舶上有来者，他无所出……江淮间亦有此种，名土青木香，不堪入药用。”

2、沉香

据上引较早提及沉香的万震《南州异物志》可知，沉香最初从东南亚地区输入内地。本草著作中《别录》最早记载此药，列为草木上品，并且与薰陆香、鸡舌香、藿香、詹糖香、枫香合为一条，说它们“并微温。悉治风水毒肿，去恶气。薰陆、詹糖去伏尸。鸡舌、藿香治霍乱、心痛。枫香治风瘾疹痒毒”，不过未提及沉香的产地情况。《集注》进一步说：“此六种香皆合香家要用，不正复入药，唯治恶核毒肿，道方颇有用处。詹糖出晋安领州。上真淳泽者难得，多以其皮及柘虫屎杂之，唯轻者为佳，其余无甚真伪，而有精粗尔。外国用波津香明目。”至西晋，嵇含《南方草木状》记载交趾亦产沉香，而且认为它与蜜香、沉香、鸡骨香、黄熟香、栈香、青桂香、马蹄香、鸡舌香此八物同出一树：“交趾有蜜香树，干似柜柳，其花白而繁，其叶如橘。欲取香，伐之经年，其根干枝节，各有别色也。木心与节坚黑，沉水者为沉香，与水面平者为鸡骨香。其根为黄熟香，其干为栈香，细枝紧实未烂者为青桂香，其根节轻而大者为马蹄香。其花不香，成实乃香，为鸡舌香。”①至唐初，《新修本草》则认为“沉香、青桂、鸡骨、马蹄、笺香等，同是一树，叶似橘叶，花白，子似槟榔，大如桑椹，紫色而味辛。树皮青色，木似榉柳。薰陆香，形似白胶，出天竺、单于国。鸡舌香，树叶及皮并似栗，花如梅花，子似枣核，此雌树也，不入香用。其雄树着花不实，采花酿之，以成香，出昆仑及交、爱以南。詹糖树似橘，煎枝叶为香，似沙糖而黑，出交、广以南。又有丁香根，味辛、温，主风毒诸肿。此别一种树，叶似栎，高数丈，凌冬不凋，惟根堪疗风热毒肿，不入心腹之用，非鸡舌也。詹糖香，疗恶疮，去恶气，生晋安。”

宋代时，关于沉香的产地和质量情况有了更为详细的记载。苏颂《本草图经》曰：“沉香、青桂香、鸡骨香、马蹄香、栈香，同是一本，旧不著所出州土，今惟海南诸国及交、广、崖州有之。其木类椿、榉，多节，叶似橘，花白，子似槟榔，大如桑椹，紫色而味辛，交州人谓之蜜香。欲取之，先断其积年老木

① ［晋］嵇含撰：《南方草木状》，《丛书集成初编》，中华书局，1985年，页8。

根,经年其外皮干俱朽烂,其木心与枝节不坏者,即香也;细枝紧实未烂者,为青桂;坚黑而沉水为沉香;半浮半沉与水面平者,为鸡骨;最粗者为栈香;又云栈香中形如鸡骨者为鸡骨香,形如马蹄者为马蹄香。然今人有得沉香奇好者,往往亦作鸡骨形,不必独是栈香也;其又粗不堪药用者,为生结黄熟香;其实一种,有精粗之异耳。"由此可知,沉香当时主要产于东南亚和我国岭南地区。

不过,宋代岭南所产沉香的品质有了很大提高,尤其是海南产品开始受到推崇。譬如丁谓贬官海南岛时,撰有《天香传》一文,对海南沉香称颂有加,尤其是黎母山出者"甲于天下"。自此以后,海南沉香受到重视。蔡絛《铁围山丛谈》卷五云:"大凡沉水、婆菜、笺香,此三名常出于一种,而每自高下其品类名号为多尔,不谓沉水、婆菜、笺香各别香种也。三者其产占城国则不若真腊国,真腊国则不若海南,诸黎洞又皆不若万安、吉阳两军之间黎母山。至是为冠绝天下之香,无能及之矣。"①当然,总体上而言,当时外来沉香因质量上乘,仍然最为流行,海南者只是质量上乘的土沉香。周去非《岭外代答》卷七对不同产地的沉香有详细比较,云:"沉香来自诸蕃国者,真腊为上,占城次之。真腊种类固多,以登流眉所产香,气味馨郁,胜于诸蕃。若三佛齐等国所产,则为下岸香矣,以婆罗蛮香为差胜。下岸香味皆腥烈,不甚贵重。沉水者,但可入药饵。交阯与占城邻境,凡交阯沉香至钦,皆占城也。海南黎母山峒中,亦名土沉香,少大块,有如茧栗角,如附子,如芝菌,如茅竹叶者,皆佳。……顷时香价与白金等,故客不贩,而宦游者亦不能多买。中州但用广州舶上蕃香耳。唯登流眉者,可相颉颃。"②

明代时,李时珍在《纲目》中对前人关于沉香的认识作了总结。关于沉香之名,他说:"木之心节置水则沉,故名沉水,亦曰水沉。半沉者为栈香,不沉者为黄熟香。"关于沉香的品类和等级,他说:"香之等凡三:曰沉,曰栈,曰黄熟是也。沉香入水即沉,其品凡四:曰熟结,乃膏脉凝结自朽出者;曰生结,乃刀斧伐仆,膏脉结聚者;曰沉柔韧,革沉纹横,皆上品也,海岛所出,有如石杵,如肘如拳,如凤雀龟蛇,云气人物;及海南马蹄、牛头、燕口、茧栗、竹叶、芝菌、梭子、附子等香;皆因形命名尔。"

---

① [宋]蔡絛撰,冯惠民、沈锡麟点校:《铁围山丛谈》,1983年,页98。

② [宋]周去非著、杨武泉校注:《岭外代答校注》,页241。

3、鸡舌香

见上述沉香条。另外《抱朴子内篇·杂应》提到鸡舌香明目:“……或以鸡舌香、黄连、乳汁煎注之。诸有百疾之在目者皆愈,而更加精明倍常也。”①又,沈括《梦溪笔谈·药议》云:“今世所用鸡舌香,乳香中得之,大如山茱萸,剉开中如柿核,略无气味,以治疾殊极乖谬。”②

4、薰陆香、乳香

薰陆香,除上述沉香条述及内容外,《南方草木状》云:“薰陆香出大秦,在海边,有大树,枝叶正如古松,生于沙中。盛夏,树胶流出沙上,方采之。”③《新修本草》谓其出天竺和单于国。唐代时,又有一种乳香,或谓乳头香,《本草拾遗》云“盖薰陆之类也”。《海药》并列二香,没有等同视之,并引《广志》云,薰陆香是树皮鳞甲,乳头香生南海,是波斯松树脂。但到了宋代,薰陆之名几被遗忘,通谓乳香。《本草图经》沉香条引《广志》云:“南波斯国松木脂,有紫赤如樱桃者,名乳香,盖薰陆之类也。今人无复别薰陆者,通谓乳香为薰陆耳。”又《梦溪笔谈·药议》云:“薰陆即乳香也,本名薰陆,以其滴下如乳头者谓之‘乳头香’,熔塌在地上者谓之‘塌香’。”④南宋《诸蕃志》则云:“乳香一名薰陆香,出大食之麻罗拔、施曷、奴发三国深山穷谷中……以象辇之至于大食,大食以舟载易他货于三佛齐,故香常聚于三佛齐。”⑤

5、苏合香

本草中《别录》首载苏合香,《集注》云:“俗传云是狮子屎,外国说不尔,今皆从西域来。真者难别,亦不复入药,唯供合好香耳。”西域出产苏合香的地方主要是大秦国,对此史书多有记载。如《后汉书》卷八十八《西域传》载,大秦国“合会诸香,煎其汁以为苏合”。⑥《三国志》卷三十《魏书》注引《西域旧图》云,大秦多“一微木、二苏合、狄提、迷迷、兜纳、白附子、薰陆、郁金、芸胶、薰草木十二种香”。⑦《梁书》卷五十四《诸夷列传》云,中天竺国

① 王明:《抱朴子内篇校释》,页274。
② [宋]沈括撰:《梦溪笔谈》,上海书店出版社,2003年,页223。
③ [晋]嵇含撰:《南方草木状》,页7。
④ [宋]沈括撰:《梦溪笔谈》,页228。
⑤ [宋]赵汝适著、杨博文校释:《诸蕃志校释》,页163。
⑥ [宋]范晔撰:《后汉书》,中华书局,1965年,页2919。
⑦ [晋]陈寿撰:《三国志》,中华书局,1982年,页861。

“其西与大秦、安息交市海中,多大秦珍物,珊瑚、琥珀、金碧珠玑、琅玕、郁金、苏合。苏合是合诸香汁煎之,非自然一物也。又云大秦人采苏合,先笮其汁以为香膏,乃卖其滓与诸国贾人,是以展转来达中国,不大香也”。[①] 不过,陶弘景所言并不完全准确,因为当时除了西域,南海也有苏合香。如《梁书》卷五十四《诸夷列传》云,扶南国于梁天监十八年曾献火齐珠、郁金、苏合等香。[②] 至《新修本草》,苏合香的产地已经很明确,包括西域和南海:“此香从西域及昆仑来,紫赤色,与紫真檀相似,坚实,极芬香,惟重如石,烧之灰白者好。云是狮子屎,此是胡人诳言,陶不悟之,犹以为疑也。”关于苏合香和狮子屎的关系,《本草拾遗》有进一步解释:“按狮子屎,赤黑色,烧之去鬼气,服之破宿血,杀虫。苏合香色黄白,二物相似而不同。人云狮子屎是西国草木皮汁所为,胡人将来,欲人贵之,饰其名尔。”

6、安息香

安息香虽是《新修本草》新附药,但其使用和记载远在唐前。如《宋书》卷六十九载范晔《和香方》即提到该香:“麝本多忌,过分必害;沉实易和,盈斤无伤。零藿虚燥,詹唐黏湿。甘松、苏合、安息、郁金、㮈多、和罗之属,并被珍于外国,无取于中土。”[③]《新修本草》云其“出西戎,似松脂,黄黑色为块,新者亦柔韧”。《酉阳杂俎》的记载更详细:“安息香树,出波斯国,波斯呼为辟邪。树长三丈,皮色黄黑,叶有四角,经寒不凋。二月开花,黄色,花心微碧,不结实。刻其树皮,其胶如饴,名安息香。六七月坚凝,乃取之。烧通神明,辟众恶。”[④]《海药本草》云:“谨按《广州记》云:生南海、波斯国。树中脂也,状若桃胶,以秋月采之。”关于南海安息香的来历,《诸蕃志》之说应予以注意:“安息香出三佛齐国,其香乃树之脂也,其形色类核桃瓤,而不宜于烧,然能发众香,故人取之以和香焉。《通典》叙西戎有安息国,后周天和、隋大业中曾朝贡。恐以此得名。而转货于三佛齐。”[⑤]

安息香名称之由来,《诸蕃志》认为得名于安息国,李时珍认为“此香避恶,安息诸邪,故名”。(《纲目》卷三十四安息香条)安息香本产于阿拉伯半

---

① [唐]姚思廉撰:《梁书》,中华书局,1973 年,页 798。
② [唐]姚思廉撰:《梁书》,中华书局,1973 年,页 790。
③ [梁]沈约:《宋书》,中华书局,1974 年,页 1829。
④ [唐]段成式撰、方南生点校:《酉阳杂俎》,页 177。
⑤ [宋]赵汝适著、杨博文校释:《诸蕃志校释》,页 170。

岛和伊朗高原，以产地得名之说更为可信。

7、龙脑香

龙脑香亦为《新修本草》新附药，言其“出婆律国，形似白松脂，作杉木气，明净者善；久经风日，或如雀屎者不佳”。又云其“树形似杉木。言婆律膏是树根下清脂，龙脑是树根中干脂。子似豆蔻。皮有甲错，香似龙脑，味辛，尤下恶气，消食，散胀满，香人口，旧云出婆律国，药以国为名也。亦言即杉脂也。江南有杉木，未经试造，或方土无脂，尤甘蕉比闻花而无实耳”。《酉阳杂俎》则记载有两处产地：“龙脑香树，出婆利国，婆利呼为固不婆律。亦出波斯国。树高八九丈，大可六七围，叶圆而背白，无花实，其树有肥有瘦，瘦者有婆律膏香。一曰瘦者出龙脑香，肥者出婆律膏也。在木心中，断其树劈取之，膏于树端流出，斫树作坎而承之。”[①]《本草图经》云：“龙脑香，出婆律国，今惟南海番舶贾客货之。……亦云：南海山中亦有此木，唐天宝中，交趾贡龙脑，皆如蝉、蚕之形。……今海南龙脑，多用火煏成片，其中亦容杂伪。”

8、降真香

降真香列入本草著作较晚。《海药本草》引徐表《南州记》云生南海山，又云生大秦国。《证类本草》言其出黔南，未提及域外产地，并引《仙传》云，烧之或引鹤降，醮星辰，烧此香甚为第一，度箓烧之，功力极验。而《陈氏香谱》引宋叶庭珪《香录》云，其出三佛齐国及海南，虽在处有之，皆不及三佛齐者。

炼丹家使用香料相当早，不过最初仅用于相关仪式中，不作为合丹药物使用。例如东汉《黄帝九鼎神丹经》(《九鼎丹经诀》卷一)记载，传授丹经时需要烧香，合药前需要沐浴五香，起火时施祭需要焚香，服药时需要斋戒沐浴焚香等，只不过都没有指明香的具体品属。《九鼎丹经诀》卷二十所载合药前之祭法烧的是薰陆香。五香所指亦不明，道教后来有很多种说法，略举如下：

(1)青木香。六朝《洞真太一帝君太丹隐书洞真玄经》云：“五香者，青木香也。青木华叶五节，五五相结，故曰五香之草也。辟恶气，检魂魄，制鬼烟，致灵迹，以其有五五之节，所以为益于人耶。此香多生于沧浪之东，故东

① ［唐］段成式撰、方南生点校：《酉阳杂俎》，页177。

方之神人名之为青木之香焉。"①(《云笈七签》卷四十一引同)撰于元明时期的《道法会元》卷一百七十七亦云:"五香者,则青木香,仙人所谓五节青香也。"②李时珍《本草纲目》卷十四木香条"释名"云:"《三洞珠囊》云:五香者,即青木香也。一株五根,一茎五枝,一枝五叶,叶间五节,故名五香,烧之能上彻九天也。古方治痈疽有五香连翘汤,内用青木香。古乐府云,氍毹毾㲪五木香,皆指此也。……徐锴注云:道家谓青木香为五香,亦云五木,多以为裕是矣。"

(2)兰香、荆花、零陵香、青木香、白檀香。《云笈七签》卷四十一引《三皇经》云:"五香汤法,用兰香一斤,荆花一斤,零陵香一斤,青木香一斤,白檀一斤,凡五物切之,以水二斛五斗煮,取一斛二斗以自洗浴也。此汤辟恶,除不祥炁,降神灵,用之以沐,并治头风。"③《无上黄箓大斋立成仪》卷二"每修斋之前当煮五香之水以浴"一句注云:"青木、荆芥、零陵、兰香、真檀。"④《洞玄灵宝道学科仪》卷上云:"当依《洞神尊经》用五香法:青木香、荆华香、零陵香、兰香、真檀香,多少随分,细切,煮之令香,水熟已。"⑤

(3)鸡舌香、青木香、零陵香、薰陆香、沉香。《云笈七签》卷四十一引《太上七晨素经》云:"每以月一日、十五日、二十三日,一月三取三川之水一斛,(一经云,三川水取三江口水。一经云,取三井水亦佳。)鸡舌、青木香、零陵香、薰陆香、沉香,五种各一两,捣内水中煮之,水沸便出,盛器之中,安著床上,书通明符,着中以浴。"

(4)白芷、桃皮、柏叶、零陵香、青木香。《云笈七签》卷四十一引《沐浴身心经》云:"五香者,一者白芷,能去三尸;二者桃皮,能辟邪气;三者柏叶,能降真仙;四者零陵,能集灵圣;五者青木香,能消秽召真。此之五香,有斯五德。"⑥

(5)青木香、白檀香、茅香、沉香、薰陆香。南宋王希巢撰《洞玄灵宝自

① 《道藏》第33册,页530。
② 《道藏》第30册,页137。
③ 《道藏》第22册,页282—283。
④ 《道藏》第9册,页389。
⑤ 《道藏》第24册,页770。
⑥ 《道藏》第22册,页283。

然九天生神玉章经解》卷下："五香，青木香、白檀香、茅香、沉香、薰陆香。"[①]此方又见《太上金柜玉镜延生洞玄烛幽忏》："老君曰：香汤者，五香汤也。法取青木香、白檀香、茅香、沉香、薰陆香，多少随宜。取净水一石，先以桃白皮、竹叶下煎，数沸，滤去滓。次下五香，多少随宜。若在山林幽栖，贫薄无力，止以桃竹为善。先以沐发，取木杓，以柄指月建，思五色云炁满室，三辰光照盆上，以杓左行搅香水三十六度，视香汤，咒曰……"[②]

(6)青木香、甘松、丁香、沉香、白芷。南宋金允中编《上清灵宝大法》卷五"诵持存思品"云："欲行道诵经，当预备香汤沐浴。今只用桃白皮、淡竹叶煎汤，旧用五香汤。"注曰："即青木香、甘松、丁香、沉香、白芷五件，共煎汤。天台法中令人用薰陆香，非也，道家所忌之物，非古法也。"[③]

(7)白芷、青木香、沉香、白檀香、甘松香。明代编集《灵宝无量度人上经大法》卷三云："凡诵经行道，须佩真符而行此道，则万神敬从矣。行道之日者，谓应是诵经之日，皆当沐浴也。香汤，五香之汤也，以白芷、青木香、沉香、白檀香、甘松香，各以二十四铢，治下筛，用东流长泉一石煎数沸。先当解衣，烧香，于左就座，存日光华五色交错，入于五香汤中。存五方五色仙童五人，玉女五人，烧香散华，执巾执水左右，即以杓搅水三十二下，临水咒曰……"[④]

(8)朱砂、青木香、鸡舌香、茅香、薰陆香。元林灵真编《灵宝领教济度金书》卷二百六十一："用朱砂一两，木香一两，鸡舌香一两，茅香一两，薰陆香一两，煎水，名五香汤。"[⑤]

(9)沉香、薰陆香、白檀香、青木香、丁香、龙脑香、丹砂、雄黄。这种五香方参杂有其他药物，香料亦不限于以上几种。如唐张万福撰《传授三洞经戒法箓略说》卷下记载："五香　沉香(一)、薰陆(二)、白檀(三)、青木(四)、丁香(五)、龙脑(七)、砂(三)、雄(四)。"[⑥]《灵宝玉鉴》卷十八所载浴汤使用的是桃皮、乳香、竹叶、茅香、柏香、木香和安息香。[⑦]

---

① 《道藏》第6册，页459。
② 《道藏》第18册，页344。
③ 《道藏》第31册，页374。
④ 《道藏》第3册，页621。
⑤ 《道藏》第8册，页258。
⑥ 《道藏》第32册，页195。
⑦ 《道藏》第10册，页282。

由上可见,五香的组合没有固定组合。诸方倒是全都包括青木香,似乎最初道教最重视此香。

迄至魏晋南北朝,炼丹家对香料的重视程度明显提高,所以,《太清金液神丹经》卷下在介绍域外炼丹药物之余,不忘在末尾罗列诸香料的域外产地:"众香杂类,各自有原。木之沉浮,出于日南,都梁青灵,出于典逊,鸡舌芬萝,生于杜薄,幽简茹来,出于无伦,青木天竺,郁金罽宾,苏合安息,薰陆大秦,咸自草木,各自所珍,或华或胶,或心或枝。唯夫甲香螺蚌之伦,生于歌营句稚之渊。萎蕤月支,硫黄都昆,白附师汉,光鼻加陈,兰艾斯调,幽穆优钱,余各妙气,无及震檀也。"[①]这一时期外来香料开始作为炼丹药物使用。例如太上八景四蕊紫浆五珠绛生神丹方,其所用二十四种原料中香料有三种:第五灵华沉腴三斤,口诀是薰陆香;第八东桑童子七两,口诀是青木香;第十四亭炅独生六两,口诀是鸡舌香,取味辛者。[②] 当然,在仪式中,香仍然不可或缺,如《太清金液神丹经》卷上有祭受之法:"用好清酒一斗八升,千年沉一斤,乃沉香也。"[③]

唐宋时期,相关香料的用途变得非常广泛,几乎涉及炼丹所有重要方面,以下略举数例。合丹方面,如《修炼大丹要旨》卷上神雪丹阳四皓丹、四皓丹转四宝神雪丹都用乳香,[④]《铅汞甲庚至宝集成》卷四沉附黑锡丹用沉香和木香。[⑤] 服丹方面,如《太清修丹秘诀》"采种灵砂修丹法"服金砂时服乳香使砂快利,[⑥]《铅汞甲庚至宝集成》卷三"紫河车雄黄木第十"以伏火雄黄粉和生龙脑、楮汁为丸服之。[⑦] 医用炼丹药物方面,如《太清石壁记》卷下"服艮雪小还丹等法"用薰陆香和其他药物治疮,"紫雪法"(用于治脚气毒遍内外,烦热,口中生疮,狂惕叫走,发解诸草石热药毒发,卒热黄瘴后毒等)用到的香料包括沉水香、丁香、青木香。[⑧] 晚唐沈知言《通玄秘术》中的郑氏三生丹所用原料包括伏火丹砂、伏火北庭硇砂、伏火龙脑,黄英丹则用

---

① 《道藏》第18册,页762。
② 《道藏》第34册,页41。
③ 《道藏》第18册,页752。
④ 《道藏》第19册,页142。
⑤ 《道藏》第19册,页266。
⑥ 《道藏》第18册,页792。
⑦ 《道藏》第19册,页264。
⑧ 《道藏》第18册,页774、775。

玉屑、砒霜、蜜陀僧、乳头香和人粪霜炼制。[①]《云笈七签》卷七十七所载镇魂固魄飞腾七十四方灵丸、南岳真人郑披云传授五行七味丸、《九真中经》四镇丸等使用香料较多,包括鸡舌香、青木香、沉香、薰陆香、詹糖香、安息香等。[②] 水法方面,如《轩辕黄帝水经药法》第三十空青石水原料中用到降真香,饮此水时又需以安息香擦于人中,可令人隐形。[③] 黄白术方面,如《九转灵砂大丹》第五转水仙丹法云,丹成后"如要成宝,以河水并乳香少许煮一伏时,入甘锅内熔成至宝,任用之。至此不用铅煎,自体成宝矣"。第六转通玄丹法,"用水仙丹,取四两,依前用河水并乳香煮过,熔成宝,打造室合,三两做底,一两做盖"。[④] 仪式方面,如南宋吴悮《丹房须知》所述炼丹程序,其中第九为合香法,引青霞子言曰:"降真香半斤,丹参五两,苏合香四两,老柏根四两,白檀香四两,沉香半斤,白胶香少许。右七味,以蜜拌和,丸如弹子大,每日只烧一丸。"[⑤]

双夫草(芙蔓、紫琼)

《蓬莱山西灶还丹歌》[⑥](以下简称《还丹歌》)中有十余种药物记载出自域外国家(部分地区当时属唐朝统辖),但这些药名都很奇怪,历代载籍基本都没有记载或提及,故其真伪、特性等实难考定,姑且存疑。本条及以下诸条主要对《还丹歌》中的相关内容进行摘录(括号中为俗名、书名或异名),部分略作说明。

双夫草第四

俗名芙蔓,书为紫琼。性与上同,治劳,出安南府,生丙丁,死甲巳,叶紫绿,大小不定,应小暑节立夏后采用。

歌曰:引蔓生天水(池中好),开花傍石间。度宵丙丁候,姹女体须坚。

---

① 《道藏》第19册,页357、358。
② 《道藏》第22册,页543—545。
③ 《道藏》第19册,页321—322。
④ 《道藏》第19册,页32。
⑤ 《道藏》第19册,页58。
⑥ 《道藏》第19册,页185—203。

玉展春(山斛、江春)

玉展春第三十四

俗为山斛,书为江春。性温,出于阗国,三叶,叶如榆,治风。

歌曰:每树生三叶,遥光叶似榆。冬分春节近,仙人把步虚。

还椿(哲芝)

还椿第五十六

俗为哲芝,书阙名。性温,出安南,状如椿,色紫,治邪气。

歌曰:落落金字展青天,紫道人间玄又玄。若共还丹从此造,即须煮过十宵看。

稍红(穿崖布、紫天天、武容朱芝)

稍红第五十九

俗为穿崖布,书云紫天天,亦名武容朱芝。性凉,生于阗国,一枝一叶,叶背紫枝。

歌曰:界外绕林泉,必向经铛煎。三度煮八石,如何体不坚。

同变春(昆仑葵、紫堦)

同变春第九十

俗呼昆仑葵,书为紫堦。出西天,叶圆成角,花紫,治油瘡。

歌曰:巅巅孤上占崖栽,每在人间院内开。恰至还丹能计会,硫黄争得不当灰。

金镜寒(人芝)

金镜寒第九十六

俗为人芝，书无名。出安南府，如葵菜，有毛，治虫蛇毒。

歌曰：石中石上总秋生，叶上生毛红点茎。三接外几数般样，样中最好是东京。

青天心（白微、单蒿）

青天心第一百四十七

俗为白微，书为单蒿。性凉，生于阗国，叶如蒿，三瓣成枝，青黄花，生甲戊，死丁壬，治中伤，应立冬节白露后采之上。

歌曰：花如金色绕山开，叶成三片剪刀裁。计会水银成活后，兼能善作大还媒。

按《本草纲目》卷十三有白微，性状功效皆与青天心不同。又《还丹歌》第四十九还骨草亦云书名单蒿。

凤凰窠（山竹、负雪容）

凤凰窠第一百四十八

俗为山竹，书为负雪容。性冷，出南天竺国，叶如竹，枝如木，如葱尾，花紫，生甲丁，死戊己，治反花疮，应处暑节立夏后采用。

歌曰：叶如寒竹傍崖生，亦在人家亦在庭。花带紫绯开不定，可怜光彩四时荣。

赤萝藤（赤蘋草、地心）

赤萝藤第一百四十九

俗为赤蘋草，书为地心。性冷，味苦，形如桐叶，色紫赤，出新罗国，治逆疮，生戊壬，死丁癸，应小寒节立春后采之。

歌曰：叶如绯榜绕栏生，亦在山头亦在庭。欲谢但知投九水，水中自识紫芝灵。

白莺相(三叶草、紫余)

白莺相第一百五十

俗呼三叶草,书为紫余。性和诸药,生中天竺国,无枝,三叶,生戊庚,治劳疾,应芒种节立秋后采之。

歌曰:蔓开三叶叶纤纤,半在池傍半在岩。欲识但经和日煮,月过成炼以为咸。

按《还丹歌》第四十胡辛蔓俗名亦为三叶草。

石紫蔓(努头草)

石紫蔓第一百六十八

俗为努头草,书为示见。性热,出新罗,叶蔓茎有茨,治恶疮。

歌曰:叶叶弯弯绕涧隅,可怜真草世人疏。唯有太行南山客,将来个个煮仙鱼。

附:酥

酥最初常从域外输入。《集注》酪酥条注云:"酥出外国,亦从益州来,本是牛羊乳所为,作之自有法。佛经称乳成酪,酪成酥,酥成醍醐。醍醐色黄白,作饼甚甘肥,亦时至江南。"到了唐初,酥成为一种比较常见的食物。《新修本草》云:"酥掐酪作之,其性犹与酪异,今通言功,恐是陶之未达。然酥有牛酥羊酥,而牛酥胜于羊酥,其犛牛复优于家牛也。"炼丹家使用酥始于南北朝,或涂釜,或煮石药,如《九鼎丹经诀》卷十一"雄汞长生法"以酥涂釜,卷十二太极真人九转丹第五转以牛酥煮雄黄等。唐宋时酥多用于溲药,如《鉴源》卷下云:"酥,溲药用也。"

白蜡

白蜡即本草所谓蜜蜡,《集注》注云:"此蜜蜡尔,生于蜜中,故谓蜜蜡。蜂皆先以此为蜜蹠,煎蜜亦得之。初时极香软,人更煮炼,或加少醋酒,便黄赤，以作烛色为好。今药家皆应用白蜡，但取削之，于夏月日曝百日许自然白；卒用之，亦可烊纳水中十余过亦白。世方惟以合治下丸，而《仙经》断谷最为要用，今人但嚼食方寸者，亦一日不饥也。”此种白蜡陶弘景云产自武都山谷，《新修本草》未补充新产地。然而《九鼎丹经诀》卷十八“炼白蜡法”用昆仑白蜡：“取好昆仑白蜡，甘土锅消投醋中，三百遍成。和合煮药，服立断谷，亦可作长生骨体，炼铜等用同。”可见当时有南海白蜡输入中土。

第四章　唐代炼丹服石与外来文化融合之遗存

——西安何家村窖藏药物药具再探讨

第一节　研究综述及问题

1970 年,陕西省西安市南郊的何家村偶然出土了大量窖藏唐代珍贵文物,这是唐研究的一项重大发现。然而由于各种原因,四十多年来这批文物从来没有全面系统地对外展示过,也没有发表过一份详细的发掘报告,因此,关于它们的研究受到很大影响,很多研究者往往只能管中窥豹。出土的一千多件遗世珍宝中,许多是能够鲜明代表唐代文化水准、特色及社会风尚的典型器物,其中一组药具和大量药物尤其受到人们广泛关注,由于类似文物大量出土的例子绝无仅有,因此,它们对于研究唐代的炼丹服石以及医药学具有十分宝贵的资料价值。

1972 年,《文物》第 1 期发表《西安南郊何家村发现唐代窖藏文物》一文,正式公布了这批文物的大致情况,其中包括对药物的种类和数量、药具的种类和形制的简单介绍,并认定这批文物的埋藏时代下限在盛唐晚期(约 8 世纪末),出土地点位于唐长安城兴化坊邠王府的部位上。同年,《文物》第 6 期又刊出两篇论文专门讨论遗物中的药具和药物。陕西省博物馆文管会写作小组《从西安南郊出土的医药文物看唐代医药的发展》一文介绍,何家村出土的药物共计有丹砂 7081 克,钟乳石 2231 克,紫石英 2177 克,白石英 505 克,琥珀 10 块,颇黎 16 块,金屑 787 克,密陀僧一大块 16 市斤。此外,用金、银和玛瑙等制作的医药器具共四十多件,按用途可以分为:

炼丹器银石榴罐4个(即简单的蒸馏器——原文注),煮药器银双耳锅1个,银提梁锅4个,温药器金流锅1个,银铛1个,研药器玛瑙臼1个,玉杵1枚,银盛药器盒、罐、壶、小鼎、碗、鉢等二十多个。关于这批文物在当时的用途,该文介绍比较混乱,说钟乳石、紫石英和白石英用来制作五石散,颇黎用作装饰或医药,金屑用来服食长生,银石榴罐说是炼丹器,其他器具则笼统说是药器。耿鉴庭《西安南郊唐代窖藏里的医药文物》一文对出土药物和药具的介绍更为详细一些,如丹砂和钟乳石的不同等级和数量,各种药的具体形制和用途等,不过其所记药物中无颇黎,增加了珊瑚三大段,金箔4388克,麸金126克。耿文认为,银石榴罐和丹砂与炼丹术有极大关系,钟乳石、石英等虽为炼丹常用药物,但更可能是制备三石更生散的原料,其他则多从与医药学之关系的角度来理解。

1980年,段鹏琦《西安南郊何家村唐代金银器小议》(《考古》第6期)一文对何家村出土金银器的年代和埋藏地点提出新的看法,认为这批金银器是一个相当长的历史时期所造器皿的集合体,其年代下限是德宗时期,而埋藏地点则未必是邠王府,或另有其人。1982年,吴德铎《何家村出土医药文物补证》(《考古》第5期)一文对此前陕文和耿文作了补充,认为银石榴罐是蒸造烧酒的蒸馏器,又考察了出土药物在历代本草著作中的记载情况,认为这批医药文物的主人热心炼丹,并注意到部分药物与中外文化交流有关。1983年,《考古》第2期刊出《关于〈何家村出土医药文物补证〉一文的讨论》,其中戴应新对石榴罐是"蒸造烧酒的蒸馏器"的看法提出反驳,他说,拔掉塞盖将石榴罐放入水中,水不能自行流入罐内,需摇动之方可,而装水后将罐倒置,不拍打罐底,水不能自行滴出来,所以认为,倒装清水尚这样难,容积又实在太小,不可能用来造酒。此外,罐底有黑色烟炱,说明是在罐底烧火。因此,戴应新认为该石榴罐是炼丹专用器具,很可能是将粉碎的丹砂装入罐内,然后在罐底加热,使硫气化而炼得水银。而韩伟认为药物中的颇黎是天然产物,具体指蓝宝石与红宝石。

2003年,沈睿文《一个与道教有关的遗存——何家村窖藏再认识》(《中国文物报》6月13日第7版)一文提出一个大胆推论,认为何家村窖藏是一处与道教有关的遗存,他将其全部器物分为炼丹器具、装盛炼丹药物的金银器皿和炼丹药物及未成品、斋醮及厌胜器物、配套使用的器物四大类,并推断文物窖藏地为拥有者的药院。此后,他又在《何家村窖藏的炼丹器具》(《文物天地》2005年第1期)一文中进一步讨论了炼丹器具的具体用途,包括银石榴罐、玉杵和玛瑙臼、锅、盆、铛、铫、鼎等。沈睿文在2003年的文章中同时提出,覆盖在何家村出土第二个陶瓮口上的8公斤金属渣块并非炼银渣块,而是炼取铅精所得的铅丹。关于这块金属渣块,最初的考古报告在备注中称其为密陀僧,没有作任何介绍。而后《从西安南郊出土的医药文物看唐代医药的发展》一文也称作密陀僧,但同期发表的一冰《唐代冶银术初探》(《文物》1972年第6期)一文认为它是唐代灰吹法炼银遗留下来的渣块。2007年,韩建武《西安何家村唐代窖藏几个问题的再探讨》(《收藏家》第7期)一文认为,渣块虽然不一定就是铅丹、黄丹,但应是炼丹的遗物无疑,而绝非炼银渣块。

2003年,齐东方《何家村遗宝的埋藏地点和年代》(《考古与文物》第2期)一文认为,何家村遗宝不属邠王府,埋藏时间不在安史之乱,而是德宗建中四年(783年)泾原兵变爆发时租庸使刘震埋于自家宅中。但随后黄正建《何家村遗宝和刘震有关吗?——与齐东方先生商榷》(《考古与文物》2004年第4期)一文提出反对意见,认为齐文所依据的史料只是一篇小说,其中的主要人物和身份都是虚构的,因此其观点还需继续探讨。

除上述研究以外,还有一些与本章有关的资料值得注意。如韩建武《西安何家村唐代窖藏宝石玉器》(《收藏家》2001年第3期)对遗物中的宝石和玉器作了系统介绍,其中包括原本是药物的部分;又《西安何家村唐代窖藏金银器上的墨书题记》(载《法门寺博物馆论丛》第一辑,三秦出版社2008年)一文,对盛放药物器具上的墨书题记及其存放药物的名称、数量、重量等情况进行了详细介绍。另外,陕西历史博物馆编《大唐遗宝——何家村窖藏出土文物展》(陕西人民出版社2010年),陕西历史博物馆、北京大学考古文博学院和北京大学震旦古代文明研究中心合编的《花舞大唐春——何家村遗宝精粹》(文物出版社2003年),这两本书对部分药具和药物配有精美图片,尤其是后者还附有器具的结构图及考释内容,值得参考。

以上是学术界对何家村遗宝中药物药具研究的大致情况。不难看出,存在的歧见相当明显。首先,一个全局性的疑难问题一直没有解决,这直接影响到对药具和药物的定性,这便是何家村遗宝的主人及埋藏年代,对此可谓众说纷纭:有的认为是邠王府,盛唐晚期(8世纪末)或安史之乱时(755年)埋藏;有的认为非邠王府,而是另有其人,具体待考,唐德宗时期(780—

805年）埋藏；有的认为是租庸使刘震，唐德宗建中四年（783年）埋藏；有的认为遗物全是与道教有关的物品，其窖藏地为拥有者的药院；有的认为是中尚署，属皇家窖藏等等。有必要指出，何家村窖藏文物的来源是多元的，对于这一点学者们的意见基本一致，但是将药具和药物从一个整体上来考察，以往研究中除了一种观点做了有启发意义的尝试以外，其他都缺乏这种意识，故而往往只见树木不见森林，导致对很多重要问题的看法分歧很大，概而言之，包括以下两个方面：

（1）关于药具，有时候笼统称之医药文物，有时候称之炼丹文物，而功能考察则时而参以炼丹文献，时而参以医药文献，含糊其词，混而言之，这种状况说明学术界对这批药具的功能还没有完全正确定性，其实绝大多数讨论根本就未曾认真考虑过这一问题。

（2）关于药物，同样存在没有整体定性的问题，所以它们到底是用来炼丹，还是服石，还是医疗，无有定论。更加混乱的是，究竟哪些物品应该归入药物类，不同观点差异很大，例如对颇黎、珊瑚、金箔等的看法，尤其是氧化铅渣块，有人认为是炼银渣块，有人则认为是炼成的丹药。

以上两方面的问题表明，对于何家村遗宝中药具和药物的研究，同样存在基础性问题没有解决的情况，即这批文物到底是炼丹遗物，还是医药遗物，还是其他？具体哪些物品应当归属或服务于这一目的？从这两个基础性问题可以看出，药具和药物其实是解读何家村遗宝的关键突破口之一。要搞清楚这两个问题，我们必须做到两点：首先，我们不能再孤立地考察个别药物或药具，而应将它们放在一个整体内审视；其次，药物是关键中的关键，是功能的直接表述，药具归根到底为药物服务。遵循以上思路，本章拟将药物用途和药具功能两个问题结合起来，进一步探究何家村遗宝中药物药具之谜。本章的研究将表明，何家村遗宝中的药物和药具并非用于炼制金丹或医药，而主要是炼丹服石（具体含义见第二节）。此外，何家村遗宝中器物的外来文化因素大家关注较多，其实药物如珊瑚、虎魄、颇黎、玛瑙、宝石、玉等很多也是舶来品，它们既然被用于炼丹服石，所以确切地讲，何家村遗宝之药物药具实际上是唐代炼丹服石与外来文化密切融合的生动写照，这个遗存对于研究道教炼丹术与中外文化交流具有重要意义。

第二节　唐代炼丹服石概述

本书第二章介绍印度长年方在唐代传播的背景时,我们稍微涉及了唐代的服石问题,出于讨论的需要,这里再作进一步阐释。

战国后期至秦汉,各种神仙方术盛行,服食为其中重要一脉。从《神农本草经》、《列仙传》等当时资料来看,当时用于神仙服食的药物种类非常多,除了植物类型以外,金、玉、丹砂、云母、石英等金石类型受到格外推崇,只不过所有这些药物最初都是单服。炼丹术兴起以后,金丹在神仙服食体系中的地位愈来愈重要,逐渐凌驾于传统服食方术之上,被很多人视为仙道之极。炼丹术和普通服食方术的主要区别在于,金丹是由多种金石药物(有的也使用草木或动物类辅助药物)炼制而成,称为某某丹,越是大丹法,用药越多,炼制过程也越复杂,而普通服食多是食用单味药物(包括直接服食者或需炼饵者)。早期时,炼丹术和普通服食方术之间有相对明确的界限。以最有代表性的《抱朴子内篇》为例,葛洪在书中对炼丹术的介绍分为《金丹》和《黄白》两篇,金丹药都是一些复杂的合成药方,而各种单服长生药,包括炼丹的一些重要金石原料,一律归入《仙药》。葛洪云:"仙药之上者丹砂,次则黄金,次则白银,次则诸芝,次则五玉,次则云母,次则明珠,次则雄黄,次则太乙禹余粮,次则石中黄子,次则石桂,次则石英,次则石脑,次则石硫黄,次则石粭,次则曾青,次则松柏脂、茯苓、地黄、麦门冬、木巨胜、重楼、黄连、石韦、楮实、象柴,一名托卢是也。"[①]由此可见,炼丹和服石在道教内原本是两个有密切关联但不同的概念,二者不能等同视之。

南北朝时期,随着炼丹术的进一步发展,其范畴越来越宽泛。由于金石毒性受到广泛重视,入炼金丹之前,原料药物必须经过去毒处理,再加上其他一些调炼之法,单味金石药的炼饵也成为炼丹术的重要组成部分。例如《黄帝九鼎神丹经诀》很大一部分篇幅都在总结各种炼丹原料药物的炼饵之法,包括金、银、丹砂、水银、铅丹、石钟乳、雄黄、石硫黄、曾青、硝石等。与此同时,道教以外的一些服石活动也在如火如荼地发展,最典型的例子是五

---

① 王明:《抱朴子内篇校释》,中华书局,1985年,页196。

石散(或谓寒食散)。余嘉锡曾考论认为,五石散本源于汉代名医张仲景医疗之方,成分包括白石英、紫石英、石钟乳、赤石脂和石硫黄,三国时何晏服之神效,遂大行于世。魏晋以后,服者相寻,杀人如麻。[①] 但后来王奎克指出,五石散中实有礜石,它才是五石散真正的毒源。[②] 另有论者认为,五石散实出于炼丹家之手,而非医术家之方。[③] 其实,在医学领域中,本草学天生就非常重视服石,而方剂学重视服石则是较晚的事情。早期时医方也使用金石药的。例如马王堆汉墓出土《五十二病方》(抄写年代不晚于秦汉之际)中用水银傅"痈",雄黄、水银、铜屑等傅"加"(痂)。[④] 又如东汉郑玄记载当时医者使用一种"五毒方",系用五种矿物药烧炼而成:"今医人有五毒之药,作之,合黄堥,置石胆、丹砂、雄黄、礜石、慈石其中,烧之三日三夜,其烟上着,以鸡羽扫取之,以注创,恶肉破骨则尽出。"[⑤]不过,这些药方基本都是外用。即便在魏晋南北朝时期,以五石散为代表的服石方在社会上广泛流传,医方中也并不重视纯粹的服石,倒是解五石散毒发的药方很普遍。

唐代时,医药学家对此前的服石传统进行总结,方剂学中逐渐发展出独立的服石门。孙思邈《千金要方》卷二十四《解毒并杂治·解五石毒第三》对六朝以来盛行的五石散进行了严厉批判,认为其毒大猛,绝对不可服食:

> 寒石五石更生散方,旧说此药方,上古名贤无此,汉末有何侯者行用,自皇甫士安以降,有进饵者,无不发背解体而取颠覆。余自有识性以来,亲见朝野仕人遭者不一,所以宁食野葛,不服五石,明其有大大猛毒,不可不慎也。有识者遇此方,即须焚之,勿久留也。

但同时孙思邈却极力强调服石的重要性:

> 论曰:人不服石,庶事不佳。恶疮、疥癣、瘟疫、疟疾年年常患,寝食不安。兴居常恶,非止己事不康,生子难育。所以石在身中,万事休泰,

---

① 余嘉锡:《寒食散考》,此据《余嘉锡论学杂著》,中华书局,2007年,上册页181—226。

② 王奎克:《"五石散"新考》,原发表于《科技史文集》第11辑,此据赵匡华主编:《中国古代化学史研究》,北京大学出版社,1985年,页80—87。

③ 姜生、汤伟侠主编:《中国道教科学技术史·汉魏两晋卷》,科学出版社,2002年,页310。

④ 马王堆汉墓帛书整理小组:《五十二病方》,文物出版社,1979年,页114、106、108。

⑤ 《周礼·天官冢宰下·疡医》卷五郑注,《十三经注疏》,中华书局,1980年,页668。

要不可服五石也。人年三十已上可服石药,若素肥充亦勿妄服,四十已上必须服之,五十已上三年可服一剂,六十已上二年可服一剂,七十已上一年可服一剂。又曰:人年五十已上精华消歇,服石犹得其力;六十已上转恶,服石难得力,所以常须服石,令人手足温暖,骨髓充实,能消生冷,举措轻便,复耐寒暑,不着诸病,是以大须服。[①]

他主张的服石方为石钟乳、紫石英和白石英等,虽然也是五石散的成分,但系无毒矿物。该书卷二十七《养性·服食法第六》记载了这些矿物药的调炼之法,包括饵云母水方、炼钟乳粉法、西岳真人灵飞散方等。后来在《千金翼方》中,孙思邈特撰《飞炼》一卷,专述炼饵石方及解石毒法,其炼饵石方正是他此前强调的石钟乳、紫石英和白石英等,但内容较《千金要方》增加了许多。值得注意的是,石钟乳调炼方的第一种与稍早成书的《黄帝九鼎神丹经诀》记载的方法很相近,第二种则出自崔尚书,[②]反映出当时服食石钟乳在道教和世俗社会都很流行的状况。此外,《千金翼方》卷十三《辟谷·服云母第五》还记载了几种炼服云母的方子。

必须强调,孙思邈重视服石并非完全由其个人信仰所致,更多是其时代风尚的反映。在他身后,服石在医方中的地位得到进一步提高,这一点在《外台秘要方》中有鲜明体现。《外台秘要方》由王焘撰成于公元752年,是继《千金方》之后又一部大型医方著作。《新唐书》卷九十八记载:"焘,性至孝,为徐州司马。母有疾,弥年不废带,视絜汤剂。数从高医游,遂穷其术,因以所学作书,号《外台秘要》,讨绎精明,世宝焉。历给事中、邺郡太守,治闻于时。"[③]据此可知,作者王焘是儒兼医者。《外台秘要方》卷三十七录服石19门,卷三十八录18门,每一门的方法从一首至几十首不等,前卷大部分为服石方,后卷为服石发动方及节度法。与《千金方》相比,《外台秘要方》记载的服石方数量大大增加,而且还将服石方和服石发动方分开,更加凸现了服石的重要性。王焘首先在卷三十七《乳石论序》中强调了服石的重要性以及他撰述此二卷的缘由:

---

① [唐]孙思邈:《备急千金要方》,人民卫生出版社,1982年,页432—433。

② 据高文铸考证,此崔尚书可能为唐高宗时担任过户部尚书的崔知悌。[唐]王焘撰、高文铸校注:《外台秘要方》,华夏出版社,1993年,页939。

③ 《新唐书》,页3890。

按古先服饵，贤明继踵，合和调炼，道术存焉。详其羽化太清，则素凭仙骨，若以年留寿域，必资灵助。此盖金丹乳石之用，岂流俗浅近而能知。所患其年代浸深，诀篆微密，世有传习，罕能详正。更加服石之士，精粗不同，虽志贪补养，而法未精妙。遂使言多鄙亵，义益繁芜，每加披览，实长疑惑。既子弟不得亲授，亦家童莫能晓了。存诸左右，殆谓阙如。余宿尚谷神，栖心勿药，岁月云久，经书粗通，知文字之一失，乃性命之深误。是以会集今古，考量论诀，取断名医，都凡纂要，建题篇目。并五脏合气，经络受病，八风所中，形候论诀，兼诸家会同将息妙术，及乳石丹与杂石压理之法，录定伦次，即亦以时代为先后。今删略旧论，纂集新要，分成上下二卷。可谓价重千金，比肩万古，垂之于后学，豁若冰消者乎。①

以下所录服石方19门不妨列之如下：

薛侍郎服乳石体性论一首

李补阙研炼钟乳法一首

曹公卓钟乳丸法二首

崔尚书乳煎钟乳饵法二首

杂饵钟乳丸散补益法二首

杂饵钟乳酒法二首

东陵处士炼乳丸饵并补乳法二首

周处温授段侍郎炼白石英粉丸饵法并论紫石白石英体性及酒法五首

杂煮石英和金银草药饵及银罐中煮水饮法三首

同州孟使君饵石法一首

羊肉中蒸石英及石汁炰猪肉兼作姜豉服饵法三首

猪肚中煮石英及饲牛取乳兼石英和磁石浸酒服饵法三首

服石后有不可食者有通食而无益人者有益人利石者药菜等一十条

---

① ［唐］王焘撰、高文柱校注：《外台秘要方校注》，学苑出版社，2011年，页1345—1346。

张文仲论服石法要当违人常性五乖七急八不可兼备不虞药并论二十三条

乳石阴阳体性并草药触动形候等论并法一十五首

铨择薛侍郎等服食后将息补饵法一十五条

饮酒发热诸候将息补饵论并法一十条

饵寒食五石诸杂石等解散论并法四十九条

痈疽发背证候等论并方五十三首

上述方名至少透露出两条重要信息:第一,石钟乳仍然是唐代社会最重要的服石药物,其次为紫石英、白石英等,这与孙思邈的时代一脉相承;第二,这些服石方来源广泛,大多都出自道教以外,如薛侍郎、李补阙、崔尚书、周处温、段侍郎、孟使君为官员,东陵处士为隐士,张文仲为御医,还有抄自《千金方》、《纂灵记》等文献的,这表明服石在唐代的普及度相当高,道教以外也有很多方法。

与世俗服石传统相比,唐代道教服石不仅种类更多,而且对药物的重视程度有所区别。道教最重视丹砂,在这方面有很多独创内容,其次才是石钟乳、石英一类的药物,这也是道教的一贯传统。如可能出自唐代的《神仙服饵丹石行药法》其药物约半数为丹砂和丹药,其余才是雄黄、水银、石钟乳、赤石脂、五石脂、紫石英等。当然,道经中也记载有偏重服石的方子,只不过非道教主流传统。如《太清经天师口诀》卷末有《赤松子肘后药诀》,它应当是后人所附,其中第七方为太真未央丸,实际上是一种复合石方,由白玛瑙粉、白玉粉、珊瑚粉、水晶粉、琥珀粉、真珠粉、紫石英粉、云母粉、金粉、银粉、朱砂末、雄黄末、雌黄末、石峰粉、石肉末、钟乳末、茯苓末、松脂、食蜜合煎而成,该方大量使用贵重药物,应是炼丹术兴盛时期的产物。

综上所述,对于唐代的服石我们应当这样看待,道教炼丹术无疑是服石技术的渊薮,但医学领域甚至俗世中也产生了很多重要内容,它们相互影响和促进,共同形成了唐代服石的盛况。至于炼丹服石和医学服石的区别,主要在于炼丹家和医学家的着重点不同,服石是着眼于神仙长生还是侧重医学养生,相应在技术方面可能会有一些差别。

第三节　药物的分类、用途和种类

关于药物的分类，道教炼丹术和医学往往有所不同，因此，通过分类，我们有可能推断出药物的用途。何家村出土药物中分类最详细的是丹砂，其次是石钟乳，下面我们便对药物分类进行分析，然后再讨论那些容易被误解的药物的定性问题。

根据韩建武《西安何家村唐代窖藏金银器上的墨书题记》一文介绍，何家村窖藏文物墨书题记涉及存放药物名称、数量、重量的有11件，现将题记内容抄录如下，原文的器物顺序稍有变动，而且部分标点也做了改动（标点相当重要，有的关系到药物的分类）：①

器物	题记
"光明紫砂"银药盒	（盖内）光明紫砂一大斤，上上。碾文白玉纯方胯一具，一十六事并玦。斑玉一具，白玉有孔一具，各十五事并玦。 （盖外）光明紫砂一大斤，上上。白玉碾文一具，纯方，一十六事并玦。又斑玉一具，白玉玉开孔一具，各十五事并玦。
"光明碎红砂"银药盒	（盖内）光明碎红砂一大斤四两。白玉纯方胯十五事，失玦。骨咄玉一具，深斑玉一具，各一十五事并玦。 （盖外）光明碎红砂一大斤四两，堪服。白玉纯方胯十五事，失玦。骨咄玉一具，深斑玉一具，各一十五事并玦。
"红光丹砂"银药盒	（盖内）红光丹砂二大斤，大颗三枚，绝上。碾文白玉带一具，十六事，失玦。更白玉一具，数准前。 （盖外）红光丹砂二大斤，大颗三枚（以下模糊）
"大粒光明砂"银药盒	（盖内）大粒光明砂一大斤。白玛瑙铰具一十五事，失玦。真黄钱卅。黄小盒子一，六两一分，内有麸，三两强，钗钏十二段，共七两一分。 （盖外）大粒光明砂一大斤。白玛瑙铰具一十五事，失玦。真黄钱卅。
"次光明沙"银药盒	（盖内）合重卅六两，盛次光明沙廿一两，虎魄十段。
鎏金石榴花纹银盒	十两，溪州井沙，卅七两。兼盛黄粉。
"上上乳"银药盒	（盖内外同）上上乳一十八两。
"次上乳"银药盒	（盖内）次上乳一十四两三分，堪服。 （盖外）次上乳一十四两三分

① 韩文载《法门寺博物馆论丛》第一辑，三秦出版社，2008年，页269—270。

（续）

器物	题记
“次乳”银药盒	（盖内）次乳廿四两，须简择，有堪服者。 （盖外）次乳廿四两。
鎏金鹦鹉纹提梁银罐	（盖内）紫英五十两，白英十二两。
莲瓣纹提梁银罐	（盖内）琉璃杯碗各一，珊瑚三段，玛瑙杯三，玉杯一，玉臂环四，颇黎等十六段。

根据上表可知，何家村出土丹砂共有七个等级：1、光明紫砂，上上；2、大粒光明砂；3、次光明沙；4、光明碎红砂；5、红光丹砂；6、大颗红光丹砂，绝上；7、井沙。石钟乳有上上乳、次上乳、次乳三个等级。

图 1　何家村窖藏部分药物（丹砂、石钟乳、石英）

（摘自《大唐遗宝》）

唐人对丹砂品类的界定，医药学界和道教因目的不同而有重要区别。如唐高宗时官方颁布的《新修本草》（撰成于 659 年）将丹砂分为土砂和石砂两大类，其中土砂分为块砂和末砂，石砂则分成十余种，最上者为光明砂，其次为马牙砂等，具体分类及特性如下所述：

丹沙大略二种，有土沙、石沙。其土沙，复有块沙、末沙，体并重而色黄黑，不任画用，疗疮疥亦好，但不入心腹之药尔，然可烧之，出水银乃多。其石沙便有十数种，最上者光明沙，云一颗别生一石龛内，大者如鸡卵，小者如枣栗，形似芙蓉，破之如云母，光明照澈，在龛中石台上生，得之者，带之辟恶为上，其次或出石中，或出水内，形块大者如拇指，小者如杏仁，光明无杂，名马牙沙，一名无重沙，入药及画俱善，俗间亦少有之。其有磨嵯、新井、别井、水井、火井、芙蓉、石末、石堆、豆末等沙，形类颇相似，入药及画，当择去其杂土石，便可用矣。别有越沙，大者如拳，小者如鸡鹅卵，形虽大，其杂土石不如细明净者。①

相较医家本草，道教炼丹著作对丹砂品类的区分和特征的介绍更为细致。例如衡岳真人陈少微撰《大洞炼真宝经修伏灵砂妙诀序》（撰于武后至玄宗时期）云：

丹砂之体数种，受气不同，唯三种堪为至药，上者光明砂，中者白马牙砂，下者紫灵砂。余有溪土杂类之砂，不中入至药服饵所用。且光明砂一两，服之力敌白马牙砂四两。白马牙砂一两，服之力敌紫灵砂八两。如溪砂、土砂之力，不可比量也。……言光明砂者，受太阳清通澄朗正真之精气降结，而红光曜曜，名曰光明砂。白马牙砂者，受太阳平和柔顺之精气降结，而白光瑓瑓，如云母色者，名曰白马牙砂。紫灵砂者，半受山泽之灵气，结而色红紫，名曰紫灵砂。如溪土杂类之砂，俱受浊滞不真之气，结而成砂即混沌无精光，故不中入至药所用。②

又正文"第一返丹砂"述之更详：

上品者生于辰锦石穴之中，而有数色，中品者生于交桂，亦有数类，

① ［唐］苏敬等撰，尚志钧辑校：《新修本草》，安徽科学技术出版社，2004年，页46。
② 《道藏》第19册，页13。

下品者生于衡邵，数种品类，皆缘清浊体别，真邪不同，降气分精，感通金石。受正气者，服之而通玄契真，为上仙矣。受偏气者，服之亦得长生留世。且上品光明砂者，出于辰锦山石之中，白交石床之上，十二枚为一座，生色如未开红莲花，光明曜日。亦有九枚、七枚、五枚、三枚、一枚为座者，十二枚、九枚最灵，七枚、五枚生者其次。每一座中有一大珠，可重十余两，为主君，四面小者，亦重八九两，亦有六七两已下者，为臣，周绕朝揖中心大者。于座四面又有杂砂一二斗，回抱其玉座朱床。于其座外杂砂中拣得芙蓉头成就，夜安红绢上，光明通彻者，亦入上品。又有如马牙，外白浮光明者，是上品白马牙砂；有如云母片白光者，是中品白马牙砂。圆长似笋生，而红紫色者，即上品紫灵砂；若如石片棱角生青光者，是下品紫灵砂。如交桂所出，但是座生及打石中得者，形如芙蓉头，成而光明者亦入上品；如颗粒成三数枚，重一斤，通明者为中品；片段成明彻者，为下品。如衡邵所出，总是紫砂，及打石中得而红光者，亦是下品之砂。如溪砂有颗粒成而通明者，伏炼饵之，亦得长生留世，未得为上仙矣。如砂生于土穴之中，溪砂养于溪水土之内，而土石相杂，故不中入上药服食所用。如座生者，是最上品之砂，得其座中心主君砂一枚，伏炼入于五藏，则功勋便著，名上丹台，正气长存，超然绝累……①

上述丹砂分类又见于同时代其他炼丹家的著作，如张果《玉洞大神丹砂真要诀》、金陵子《龙虎还丹诀》等。又玄宗至代宗德宗时人张隐居《张真人金石灵砂论·朱砂篇》云：

光明砂紫砂，昔贤服之者甚众，而求度世长生者未之有也，余明其理。夫光明砂紫砂，以火服之，逐邪气，治热病，未能童颜绀发，何者？光明砂一斤，飞淘得汞十二两，火炼得黑灰一抄。黑灰者，朱砂本质入炉，飞精英为汞，饵之延年，不可以黑灰为药，服之得度世。故知服光明紫砂者，未经法度制炼，则灰质犹存，所以不能长生者也……②

① 《道藏》第19册，页15。
② 《道藏》第19册，页5—6。

比较《新修本草》和道经记载可以看出，何家村出土丹砂题记的分类明显与道教更为接近，说明它的用途更趋近于道教，这是其一。其二，这批药物从种类上看大多是唐代服石常用之药，题记内容有更明确的体现，即次上乳直接记为“堪服”，次乳记为“须简择，有堪服者”。综合以上两点来看，何家村出土药物的用途应当属于炼丹服石，而非单纯的炼制金丹或者医学服石，下一节对器具的分析将进一步证明这个判断。不过，下面我们还需要对丹砂、石钟乳和石英以外的药物作一些解释。

首先是那些与丹砂放置在一起的玉器。何家村遗宝中共有九副玉带（图2），除白玉九环蹀躞带外，其余八副全与丹砂放置在一起，即“光明紫砂”银药盒中的碾文白玉纯方胯带、斑玉带、白玉有孔带，“光明碎红砂”银药盒中的白玉纯方胯带、骨咄玉带、深斑玉带，“红光丹砂”银药盒中的碾文白玉带、更白玉带。以上玉带有五副为白玉，大多数为成品，但也有未完成品。（有描述指出，玉带銙的背面多有象鼻孔，用银丝穿孔固定于革带上。何家村玉带中有的背面没有打孔，似为未完成品。①）这些玉带全部散放于盒中，盒盖内外皆有题记注明，表明它们绝非匆忙之中胡乱与丹砂放置在一起的，而应当是基于某种分类考虑有意这样放置的。本书第三章介绍服玉时指出，道教服玉强调用璞玉，于阗白玉尤善。根据丹砂盒中这些玉带的情况，笔者猜测，它们并非单纯的饰品，除此基本功能以外，更应当是作为服石的玉料（第二个陶瓮中另外盛有质量较次的方形玉料），所以才与丹砂放置在一起。黄金的情况与玉器类似。与丹砂放置在一起的黄金有多种形式，如“大粒光明砂”盒中的麸金、开元通宝金币、钗钏，井沙盒中的金屑，从炼丹服石角度而言，这些金料中既有天然原料（麸金）、成器原料（金币、钗钏等），又有成药（金屑）。另外，炼丹家制作金粉常先锻金成箔，何家村窖藏中有大量金箔，不过没有与药物放置在一起，其用途或许有多种。道教炼服金银有非常发达的技术，早在南北朝时期，炼丹家便对金银矿分布规律、金银提纯技术、金银粉制作技术等形成很多科学认识，突出代表是《黄帝九鼎神丹经诀》卷九所载炼丹家狐刚子的《出金矿图录》。除了金玉以外，“大粒光明砂”盒中还盛有白玛瑙带銙一副，“次光明沙”盒中有琥珀十段，另外莲瓣纹提梁银罐（图3）中单独盛有琉璃杯碗、玛瑙杯、玉杯、玉璧环、珊瑚和颇

① 陕西历史博物馆等编：《花舞大唐春——何家村遗宝精粹》，文物出版社，2003年，页212。

黎(各种宝石)等,上述之琥珀、珊瑚,甚至颇黎、玛瑙器物等,都可以作为炼丹服石原料来使用,只是其重要性和用途都不如丹砂。

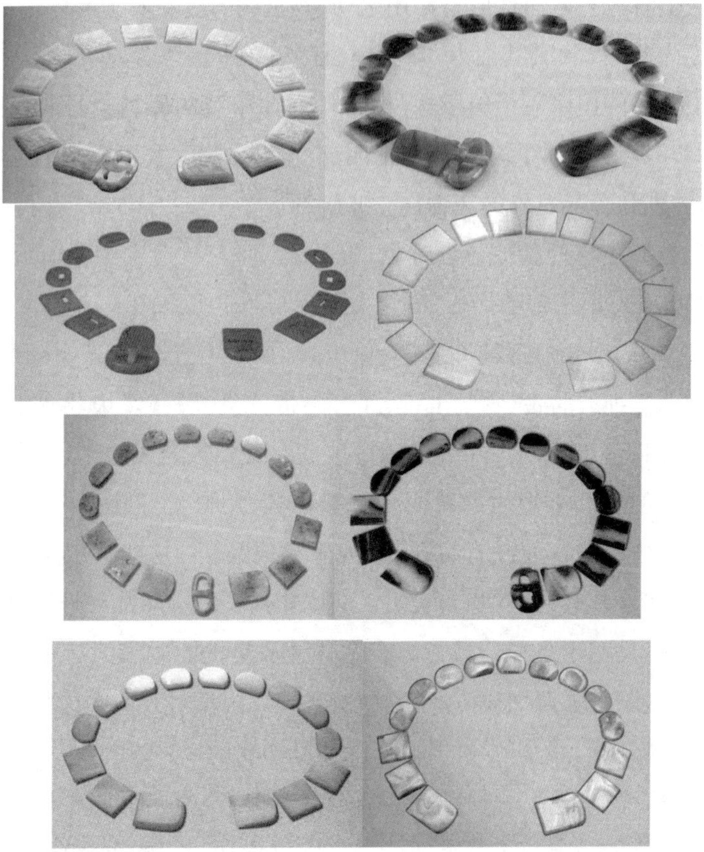

图2　与丹砂放在一起的玉带(从上至下、从左至右依次为碾文白玉带、斑玉带、白玉有孔带、白玉方胯带、骨咄玉带、深斑玉带、更白玉带、白玛瑙带)(摘自《大唐遗宝》和《花舞大唐春》)

图3　莲瓣纹提梁银罐及题记(摘自《花舞大唐春》)

最后是金属渣块的问题。何家村遗宝出土时装在两个陶瓮中，其中第二个陶瓮口上覆盖着一块重达8公斤的金属渣块，关于其性质有多种说法，如密陀僧、炼银渣块、炼取铅精所得的铅丹、炼丹遗物等。首先可以排除的是铅丹之说，因为铅丹是炒铅而成，从炼制过程到最后形态都不会出现大块渣块的形态。如《黄帝九鼎神丹经诀》卷十七记载有铅丹作法，可为佐证：

> 铅二斤，多少任人，净洗，以铁杯中炒之作沙，用清水淘之，置铁镬中遍淘，拣使极大净，去水留滓，暴干十日，锤打作末，以绢筛之，然后置铁杯中二宿三日，炒令赤乃止，即是好丹也。①

关于密陀僧，第三章中已作过介绍，唐代以前炼丹家已经使用，《新修本草》首次将其列为本草药物，云其"形似黄龙齿而坚重，亦有白色者，作理石文，出波斯国。一名没多僧，并胡言也"。② 可见，在唐高宗时代，密陀僧还完全是一种外来药物。至北宋《本草图经》，书中认为密陀僧实际上是吹灰法炼银的残渣："今岭南、闽中银铜冶处亦有之，是银铅脚。其初采矿时，银、铜相杂，先以铅同煎炼，银随铅出。又采山木叶烧灰，开地作炉，填灰其中，谓之灰池。置银铅于灰上，更加火大煅，铅渗灰下，银住灰上，罢火，候冷，出银。其灰池感铅银气，置之积久成此物。今之用者，往往是此，未必胡中来也。形似黄龙齿而坚重者，佳。"③这种炼银法早在《黄帝九鼎神丹经诀》中即有记载，但显然当时炼丹家并未将残渣与密陀僧联系起来。就化学属性而言，将何家村出土金属渣块称作密陀僧没有错误，但问题在于当时人是否有此认识，而且综合考虑渣块有明显的金属烧结痕迹、出土文物中有大量银铤、渣块并未与丹砂等药物放置在一起等情况，还是将其视为炼银渣块比较符合实际，所以它并不是炼丹遗物，与丹砂等药物不能视为同类。

何家村窖藏的诸种服石药物，道教通常都是单味服饵，但也有一起炼饵的方法。例如上一节提到《太清经天师口诀》所附《赤松子肘后药诀》中的

---

① 《道藏》第18册，页845。

② ［唐］苏敬等撰、尚志钧辑校：《新修本草》，页68。

③ ［宋］苏颂撰、尚志钧辑校：《本草图经》，安徽科学技术出版社，1994年，页46。

第七种方太真未央丸，即大量混合使用这些贵重药物，其方为：

> 用白码碯粉一斤，白玉粉一斤，珊瑚粉十二两，水晶粉一斤，琥珀粉一斤，真珠粉一斤，紫石英粉十二两，云母粉十二两，金粉银粉各一斤，朱砂末一斤，雄雌二黄末各一斤，石峰粉八两，石肉末十二两，钟乳末一斤，茯苓末三十六斤，松脂二十四斤，食蜜二石四斗。
>
> 上件十八味，并好炼治作粉。用上食蜜先内新铜釜中煎经一日，次第下诸药粉合煎之，七日七夜成。①

需要特别说明的是，何家村窖藏药物中的宝石、玉器等在当时无疑都是珍宝，但是丹砂、钟乳等药物的价值当时也很高，尤其是上等丹砂甚至要远超过一般玉器的价值。据《太平广记》卷二百四十三记载，中唐人窦乂得到一块真于阗玉，玉工说此为奇货，攻之当得腰带胯二十副，每副百钱，共三千贯文。据此可知，一副于阗玉带胯在当时不过值百余钱。而根据考古发现的唐代天宝年间交河郡市估官方文书记载，当时丹砂一两上等值钱 150 文，次 140 文，下 130 文，一斤丹砂的价值在 2400 至 2080 文之间。相较之下，当时白面一斗上等值钱才 38 文，次 37 文，下 36 文；细犍牛一头，上值钱 4200 文，次 4000 文，下 3800 文；次犍牛一头，上值钱 3200 文，次 3000 文，下 2200 文。② 由上可见，唐代时一两丹砂大致等值于一副于阗玉带胯，一斤则几相当于一头次等犍牛。要注意的是，此丹砂只是市场上所售的普通丹砂，至于炼丹服石用的上上、绝上品类，其价值无疑要高得多，是名副其实的无价之宝。因此，何家村遗宝中的药物如同其他明显为贡品的贵重器物一样，绝非普通人所能拥有，很可能也是贡品，其中丹砂、钟乳、石英、金等可能是地方政府进奉，而琥珀、玛瑙、珊瑚、颇黎等很可能是外来药物。据《册府元龟》统计，唐德宗之前有多次外国进贡相关物品的情况。例如，贞观十七年，拂菻王波多力遣使献赤颇黎、绿颇黎、石绿、金精等物；永徽五年十二月，倭国遣使献琥珀、玛瑙，琥珀大如斗，玛瑙大如五升器；上元二年正月，拔汗那王献碧颇黎及蛇黄；开元六年，康国遣使贡献锁子甲、水精杯、玛脑瓶、驼

---

① 《道藏》第 18 册，页 790—791。

② ［日］池田温：《中国古代物价初探——关于天宝二年交河郡市估案断片》，载氏著《唐研究论文选集》，中国社会科学出版社，1999 年，页 122—189。

鸟卵及越诺之类；开元二十八年十月，康国遣使献宝香炉及白玉环、玛瑙、水精眼药瓶子；开元二十九年三月，吐火罗遣使献红颇梨、碧颇梨、生玛瑙、生金精及质汗等药；代宗大历六年九月，波斯国遣使献真珠、琥珀等。

第四节　药具的种类和功能

何家村窖藏文物中的药具，其主要类型有银石榴罐、玉杵、玛瑙臼、锅、盆、铛、铫、鼎等。对于这批器物的性质和功能，鉴于以往介绍有不少混乱认识，在这里首先明确一个基本事实，即这些器具并不是炼制金丹黄白的专用成套设备，其中只有银石榴罐可以确认是道教抽砂炼汞的专用器具，其余基本都是炼丹、医药甚至生活方面的通用器具，而且即便用在炼丹术中也多是辅助性器皿。

不少研究指出银石榴罐是用来抽砂炼汞的，这个判断正确，不过需要补充一点，即它并非一般炼丹家有财力使用的普通器具。道教抽砂炼汞有很多方法，唐代炼丹家应用最广泛的是简单易行的竹筒上火下凝法，基本操作是取一竹筒盛丹砂，埋入地中后在地面上加热，丹砂分解后水银蒸气冷凝流入竹筒下部贮存。《黄帝九鼎神丹经诀》卷十一较早记载了这种方法：

> 以生竹筒盛丹砂若朱砂，埋着地中，以云母覆口，与地平，筒上仅可三四寸土覆之。以糠灰烧之，再宿三日成水银也。①

陈少微《大洞炼真宝经九还金丹妙诀》对这种方法有更详细的记载，从中可见炼丹家之所以用竹筒作抽汞器(图4)，原来是巧妙利用其多节的结构：

> 先取筋竹为筒，节密处全留三节。上节开孔可弹丸许粗，中节开小孔子如筋头许大，容汞溜下处。先铺厚蜡纸两重致中节之上，次取丹砂细研，入于筒中，以麻紧缚其筒。蒸之一日，然后以黄泥包裹之，可厚三分，埋入土中，令筒与地面平，筒四面紧筑，莫令漏泄其气，便积薪烧其

① 《道藏》第18册，页827。

上，一复（时），令火透其筒上节，汞即流出于下节之中，毫分不折。忽火小，汞出未尽，尚重而犹黑紫，依此更烧之，令其汞合火数足。如红马牙、白马牙、紫灵砂抽汞，一同此诀。余别诀飞抽者损折积多，而同（筒）抽诀最妙，然具列于其章上品也。[①]

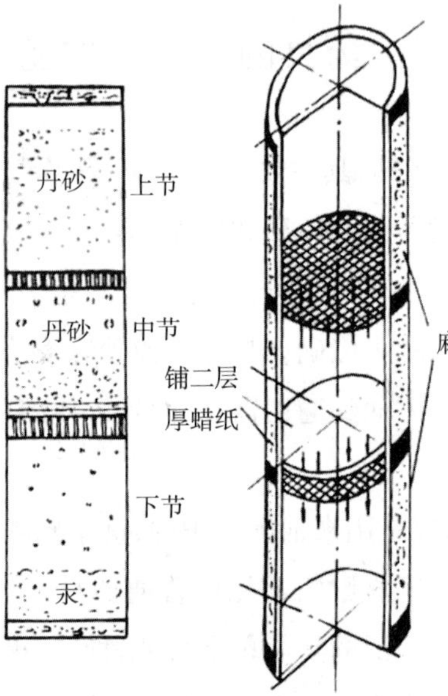

图4　《大洞炼真宝经九还金丹妙诀》抽汞竹筒示意图

（摘自《中国外丹黄白法考》）

何家村窖藏银石榴罐共有四件，其形制基本相同，颈部与腹部相接处仅留有一小孔，其中一件有棍状的孔塞。另有研究者称，石榴罐底部有火烧的痕迹。[②] 根据以上情况并结合上述分析，我们至少可以确定以下几项结论：第一，银石榴罐是一件专用炼汞器与竹筒相比，银石榴罐在精密性和耐用性上无疑具有很大优势，而且它在当时毫无疑问是一种贵重器具，非民间炼丹家所能染指。第二，在炼汞技术上，银石榴罐和竹筒一脉相承，是道教炼汞器具向精密化和专业化发展的结果。第三，银石榴罐应当与另一件容器组合使用，后者用以冷凝承接水银。沈睿文《何家村窖藏的炼丹器具》一文已经认识到这一点，认为它与银瓺配套使用，这个问题具体还要根据配套器具

① 《道藏》第19册，页22。

② 吴德铎：《何家村出土医药文物补证》，《考古》1982年第5期。

的尺寸来确定，总之二者衔接处一定要紧密牢靠。成书于南宋的《金华冲碧丹经秘旨》卷下记载有磁石榴罐和甘锅的组合，这是目前所见仅有的一条使用石榴罐炼汞的文献记载，为了解银石榴罐（如图5）的用途提供了重要参考依据。其法为：

明净辰砂一十两为末，各用银坑金坑者，其余坑者有杂，不可用。足色黄金八两，用荷灰二两，雄雌共二两，研匀。先熔金作汁，次下灰与二两，旋旋搅成黄粉，却用百沸汤淘洗，令十分至净，焙干。次与前朱砂末一处拌和令匀，入已固小口石榴罐中，令九分满，稻灰塞定，瓦钱透孔，铺丝十字扎定，封口缝，反覆于宽口深水罐之上，二口相合，扎定，悬挂入丹灶之中，上火一斤，灶中火二两，凡三次，上火三斤，任消，其铅汞沥下水罐，内水是华池水也。①

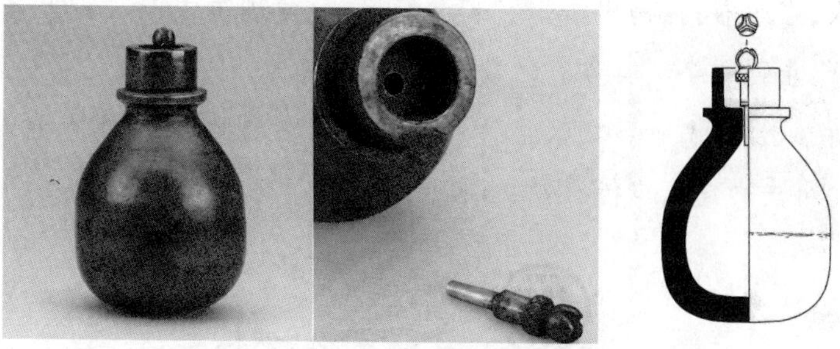

图5　银石榴罐（摘自《花舞大唐春》）

其实在宋代，炼丹家抽砂炼汞一般不再使用天然竹筒，而用组合器具，大致步骤是在地下挖坑，其中放一盛水之器，上方则倒置一盛丹砂之器，然后用火焙烧上方丹砂器，水银则凝结流下贮于器中。此法的具体操作又可分为多种，大多用甘锅和罐的组合。如《庚道集》卷一所收北宋文真子崔昉撰《金丹大药宝诀·寒林玉树涌泉匮法》中的“熟汞法”为：

朱砂通明者不拘大小，为末，用炭末糯米调匀，顿甘锅子内，以火筋扎为蜂房。窠内候干，用一般锅子一个，先埋在地下，盛水八分。一甘锅子将干朱砂甘锅子合在所埋水罐上，以纸筋盐泥固济缝密，火炙干，

① 《道藏》第19册，页163。

以五斤炭火自顶发火，信在上。甘锅子通红，则去炭火。候冷取出，则熟汞自在所埋水罐子内也。寻常朱砂一两，止取得八分。①

同书卷二“月桂长春丹”记同样方法，但操作描述更为详细：

朱砂（八两或五、七两，亦不拘定其分两），炭末（五两），蜜（一两）。右先固济一丹炉子或瓷罐子一个，焙干。次以朱砂同炭末，调蜜水和衮。入炉，筑令实了。炉口内用泥饼子封定，焙干，钻五七个窍子。次掘一地坑，先将大瓶一个，盛水八分满，埋在坑内。次将砂炉倒卓在水瓶上，令大小衔合。仍用六一泥固济缝，十分牢密。次用粗泥泥饰地面，以隔水火相激之患。用二十斤炭火从顶上烧煅，次添十斤或二十斤，从早至晚，斟酌火候，勿令过与不及。候次日炉冷，开取，其砂化为真汞，在水瓶内，淘出焙干。若砂好，每一两砂得汞七八钱上下。或砂不好，止得一半。其砂石之数，尽在炭末瓶内，可淘出验之。皆无用炭。盖所抽出之汞，皆砂之精华。大凡用火只在斟酌火候，勿令过与不及，则无得失之虑。口传心授，当自得之。②

图6　崔昉抽汞器示意图（摘自《中国外丹黄白法考》）

① 《道藏》第19册，页442。
② 《道藏》第19册，页443。

另外一部丹经《修炼大丹要旨》卷上有"朱砂取汞"法，则使用一个大甘锅与一个小瓶的组合，其法为：

> 朱砂十两乳细，用松炭末和之，装在大甘锅内，至六分，用松炭末盖之，上用小瓦片装，在上用铁线结成一团片，盖在锅口，用铁线缚之。打一土窟，先安小瓶在窟内，瓶内用水。将甘锅盖覆转在瓶口，用泥封口，四围砖砌，上面用大火一煅，再加半炉火，每朱一两可得真汞七钱在瓶内，去水洗得净。[①]

唐宋道教蒸馏技术及器具与同期伊斯兰文明中的相关技术和器具相映成趣。在伊斯兰的化学技术中，蒸馏是一个非常关键的步骤，这一特点在香水业和炼丹术中都有很突出的表现。

制作香水在当时的阿拉伯地区是一个很发达的产业，其产品不仅畅销伊斯兰世界，还曾东传至印度和中国。如南唐诗人张泌最早在《妆楼记》中提到一种源自西域的蔷薇水，后来宋人蔡絛《铁围山丛谈》卷五记载它来自大食国，系用蒸馏法制作而成，而且当时广州人曾模仿过这种技术："旧说蔷薇水，乃外国采蔷薇花上露水，殆不然。实用白金为甑，采蔷薇花蒸气成水，则屡采屡蒸，积而为香，此所以不败。但异域蔷薇花气，馨烈非常，故大食国蔷薇水虽贮琉璃缶中，蜡密封其外，然香犹透彻，闻数十步，洒着人衣袂，经十数日不歇也。至五羊效外国造香，则不能得蔷薇，第取素馨茉莉花为之，亦足袭人鼻观，但视大食真蔷薇水，犹奴尔。"[②]《诸蕃志》中也有相关记载。[③] 关于香水的蒸馏法和器具，现存阿拉伯古文献见有记载。例如9世纪中叶时肯迪《香水和蒸馏的化学工艺》一书便记述了这类仪器，如图7所示，其中a图是曲颈瓶蒸馏器，不带圆边，置于炉上方的水浴之上；b图是带有圆边的蒸馏器，置于由炭火或煤火徐徐加热的炉内。曲颈瓶是穆斯林发明的著名蒸馏器具，因其形似鸟类或葫芦，又被称为鹈鹕鸟蒸馏器或葫芦形蒸馏器，其顶部不再是单独的仪器，如果排水管足够长，冷却效果更佳，会产生更多的蒸馏液。图8是16世纪时古叙利亚语和阿拉伯语抄本中的一

① 《道藏》第19册，页144。

② ［宋］蔡絛撰，冯惠民、沈锡麟点校：《铁围山丛谈》，中华书局，1983年，页97—98。

③ ［宋］赵汝适著、杨博文校释：《诸蕃志校释》，中华书局，2004年，页。172

幅曲颈瓶蒸馏器插图，仪器上用阿拉伯语刻着 al-‘awjā，意思是“弯曲的仪器”。①

a　　b

图 7　阿拉伯制作香水的蒸馏器

图 8　玻璃曲颈瓶蒸馏器

阿拉伯炼丹术大约始于公元 8 世纪，随后繁荣了数个世纪。与中国同行相比，阿拉伯炼丹家使用的器具同样十分齐全，但化学物质的提炼器具很多都是玻璃器皿，这是他们的一大优势。拉齐（Rāzī，卒于 925 年）在《秘典》（*Kitab al-Asrar*）中对这些器具做了汇总描述，仅在当时即有数十种之多。图 9 所展示的是葫芦形蒸馏器，约出自 10—12 世纪，图 10 是带导管的蒸馏塞，约出自 6—8 世纪。②

图 9　用于升华和蒸馏的伊斯兰玻璃容器（Science Museum, London）

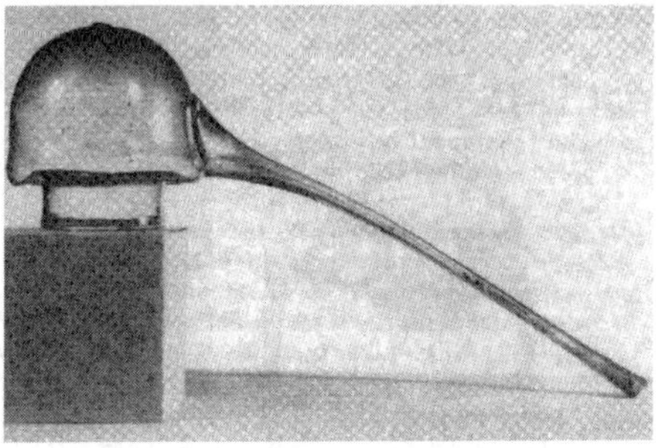

图 10　埃及的玻璃制蒸馏器（Victoria and Albert Museum, London）

唐宋道教炼丹家的炼汞器后来经过进一步优化设计，形成更加精密和科学的方案，南宋吴悮《丹房须知》（撰于 1163 年）记载的飞汞炉就是其中

① 以上关于阿拉伯蒸馏器具的描述和图片据［叙利亚］艾哈迈德·优素福·哈桑、［英］唐纳德·R·希尔著，梁波、［新西兰］傅颖达译：《伊斯兰技术简史》，科学出版社，2010 年，页 117—118。

② 拉齐记载的炼丹化学器具和两幅插图见《伊斯兰技术简史》，页 113—115。

之一，其建造方法如下：

> 葛仙翁云：飞汞炉，木为床，四尺如灶。木足高一尺已上，避地气。揲圆釜，容二斗，勿去火八寸。床上灶依釜大小为之。《火龙经》云：飞汞，于丹砂之下有少白砂亦佳。若刚木火之，只可一昼夜，不必三夜也。丹砂之滓有飞不尽者，再留之。砂无出溪、桂、辰，若光明者亦可号曰真汞也。
>
> 注云：鼎上盖密泥，勿冷泄气。仍于盖上通一气管，令引水入盖上盆内，庶汞不走失也。①

以上文字描述比较简略，但其插图（图 11）清楚地表明，这套精密的飞汞炉由一木台（灶的底座）、一灶（加热器）、一釜或鼎（盛丹砂）、一盆（作为冷凝器以及盛放水银的容器）、一气管（连通釜与盆，用于输送气体汞）组成。不过，有必要指出，《正统道藏》所附飞汞炉插图与文字描述其实不完全匹配（如气管并非由鼎盖上引出），这表明插图或许并非原本绘图。这种蒸馏法炼汞由于生产效率高，宋以后得到产业化推广。明代宋应星《天工开物》中记载的就是此法，每炉可炼丹砂三十斤，云："凡升汞，上盖一釜，釜当中留一小孔，釜旁盐泥紧固。釜上用铁打成一曲弓溜管，其管用麻绳密缠通梢，仍用盐泥涂固。煅火之时，曲溜一头插入釜中通气，一头以中罐注水两瓶，插曲溜尾于内，釜中之气达于罐中之水而止。共煅五个时辰，其中砂末尽化成汞，布于满釜。"②从宋应星的描述来看，这种方法与《丹房须知》的记载几乎完全一致，而且《天工开物》的插图（图 12）描绘的应该是真正的生产场景和设备，而《丹房须知》的插图更像是实验室的精巧仪器。

阿拉伯的炼丹器具很多继承自此前欧洲的炼金术，后来又回赠给欧洲，自然也得到很多改进。总体上而言，阿拉伯的蒸馏器是西方炼金术和炼丹术链条的有机组成部分。E·J·霍姆亚德（E. J. Holmyard）认为："虽然人们为设计精巧的蒸馏器花费了相当的心思，然而在炼金术的整个历史中，它也没能比最早的模型有多少改进……从亚历山大时期的蒸馏器起，实际上

---

① 《道藏》第 19 册，页 59。

② ［明］宋应星著、潘吉星译注：《天工开物译注》，上海古籍出版社，2013 年，页 177。

没有什么本质的变化。然而，只要器具有小小的进步，实际操作以及蒸馏产物的获得都将随之得到改进。”①图 13 是中世纪及以后常用的蒸馏装置（A 蒸馏罐，B 水浴口，C 熔炉，D 炉篦，E 除灰装置，F 接受器），图 14 是 1500 年左右的蒸馏装置，炉火上水浴加热，侧面有燃烧补给管。②

图 11　《丹房须知》飞汞炉插图

图 12　《天工开物》升炼水银图

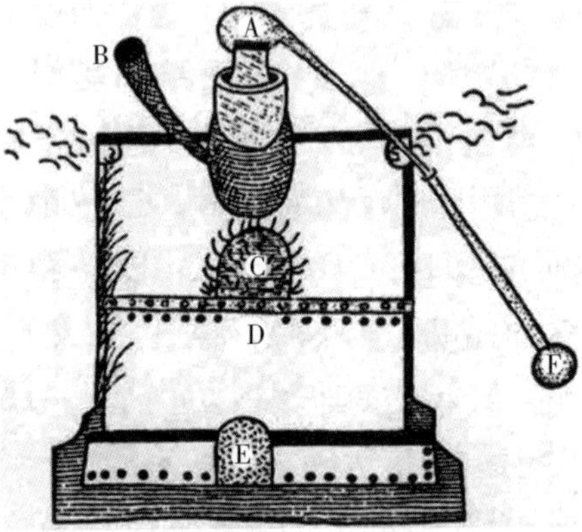

图 13　炉子里的蒸馏装置

图 14　1500 年左右的蒸馏装置

阿拉伯炼丹术的器具与道教器具相比存在诸多令人惊叹的相似之处，两种炼丹文化在进行广泛的药物交流之余，在器具方面（器具同时也是蕴含思想和理论的重要载体）是否也有相互吸收借鉴之处，这是一个十分有

① ［英］查尔斯・辛格等主编，王前等主译：《技术史》，上海科技教育出版社，2004 年，页 526。
② 图 13、14 分别见［英］查尔斯・辛格等主编，王前等主译：《技术史》，页 525、529。

意思的问题。

何家村窖藏的其他药具也许还有个别炼丹专用器具，但从药具的类型、功用、材质以及药物用途等方面综合来看，这些药具应当是服石的成套设备（当然也可以作为炼丹的辅助设备），与道教文献记载的服石器具相比较，这个判断很容易理解。例如《太清经天师口诀》所附《赤松子肘后药诀》第一方度灾灵飞散，乃以金箔和石钟乳合研来制作金粉，所用药具是玉杵和玉臼：

> 其法用新出矿金三十六两炼讫者，用钟乳末七两，把金打作薄。凡三十六两金，分为六分，一分六两。把六两金薄细劈，安玉臼中，用玉杵研之五百徧，下钟乳末五分，合研之成粉。若欲纯取金粉者，以水汰沙，乳末自去。若不能汰沙者，合乳服之亦佳。所以和乳研之者，以金性滑，若独研之，不可成粉。会得乳末粉，立可成。①

炼饵石钟乳使用的药具更多，而且一般都是金银器或玉器。以《黄帝九鼎神丹经诀》卷十八所载炼钟乳法为例（孙思邈《千金翼方》卷二十二所载方法与此大致相同），使用的药具有金银容器（无金银器乃用瓷器）、（金银）铛、瓷钵和玉锤、金银盆等，其法摘录如下：

> 钟乳炼入长生华池法
>
> 取钟乳，无问多少厚薄，但令水洗已光明者即得入炼，惟黄赤二色不堪入用。炼时取钟乳安金银器中，若无上件，瓷器亦得，于大铛中令投煮之，恒令调如鱼眼即得，水减即添，其乳薄者用三日夜，若雁翅及厚管者七日夜。候乳色黄，其乳即熟。若疑生，即须十日夜沸之，其沸乳之水一铛尽黄也。其浊水皆须弃之脱尔，误饮此水，便穿人咽喉，令人头痛，多服即痢，食猪肉可止。弃此黄水，竟不安清水（《千金翼方》作"更着清水"），复纳乳于铛中，煎之半日许，看其水色清不变即止。作炼不精而服者，令发背疮，是以必须精炼也。

---

① 《道藏》第18册，页789。

炼讫研法

取乳安瓷钵中,用玉锤研之令碎,着少许水研之,水尽更添,恒令水如稀粣状,其研乳细者皆浮在上,粗者下沉。绕锤研之虽易碎,要须满五六日,以昼继夜,如此细研如人乳汁,可满十日,其乳色放白光,非常可爱。试取少许自涂臂上,泯泯如白鱼脂在纸上而有白光,水洗不落为候也,如此之乳方可堪服。熟以澄取,暴干,更好熟研,乃可入丸散,任所别用。

又法:欲用好乳,绢筛,以清酒渍之一日夜,去上浮者,即取沉者暴干,方研之,炼之法如(上)法。其炼乳研炼讫,细末之如粉,置三石米下蒸之佳。

又法:其钟乳研炼讫,以金银盆盛之,率乳一斤,用硝石二两和之,密盖勿泄气,蒸之。①

① 《道藏》第18册,页849。

参　考　文　献

（以汉语拼音为序）

中文论著

[美]爱德华·谢弗著、吴玉贵译:《唐代的外来文明》,陕西师范大学出版社,2005年。

[叙利亚]艾哈迈德·优素福·哈桑、[英]唐纳德·R·希尔著,梁波、[新西兰]傅颖达译:《伊斯兰技术简史》,科学出版社,2010年。

安志敏、安家瑗:《中国早期黄金制品的考古学研究》,《考古学报》,2008年第3期。

白寿彝主编:《中国回回民族史》,中华书局,2007年。

[东汉]班固撰:《汉书》,中华书局,1962年。

北京钢铁学院冶金史组:《鎏金》,《中国科技史杂志》,1981年第1期。

北京市丝绸厂等:《有关西周丝织和刺绣的重要发现》,《文物》,1976年第4期。

[英]彼得·马歇尔著、赵万里等译:《哲人石——探寻金丹术的秘密》,上海科技教育出版社,2007年。

[宋]蔡絛撰,冯惠民、沈锡麟点校:《铁围山丛谈》,中华书局,1983年。

[英]查尔斯·辛格等主编,王前等主译:《技术史》,上海科技教育出版社,2004年。

陈国符:《陈国符道藏研究论文集》,上海古籍出版社,2004年。

陈国符:《道藏源流考》,中华书局,1963年。

陈国符:《中国外丹黄白法考》,上海古籍出版社,1997年。

陈佳荣等:《古代南海地名汇释》,中华书局,1986 年。
[宋]陈敬:《陈氏香谱》,文渊阁《四库全书》本。
陈梦家:《东周盟誓与出土载书》,《考古》,1966 年第 5 期。
陈明:《"商胡辄自夸":中古胡商的药材贸易与作伪》,《历史研究》2007 年第 4 期。
陈明:《殊方异药——出土文书与西域医学》,北京大学出版社,2005 年。
陈奇猷:《吕氏春秋校释》,学林出版社,1984 年。
[晋]陈寿撰、[宋]裴松之注:《三国志》,中华书局,1982 年。
[清]陈元龙:《格致镜原》,江苏广陵古籍刻印社,1989 年。
[唐]陈藏器撰、尚志钧辑校:《本草拾遗》,安徽科学技术出版社,2002 年。
陈振中:《先秦金器生产制作工艺的初步形成》,《中国经济史研究》2007 年第 1 期。
[宋]程大昌:《演繁露》,文渊阁《四库全书》本。
成都市文物考古研究所等:《金沙淘珍——成都市金沙村遗址出土文物》,文物出版社,2002 年。
[日]池田温:《唐研究论文选集》,中国社会科学出版社,1999 年。
《大正新修大藏经》,台北新文丰出版有限公司,1983 年。
《道藏》,文物出版社、上海书店、天津古籍出版社,1988 年。
[印]德·恰托巴底亚耶著、王世安译:《顺世论——古印度唯物主义研究》,商务印书馆,1992 年。
丁宏武:《葛洪扶南之行补证》,《宗教学研究》2005 年第 4 期。
[唐]段成式撰、方南生点校:《酉阳杂俎》,中华书局,1981 年。
段鹏琦:《西安南郊何家村唐代金银器小议》,《考古》1980 年第 6 期。
段渝:《商代黄金制品的南北系统》,《考古与文物》2004 年第 2 期。
[唐]樊绰撰、向达校注:《蛮书校注》,中华书局,1962 年。
[宋]范晔撰:《后汉书》,中华书局,1965 年。
方豪:《中西交通史》,上海人民出版社,2008 年。
[唐]房玄龄等撰:《晋书》,中华书局,1974 年。
[法]费琅:《南海中之波斯》,载冯承钧译《西域南海史地考证译丛二编》,商务印书馆,1962 年。
[法]费琅著、冯承钧译:《昆仑及南海古代航行考》,中华书局,2002 年。

冯承钧:《中国南洋交通史》,上海古籍出版社,2005 年。

冯汉镛:《葛洪曾去印支考》,《文史》第 39 辑,中华书局,1994 年。

冯家昇:《炼丹术的成长及其西传》,载《中国科学技术发明和科学技术人物论集》,生活·读书·新知三联书店,1955 年。

[日]福井康顺等监修、朱越利译:《道教》第一卷,上海古籍出版社,1990 年。

[英]G. ·埃利奥特·史密斯著、李申等译:《人类史》,中国社会科学出版社,2009 年。

[法]G. 费琅辑注,耿昇、穆根来译:《阿拉伯波斯突厥人东方文献辑注》,中华书局,1989 年。

甘乃斯·齐思克著、陈介甫译:《印度传统医学——古印度佛教教团之医学:苦行与治病》,台北中国医药研究所,2001 年。

[荷]高罗佩:《中国古代房内考》,上海人民出版社,1990 年。

[晋]葛洪撰:《神仙传》,中华书局《丛书集成初编》本,1991 年。

[晋]葛洪撰、胡守为校释:《神仙传校释》,中华书局,2010 年。

耿鉴庭:《西安南郊唐代窖藏里的医药文物》,《文物》1972 年第 6 期。

《关于〈何家村出土医药文物补证〉一文的讨论》,《考古》1983 年第 2 期。

管英英:《朱砂的药理、毒理与临床应用》,《中国药业》2002 年第 4 期。

郭兰忠主编:《矿物本草》,江西科学技术出版社,1995 年。

韩吉绍:《狐刚子及其著作时代考疑》,《自然科学史研究》2013 年第 4 期。

韩吉绍:《黄帝九鼎神丹经诀校释》,中华书局,2015 年。

韩吉绍:《论〈黄帝九鼎神丹经诀〉》,《宗教学研究》2009 年第 3 期。

韩吉绍:《〈三十六水法〉新证》,《自然科学史研究》,2007 年第 4 期。

韩吉绍:《医药化学家孙思邈》,《南京中医药大学学报》(社科版)2010 年第 2 期。

韩吉绍:《知识断裂与技术转移——炼丹术对古代科技的影响》,山东文艺出版社,2009 年。

韩建武:《西安何家村唐代窖藏宝石玉器》,《收藏家》2001 年第 3 期。

韩建武:《西安何家村唐代窖藏几个问题的再探讨》,《收藏家》2007 年第 7 期。

韩建武:《西安何家村唐代窖藏金银器上的墨书题记》,《法门寺博物馆论丛》第一辑,三秦出版社,2008 年。

韩汝玢、柯俊主编:《中国科学技术史·矿冶卷》,科学出版社,2007 年。

何丙郁:《〈丹房镜源〉考》,《何丙郁中国科技史论集》,辽宁教育出版社,2001 年。

何丙郁:《〈庚辛玉册〉:中国炼丹术在历史上的最后一部巨著》,《自然科学史研究》2000 年第 4 期。

[美]享利·M·莱斯特:《化学的历史背景》,商务印书馆,1982 年。

湖南医学院主编:《长沙马王堆一号汉墓古尸研究》,文物出版社,1980 年。

黄翠梅、李建纬:《商代蜀地的青铜与金玉艺术——视觉分析的考量途径》,《四川文物》2007 年第 2 期。

黄维等:《张家川马家塬墓地出土金管饰的研究》,《文物》2009 年第 10 期。

黄心川:《道教与密教》,《中华佛学学报》1999 年第 7 期。

黄心川:《中国密教的印度渊源》,载《印度宗教与中国佛教》,中国社会科学出版社,1988 年。

黄心川主编:《南亚大辞典》,四川人民出版社,1998 年。

[宋]黄休复:《茅亭客话》,文渊阁《四库全书》本。

黄止建:《何家村遗宝和刘震有关吗?——与齐东方先生商榷》,《考古与文物》2004 年第 4 期。

[唐]慧立、彦悰著,孙毓棠等点校:《大慈恩寺三藏法师传》,中华书局,2000 年。

[晋]嵇含撰:《南方草木状》,《丛书集成初编》,中华书局,1985 年。

[日]吉川忠夫、麦谷邦夫编,朱越利译:《真诰校注》,中国社会科学出版社,2006 年。

季羡林主编:《印度古代文学史》,北京大学出版社,1991 年。

[伊朗]贾利尔·杜斯特哈赫选编、元文琪译:《阿维斯塔——琐罗亚斯德教圣书》,商务印书馆,2005 年。

[后魏]贾思勰著、缪启愉校释:《齐民要术校释》,农业出版社,1998 年。

姜伯勤:《中国袄教艺术史研究》,生活·读书·新知三联书店,2004 年。

姜生、汤伟侠主编:《中国道教科学技术史·汉魏两晋卷》,科学出版社,2002 年。

姜生、汤伟侠主编:《中国道教科学技术史·南北朝隋唐五代卷》,科学出版社,2010 年。

[宋]寇宗奭撰:《本草衍义》,人民卫生出版社,1990 年。

[美]劳费尔著、林筠因译:《中国伊朗编》,商务印书馆,1964 年。

黎翔凤:《管子校注》,中华书局,2004 年。

[越]黎崱著、武尚清点校:《安南志略》,中华书局,2000 年。

李发林:《汉画考释和研究》,中国文联出版社,2000 年。

[宋]李昉等撰:《太平广记》,中华书局,1961 年

[宋]李昉等撰:《太平御览》,中华书局影印,1960 年。

李鸿超统编:《中国矿物药》,地质出版社,1988 年。

李建纬:《商代黄金制品研究——从身体与物之空间现象分析》,载《美术考古与文化资产:以台湾地区学者的论述为中心》,上海大学出版社,2008 年。

李经纬主编:《中外医学交流史》,湖南教育出版社,1998 年。

李良松:《佛教医籍总目提要》,鹭江出版社,1997 年。

李模:《先秦盟誓的种类及仪程》,《学习与探索》,2000 年第 4 期。

李宁:《金与不朽——两汉以前中国的鎏金铜器与长生不死观念》,山东大学硕士学位论文,2007 年。

[明]李时珍:《本草纲目》(校点本),人民卫生出版社,2009 年第 2 版第 16 刷。

[五代]李珣、尚志钧辑校:《海药本草》,人民卫生出版社,1997 年。

[唐]李延寿撰:《南史》,中华书局,1975 年。

李应存、史正刚:《敦煌佛儒道相关医书释要》,民族出版社,2006 年。

[英]李约瑟著、陈立夫主译:《中国之科学与文明》第 14 册,台湾商务印书馆,1989 年。

[英]李约瑟著、陈立夫主译:《中国之科学与文明》第 15 册,台湾商务印书馆,1985 年。

[英]李约瑟著、李彦译:《中国古代科学》,上海书店出版社,2001 年。

[英]李约瑟著、潘吉星主编:《李约瑟文集》,辽宁科学技术出版社,1986 年。

[英]李约瑟:《中国科学技术史》第二卷科学思想史,科学出版社、上海古籍出版社,1990 年。

[英]李约瑟著:《中国科学技术史》第五卷第二分册,科学出版社、上海古籍出版社,2010年。

[英]李约瑟著:《中国科学技术史》第五卷第五分册,科学出版社、上海古籍出版社,2011年。

[北魏]郦道元著、陈桥驿校证:《水经注校证》,中华书局,2007年。

廖育群:《阿输吠陀——印度的传统医学》,辽宁教育出版社,2002年。

林光明、林怡馨编:《梵汉大辞典》,台北嘉丰出版社,2005年。

林梅村:《古道西风——考古新发现所见中西文化交流》,生活·读书·新知三联书店,2000年。

林太:《〈梨俱吠陀〉精读》,复旦大学出版社,2008年。

刘文典:《淮南鸿烈集解》,中华书局,1989年。

[西汉]刘向撰、向宗鲁校证:《说苑校证》,中华书局,1987年。

[后晋]刘昫等撰:《旧唐书》,中华书局,1975年。

[宋]卢多逊等撰,尚志钧辑校:《开宝本草》,安徽科学技术出版社,1998年。

吕建福:《中国密教史》(修订版),中国社会科学出版社,1995年版2011年第2刷。

马非百:《秦集史》,中华书局,1982年。

马明达:《说剑丛稿》,兰州大学出版社,2000年。

马王堆汉墓帛书整理小组:《马王堆汉墓帛书》[肆],文物出版社,1985年。

马王堆汉墓帛书整理小组:《五十二病方》,文物出版社,1979年。

孟乃昌:《道教与中国炼丹术》,燕山出版社,1993年。

[宋]欧阳修、宋祁撰:《新唐书》,中华书局,1975年。

[唐]欧阳询撰:《艺文类聚》,中华书局,1965年。

庞光华:《论〈金人铭〉的产生年代》,《孔子研究》2005年第2期。

齐东方:《何家村遗宝的埋藏地点和年代》,《考古与文物》2003年第2期。

齐东方:《中国早期金银器研究》,《华夏考古》1999年第4期。

乔梁:《美玉与黄金——中国古代农耕与畜牧集团在首饰材料选取中的差异》,《考古与文物》2007年第5期。

饶宗颐:《塞种与Soma——不死药的来源探索》,《中国学术》2002年第4辑。

饶宗颐:《〈太清金液神丹经〉(卷下)与南海地理》,《选堂集林·史林》中册,中华书局香港分局,1982 年。
容志毅:《道藏炼丹要辑研究》,齐鲁书社,2006 年。
容志毅:《中国炼丹术考略》,上海三联书店,1998 年。
容志毅:《中国始炼硫化汞时间新证》,《山东大学学报》2006 年第 2 期。
[梁]僧佑、[唐]道宣撰:《弘明集　广弘明集》,上海古籍出版社,1991 年。
[法]沙海昂注、冯承钧译:《马可波罗行纪》,中华书局,2004 年。
山西省文物工作委员会:《侯马盟书》,文物出版社,1976 年。
陕西历史博物馆、北京大学考古文博学院和北京大学震旦古代文明研究中心合编:《花舞大唐春——何家村遗宝精粹》,文物出版社,2003 年。
陕西历史博物馆编:《大唐遗宝——何家村窖藏出土文物展》,陕西人民出版社 2010 年。
陕西省博物馆文管会革委会写作小组:《西安南郊何家村发现唐代窖藏文物》,《文物》1972 年第 1 期。
陕西省博物馆文管会写作小组:《从西安南郊出土的医药文物看唐代医药的发展》,《文物》1972 年第 6 期。
[宋]沈括:《梦溪笔谈》,上海书店出版社,2003 年。
沈睿文:《何家村窖藏的炼丹器具》,《文物天地》2005 年第 1 期。
沈睿文:《一个与道教有关的遗存——何家村窖藏再认识》,《中国文物报》2003 年 6 月 13 日第 7 版。
[梁]沈约撰:《宋书》,中华书局,1974 年。
沈曾植撰、钱仲联辑:《海日楼札丛》,上海古籍出版社,2009 年。
施安昌:《火坛与祭司鸟神》,紫禁城出版社,2004 年。
《十三经注疏》,中华书局,1980 年。
[唐]释道世撰,周叔迦、苏晋仁校注:《法苑珠林校注》,中华书局,2003 年。
[梁]释慧皎著、汤用彤校注:《高僧传》,中华书局,1992 年。
[宋]司马光编著:《资治通鉴》,中华书局,2011 年。
[西汉]司马迁撰:《史记》,中华书局,1982 年。
四川省文物管理委员会等:《广汉三星堆遗址一号祭祀坑发掘简报》,《文物》1987 年第 10 期。
宋岘:《波斯医药与古代中国》,叶奕良编:《伊朗学在中国论文集(第二集)》,北京大学出版社,1998 年。

宋岘:《回回药方考释》,中华书局,2000 年。

宋岘:《论大食国药品——无名异》,《中华医史杂志》1994 年第 3 期。

[明]宋应星著、潘吉星译注:《天工开物译注》,上海古籍出版社,2013 年。

[唐]苏敬等撰、尚志钧辑校:《新修本草》,安徽科学技术出版社,2004 年。

[宋]苏颂撰、尚志钧辑校:《本草图经》,安徽科学技术出版社,1994 年。

[唐]孙思邈撰:《备急千金要方》,人民卫生出版社,1982 年。

[唐]孙思邈著、高文柱主编:《药王千金方》,华夏出版社,2004 年。

[唐]孙思邈著、李景荣等校释:《千金翼方校释》,人民卫生出版社,1998 年。

[清]孙星衍、孙冯翼辑:《神农本草经》,人民卫生出版社,1963 年。

汤用彤:《汉魏两晋南北朝佛教史》,上海书店,1991 年。

[宋]唐慎微撰:《重修政和经史证类备用本草》,人民卫生出版社,1957 年。

唐玉田:《佛学初传与中国佛教的建立》,《史学集刊》1994 年第 1 期。

[梁]陶弘景集、尚志钧辑校:《名医别录》,人民卫生出版社,1986 年。

[梁]陶弘景撰,尚志钧、尚元胜辑校:《本草经集注》,人民卫生出版社,1994 年。

[梁]陶弘景撰、王家葵辑校:《登真隐诀辑校》,中华书局,2011 年。

田南卉等:《朱砂毒性成分的研究与评估》,《北京中医》1996 年第 5 期。

[元]脱脱等撰:《宋史》,中华书局,1985 年。

汪受宽:《"钟鐻金人十二"为宫悬考》,《文史》第 40 期。

[宋]王辟之撰、吕友仁点校:《渑水燕谈录》,中华书局,1981 年。

王炳华:《古代新疆塞人历史钩沉》,《新疆社会科学》1985 年第 1 期。

王峰:《河北兴隆县发现战国金矿遗址》,《考古》1995 年第 7 期。

王辉:《张家川马家塬墓地相关问题初探》,《文物》2009 年第 10 期。

王家葵、张瑞贤:《神农本草经研究》,北京科学技术出版社,2001 年。

[晋]王嘉撰、齐治平校注:《拾遗记》,中华书局,1981 年。

王进玉:《敦煌学和科技史》,甘肃教育出版社,2011 年。

王利器:《风俗通义校注》,中华书局,2010 年。

王明:《抱朴子内篇校释》,中华书局,1985 年。

[清]王谟辑:《汉唐地理书钞》,中华书局,1961 年。

[宋]王溥撰:《唐会要》,中华书局,1955 年。

[宋]王钦若等编纂、周勋初等校订:《册府元龟》,凤凰出版社,2006 年。
王叔岷:《列仙传校笺》,中华书局,2007 年。
王双怀:《“十二金人”考》,《陕西师范大学学报》(哲社版)1996 年第 3 期。
[唐]王焘撰、高文铸校注:《外台秘要方》,华夏出版社,1993 年。
[唐]王焘撰、高文柱校注:《外台秘要方校注》,学苑出版社,2011 年。
[清]王先慎撰:《韩非子集解》,中华书局,1998 年。
王孝先:《丝绸之路医药学交流研究》,新疆人民出版社,1994 年。
王育成:《中国古代人形方术及其对日本的影响》,《中国历史博物馆馆刊》1997 年第 1 期。
王裕民:《秦十二金人考》,《秦文化论丛》第 4 辑,西北大学出版社,1996 年。
王子今:《秦始皇造铸“金人”十二之谜》,《陕西历史博物馆馆刊》第 5 辑,西北大学出版社,1998 年。
[北齐]魏收撰:《魏书》,中华书局,1974 年。
[唐]魏征等撰:《隋书》,中华书局,1973 年。
吴承学:《中国古代文体形态研究》,中山大学出版社,2002 年。
[宋]吴处厚撰、李裕民点校:《青箱杂记》,中华书局,1985 年。
吴德铎:《何家村出土医药文物补证》,《考古》1982 年第 5 期。
[唐]吴兢:《贞观政要》,上海古籍出版社,1978 年。
夏广兴:《密教传持与唐代社会》,上海人民出版社,2008 年。
夏湘蓉等:《中国古代矿业开发史》,地质出版社,1980 年。
萧登福:《道教术仪与密教典籍》,台湾新文丰出版公司,1994 年。
萧登福:《道教与密宗》,台湾新文丰出版公司,1993 年。
[梁]萧统编、[唐]李善注:《文选》,上海古籍出版社,1986 年。
[梁]萧子显撰:《南齐书》,中华书局,1972 年。
邢义田主编:《中世纪以前的地域文化、宗教与艺术》(第三届国际汉学会议论文集·历史组),台湾中研院历史语言研究所,2002 年。
《续高僧传》,《大正新修大藏经》卷 50,台湾新文丰出版有限公司,1983 年。
薛宗正:《丝绸之路北庭研究》,新疆人民出版社,2008 年。
[唐]玄奘、辩机著,季羡林等校注:《大唐西域记校注》,中华书局,2000 年。
雅诺什·哈尔马塔主编、徐文堪等译:《中亚文明史》第二卷,中国对外翻译

出版公司,2002 年。
杨福泉:《灶与灶神》,学苑出版社,1994 年。
杨堃:《灶神考》,载《杨堃民族研究论文集》,民族出版社,1991 年。
[北魏]杨衒之著、杨勇校笺:《洛阳伽蓝记校笺》,中华书局,2006 年。
[宋]姚宽撰、孔凡礼点校:《西溪丛语》,中华书局,1993 年。
[唐]姚思廉撰:《梁书》,中华书局,1973 年。
一冰:《唐代冶银术初探》,《文物》1972 年第 6 期。
[唐]义净著、王邦维校注:《大唐西域求法高僧传校注》,中华书局,1988 年。
[唐]义净著、王邦维校注:《南海寄归内法传校注》,中华书局,1995 年。
于从兰:《朱砂的药用价值、毒性及合理应用》,《中国中医药信息杂志》2002 年第 10 期。
余嘉锡:《余嘉锡论学杂著》,中华书局,2007 年。
余英时著、侯旭东等译:《东汉生死观》,上海古籍出版社,2005 年。
宁妥·元丹贡布等著、李永年译:《四部医典》,人民卫生出版社,1983 年。
宁妥·元丹贡布等著、马世林等译注:《四部医典》,上海科学技术出版社,1987 年。
袁珂:《山海经校注》,巴蜀书社,1993 年。
[宋]赞宁撰、范祥雍点校:《宋高僧传》,中华书局,1987 年。
《藏外道书》,巴蜀书社,1994 年。
《战国策》,上海古籍出版社,1978 年。
张保国:《矿物药》,中国医药科技出版社,2005 年。
张晟:《狐刚子与邬坚巴·仁钦贝伏水银法的比较》,《中国药学杂志》1999 年第 12 期。
张晟、包锦渊:《邬坚巴·仁钦贝的伏玄珠法》,《青海民族学院学报(社会科学版)》1999 年第 1 期。
张晟:《藏文典籍中的一些炼丹史料》,《中国科技史料》1998 年第 3 期。
章鸿钊:《洛氏中国伊兰卷金石译证》,地质专报乙种第三号,农商部地质调查所印行,1925 年。
章鸿钊著:《石雅》,百花文艺出版社,2010 年版。
[晋]张华撰、范宁校证:《博物志校证》,中华书局,1980 年。

张静、齐东方:《古代金银器》,北京文物出版社,2008 年。

张星烺编注、朱杰勤校订:《中西交通史料汇编》,中华书局,2003 年。

张毅:《试论道教对印度的影响》,《南亚与东南亚资料》1982 年第 2 辑。

张毅:《试论密宗成立的时代与地区》,载《印度宗教与中国佛教》,中国社会科学出版社,1988 年。

[唐]张鷟撰、程毅中点校:《朝野佥载》,中华书局,1979 年。

张子高:《中国化学史稿 · 古代之部》,科学出版社,1964 年。

赵匡华:《狐刚子及其对中国古代化学的卓越贡献》,《自然科学史研究》1984 年第 3 期。

赵匡华:《我国古代"抽砂炼汞"的演进及其化学成就》,《自然科学史研究》1984 年第 1 期。

赵匡华主编:《中国古代化学史研究》,北京大学出版社,1985 年。

赵匡华、周嘉华:《中国科学技术史 · 化学卷》,科学出版社,1998 年。

[宋]赵汝适著、杨博文校释:《诸蕃志校释》,中华书局,2000 年。

[清]赵学敏撰:《本草纲目拾遗》,人民卫生出版社影印本,1957 年。

[日]真人元开著、汪向荣校注:《唐大和上东征传》,中华书局,2000 年。

中国科学院考古研究所二里头工作队:《河南偃师二里头遗址三、八区发掘简报》,《考古》1975 年第 5 期。

中国科学院考古研究所二里头工作队:《偃师二里头遗址新发现的铜器和玉器》,《考古》1976 年第 4 期。

中国科学院考古研究所二里头工作队:《1980 年秋河南偃师二里头遗址发掘简报》,《考古》1983 年第 3 期。

中国科学院考古研究所二里头工作队:《1981 年河南偃师二里头墓葬发掘简报》,《考古》1984 年第 1 期。

《中国历史地名大辞典》,北京:中国社会科学出版社,2005 年。

中国社会科学院考古研究所安阳工作队:《1969—1977 年殷墟西区墓葬发掘报告》,《考古学报》1979 年第 1 期。

[宋]周去非著、杨武泉校注:《岭外代答校注》,中华书局,1999 年。

朱晟:《我国人民用水银的历史》,《化学通报》1957 年第 4 期。

朱越利:《藏传佛教和道教》,《中央民族大学学报》(哲社版)2000 年第 4 期。

祝亚平:《道家文化与科学》,中国科学技术大学出版社,1995 年。

英文论著

Dash, Vaidya Bhagwan, *Alchemy and Metallic Medicines in Āyurveda*, New Delhi: Concept Publishing Company, 1986.

Deshpande, Vijaya, *Alchemy in India and China*, A thesis (Revised Version) submitted to Panjab University, Chandigarh, for the Degree of Doctor of Philophy, 1988.

Deshpande, Vijaya., "Medieval Transmission of Alchemical and Chemical Ideas between India and China", *Indian Journal of History of Science*, 22(1): 15-28, 1987.

Deshpande, Vijaya, "Transmutation of Base-metals into Gold as Described in the Text *Rasārṇavakalpa* and Its Comparison with the Parallel Chinese Methods", *Indian Journal of History of Science*, 19(2): 186-192, 1984.

Eberly, John, *Al-Kimia: The Mystical Islamic Essence of the Sacred Art of Alchemy*, Sophia perennis(USA), 2004.

Eliade, Mircea, *The Forge and the Crucible*, second edition, translated from the French by Stephen Corrin, Chicago and London: The University of Chicago Press, 1978.

Mahdihassan, S., *Essays on the History of Alchemy, Medicine and Druges*, Karachi: Hamdard Foundation Press(Pakistan), 1992.

Mahdihassan, S., *Indian Alchemy or Rasayana - In the Light of Asceticism and Geriatrics*, Delhi: Motilal Banarsidass Publishers Private Limited, Second Revised Edition 1991, Reprint 2002.

Kalyanaraman, S., *Indian Alchemy: Soma in the Veda*, New Delhi: Munshiram Manoharlal Publishers Pvt. Ltd., 2004.

Nasr, Seyyed Hossein, *Islamic Study-An Illustrated Study*, World of Islam Festival publishing company Ltd(UK), 1976.

Needham, Joseph, *Science and Civilization in China*, Vol. 5. Pt. 2, Cambridge:

Cambridge University Press, 1974.

Needham, Joseph, *Science and Civilization in China*, Vol. 5. Pt. 3, Cambridge: Cambridge University Press, 1976.

Needham, Joseph, *Science and Civilisation in China*, Vol. 5, Pt. 4, Cambridge: Cambridge University Press, 1980.

Palit, Chittabrata & Dasgupta, Nupur, ed., *An Ancient Indian System of Rasayana: Suvarnatantra, A Treatise on Alchemy*, Delhi: Kalpaz Publications, 2009.

Pormann, Peter E., Emilie Savage-Smith, *Medieval Islamic Medicine*, Edinburgh university press Ltd(UK), 2007.

Pregadio, Fabrizio, *Great Clarity: Daoism and alchemy in Early Medieval China*, Stanford University press(USA), 2006

Ramachandra Rao, S. K. *Encyclopaedia of Indian Medicine*, Vol. 2, Basic Concept, Mumbai: Ramdas Bhatkal for Popular Prakashan Pvt. Led., Second Reprint 2005.

Ray, P. C., *A History of Hindu Chemistry*, combined edition, Kolkata: Somila Press and Publications, 2002.

Ray, P., *History of Chemistry in Aicient and Mediaeval India*, Calcutta: Indian Chemical Society, 1956.

Roy, Mira, *Rasārṇavakalpa*, New Delhi: Indian National Science Academy, 1993.

Sachau, Edward C., *Alberuni's India*, London: Kegan Paul, Trench, Trübner & Co. Ltd, 1914.

Sharma, Ram Karan & Dash, Vaidya Bhagwan, *Agniveśa's Caraka Samhitā*, (Text with English Translation & Critical Exposition Based on Cakrapāni Datta's Āyurveda Dīpikā), Vol. 3, Varanasi: Chowkhamba Sanskrit Series Office, 2011.

Singh, Amritpal, *Dictionary of Indian Alchemy and Poly-Herbal Formulations*, Scientific publishers(India), 2006.

Waley, A., "References to Alchemy in Buddhist Scriptures", *Bulletin of the School of Oriental Studies*, University of London, 1932.

后 记

本书的构思始于多年以前。最初时我发现道经中有很多关于外来药物的记载，遂加留意，后来又进一步扩展到其他几个问题，于是有了撰写本书的想法。最初几年因忙于其他事情，工作进展缓慢，写作主要停留在提纲阶段。直到 2009 年上半年，我有幸到英国剑桥李约瑟研究所访学，搜集了许多关于印度、阿拉伯和西方炼丹术的文献和研究资料，回国后至年底才正式着手进行这项工作。其后又有其他工作耽搁，研究时断时续，好在写作相对持续下来。至 2012 年暑假，前三章初稿完成，遂将稿件搁置于电脑中忙别的去了。不觉一年过去，暑假又至，想起这件事情应当做一个总结，一是对此前的工作有个交代，再者可为下一阶段的研究提供一个基础，于是取出旧稿，重新梳理补充一遍，又将最后一章的提纲补写完整，成为目前的样子。

本书牵涉问题广泛，由于学识水平所限，写作过程中遇到不少困难，深感学力浅薄之窘困，唯书是师，有时不免有坐井观天、闭门造车之感，于是尽可能地将其中一些内容先行发表，以争取同行专家的意见，这些部分最后收入书中都作了不同程度的修订，为避免混淆，这里有必要作详细交代。第一章第一节以《论西汉的炼丹术》为题发表于《自然科学史研究》2009 年第 3 期。前两节的主要内容又曾撰成英文论文，先是在李约瑟研究所的研讨班上宣读讨论过，后于 2010 年 6 月在北京举行的“第十二届国际中国科学史会议”上作过会议发言，2012 年被收入会议论文集出版（“A New Exploration of the Origin of Chinese Alchemy,” *Multi-cultural Perspectives of the History of Science and Technology in China：Proceedings of the 12th International Conference on the History of Science in China*, Beijing：Science Press, 2012）。第一章第三节以《早期丹法传授仪及其黄金崇拜》为题发表在《宗教学研究》2012 年第 3 期。第二章第二节以《印度长年方在唐代的传播和影响》为题于2011年7月在合肥举行的"第十三届国际东亚科学史会议"(The 13th International Conference on the History)上作过会议发言,后经修改发表在《自然科学史研究》2012年第2期。第三章前两节以《炼丹术中的外来药物与中外交通》为题于2010年11月在北京大学第五届"伊朗学在中国"学术研讨会上作过会议发言,其中炉甘石与矾石两部分后来分别以《炉甘石与脱体牙》和《炼丹术中的外来矾石》为题发表于《南京中医药大学学报(社科版)》2011年第2期和香港《弘道》2011年第2期。通过上述途径,有幸得到一些审稿专家和参会学者提供的宝贵修改或评价意见,在此向《自然科学史研究》、《宗教学研究》、《南京中医药大学学报(社科版)》、《弘道》等杂志社,以及自然科学史研究所汪前进研究员、北京大学南亚系陈明教授、北京大学伊朗文化研究所王一丹教授、北京科技大学科学技术与文明研究中心梅建军教授(现任英国剑桥李约瑟研究所所长)等表示特别感谢。

本书在搜集资料及写作期间曾得到许多前辈师友的无私帮助。2008年,承蒙自然科学史研究所席泽宗院士和中国科学技术大学科技史与科技考古系胡化凯教授推荐,我有幸获得美国安德鲁·W·梅隆基金(Andrew W. Mellon Foundation)资助,于翌年初到剑桥李约瑟研究所访学半载。席先生当时是我供职研究所的名誉所长,对我不甚熟悉,但请其推荐时,他当即欣然同意,提携后学之心让我十分感动。然而令人无比痛心的是,席先生竟在2008年底去世。回想当年3月份我与业师等人在他家中举行学术研讨时,他的身体状况并无任何异样,思维清晰,精神矍铄,不想半年后竟溘然长逝!2009年访学剑桥期间,时任李约瑟研究所所长的古克礼教授(Christopher Cullen)、图书馆馆长莫菲特先生(John Moffett)、行政主管Susan Bennett女士等给予我很多关怀和帮助,研究所和剑桥大学的学术环境和资源使我受益良多。毫不夸张地说,如果没有李所之行,本书绝不会是目前的样子。此外,业师四川大学姜生教授,博士后导师山东大学文艺美学研究中心谭好哲教授,以及成都中医药大学药学院王家葵教授、四川大学道教与宗教文化研究所郭武教授、华东师范大学哲学系刘仲宇教授等,在本书写作过程中也给我很多指导和帮助,还有其他一些师友等,难以一一列举,在此一并表示衷心感谢。内子张鲁君在生活和学业上与我携手同行,尤其是小儿曜东的出生,为我增添了无穷乐趣,这都是我从事研究的精神动力。

本书中的错误和不足之处在所难免,这些都完全由本人负责,祈请方家不吝赐教指正。拙著若能起到一点抛砖引玉的作用,则本人幸甚之至,也是我对众多帮助最好的回报。

本书前期研究先后得到山东省博士后创新项目专项资金和教育部人文社科基金资助,后期研究和出版由国家社科基金资助,特此致谢。

韩吉绍

2013 年 8 月于山东大学千佛山校区,2014 年 4 月修订